FELIX KÜSELL

Die Beteiligung an Gesellschaften in China

Schriften zur wirtschaftswissenschaftlichen Analyse des Rechts

herausgegeben von

Heinz Grossekettler, Münster · Bernhard Großfeld, Münster
Klaus J. Hopt, Hamburg · Christian Kirchner, Berlin
Dieter Rückle, Trier · Reinhard H. Schmidt, Frankfurt/Main

Band 34

Die Beteiligung an Gesellschaften in China

Analyse, Planung und Beurteilung aus der Sicht deutscher Investoren unter besonderer Beachtung steuerlicher Aspekte

Von

Felix Küsell

Duncker & Humblot · Berlin

Die Deutsche Bibliothek – CIP-Einheitsaufnahme

Küsell, Felix:
Die Beteiligung an Gesellschaften in China : Analyse, Planung und Beurteilung aus der Sicht deutscher Investoren unter besonderer Beachtung steuerlicher Aspekte / von Felix Küsell. – Berlin : Duncker und Humblot, 1998
(Schriften zur wirtschaftswissenschaftlichen Analyse des Rechts ; Bd. 34)
ISBN 3-428-09285-6

Fotoprint: Werner Hildebrand, Berlin
Printed in Germany

ISSN 0935-5065
ISBN 3-428-09285-6

Gedruckt auf alterungsbeständigem (säurefreiem) Papier
entsprechend ISO 9706 ♾

Geleitwort

Die Volksrepublik China hat sich in den letzten Jahren trotz einer dem eigentlich entgegenstehenden Ideologie zunehmend zu einer reglementierten Marktwirtschaft entwickelt, die wegen des riesigen Marktes und wegen der niedrigen Lohnkosten für ausländische Investoren interessante Möglichkeiten eröffnet. Der Verfasser untersucht die Beteiligung an einer Gesellschaft als die „Endstufe des China-Engagements“, die sorgfältiger Überlegungen bedarf.

Zur Beurteilung der Vorteilhaftigkeit eines solchen Engagements werden die Rechtsformen des chinesischen Gesellschaftsrechts, Probleme der Rechtsunsicherheit und finanzieller Beschränkungen, insbesondere aber die Steuerbelastung unterschiedlicher Varianten der Beteiligung an chinesischen Gesellschaften untersucht. Der Verfasser hat sich mit Akribie in eine komplexe und bisher wenig erschlossene Materie eingearbeitet und zu diesem Zwecke auch in einem einjährigen Studienaufenthalt in Hong Kong wichtige Grundlagen für die spätere Bearbeitung des Themas gelegt.

Steuerliche Überlegungen haben bei den Standortentscheidungen deutscher Unternehmen seit jeher einen beachtlichen Stellenwert. Die Untersuchung behandelt sowohl die auf dem Territorium Chinas vor der Rückgabe Hong Kongs geltende Ertragsbesteuerung als auch die derzeit gültige Profits Tax Hong Kongs. Die Untersuchung beschränkt sich dabei nicht auf die verbale Darstellung der Steuersysteme, vielmehr werden mit Hilfe einer umfangreichen computergestützten Veranlagungssimulation quantitative Aussagen über steuerliche Vor- und Nachteile des Standorts China im Vergleich zum Standort Deutschland gewonnen. Bearbeitungsstand ist August 1997.

Die Arbeit geht im Detailliertheitsgrad weit über die meisten anderen, insbesondere deutschen, Publikationen hinaus. Sie bietet sowohl für wissenschaftliche wie auch für praktische Zwecke eine wertvolle Unterstützung. Dies gilt um so mehr, als nicht nur Vorschriften der Papierform nach dargestellt werden, sondern auch wichtige Informationen zur Praxis des Behördenhandelns gegeben werden: Es ist erstaunlich, wie sehr etwa unsere Vorstellungen von einer Omnipotenz der zentralen Stellen Chinas durch Einblicke in die faktisch große Eigenständigkeit lokaler Behörden modifiziert werden müssen. Hilfreich sind auch zahlreiche Rechtsquellen- und Literaturangaben sowie ein umfangreicher Tabellenteil. Die detailliert durchgeführte Veranlagungssimulation kann als methodisches Vorbild für die Analyse spezieller Konstellationen der Praxis dienen.

Prof. Dr. Dieter Rückle

Vorwort

Die Idee für die vorliegende Arbeit entstand im Rahmen meines Studienaufenthaltes an der University of Hong Kong. Hier konnte ich umfangreiche Recherchen über das chinesische Steuerrecht vornehmen, die mir in dieser Form in Deutschland nicht möglich gewesen wären. Mein großer Dank gilt Herrn Prof. Dr. Dieter Rückle für die spontane Betreuung des Themas, seine Vorschläge zur Anfertigung der Arbeit sowie die Aufnahme der Arbeit in diese Schriftenreihe.

I also would like to express my special gratitude to Mr. Andrew J. Halkyard. Through the extensive coverage of Chinese tax law in his excellent lecture „International Taxation and Tax Planning" I gained an understanding of this complex area which would otherwise have been difficult to obtain.

Herrn Werner Haffmans möchte ich für die Ermöglichung eines Praktikums in der Volksrepublik China, welches mir wichtige Einblicke in die Praxis gab, danken.

Dr. Maximilian Görl von der Siemens AG danke ich für seine Anmerkungen zu verschiedenen Problemen, die im Laufe der Arbeit auftraten.

Schließlich möchte ich mich bei meinen Eltern bedanken, die mir zu jeder Zeit zur Seite gestanden haben.

Trier, im September 1997 *Felix Küsell*

Inhaltsverzeichnis

Tabellen- und Abbildungsverzeichnis

Abkürzungsverzeichnis

Abkürzungen für Rechtsquellen bzw. Verwaltungsanweisungen befinden sich im Verzeichnis der Rechtsquellen.

a.A.	anderer Ansicht
Abs.	Absatz
Abschn.	Abschnitt
AG	Aktiengesellschaft
APTIRC	Asia-Pacific Tax and Investment Research Centre
Art.	Artikel
AS	alte Stadtgebiete von Städten, wo die SWZ oder WTEZ belegen sind
Aufl.	Auflage
AV	Anlagevermögen
BB	Betriebs-Berater
BCG	The Boston Consulting Group
BfAi	Bundesstelle für Außenhandelsinformationen
BFH	Bundesfinanzhof
BFuP	Betriebswirtschaftliche Forschung und Praxis
BGBl.	Bundesgesetzblatt
bspw.	beispielsweise
BStBl.	Bundessteuerblatt
Buchst.	Buchstabe
bzgl.	bezüglich
bzw.	beziehungsweise
ca.	circa
CCH	Commerce Clearing House
CIR	Commissioner of Inland Revenue
DB	Der Betrieb
DBA	Doppelbesteuerungsabkommen
DStR	Deutsches Steuerrecht
EEHP	neue Entwicklungs- und Experimentier-Hochtechnologiezone von Peking
EK	Eigenkapital
erw.	erweiterte
ESt	Einkommensteuer
etc.	et cetera
ev.	eventuell
export.	exportorientiert
f.	folgende

FBIS	Foreign Broadcasting Information Service
ff.	fortfolgende
FG	Finanzgericht
FIE	Foreign Investment Enterprise
FIFO	First-In-First-Out
Fn.	Fußnote
FR	Finanzrundschau
FS	Festschrift
GA	Gesellschaft(en) im Auslandsbesitz
GbR	Gesellschaft bürgerlichen Rechts
GE	Geldeinheiten
geom.	geometrische Abschreibung
GewESt	Gewerbeertragsteuer
GewKapSt	Gewerbekapitalsteuer
GewSt	Gewerbesteuer
GJV	Gleichheits-Joint-Venture
GmaK	Gesellschaft(en) mit ausländischer Kapitalbeteiligungsmöglichkeit
GmbH	Gesellschaft mit beschränkter Haftung
GPS	neues Gebiet Pudong in Shanghai
GrESt	Grunderwerbsteuer
GrSt	Grundsteuer
GuV	Gewinn- und Verlustrechnung
Habil.	Habilitation
HFA	Hauptfachausschuß
h.M.	herrschende Meinung
HNTE	Hoch- und Neutechnologie-Entwicklungszone
Hrsg.	Herausgeber
i.A.	im Allgemeinen
IBFD	International Bureau of Fiscal Documentation
i.d.R.	in der Regel
IdW	Institut der Wirtschaftsprüfer
IRD	Inland Revenue Department
IStR	Internationales Steuerrecht
iVm.	in Verbindung mit
IWB	Internationale Wirtschaftsbriefe
Jg.	Jahrgang
KfW	Kreditanstalt für Wiederaufbau
KiSt	Kirchensteuer
KSt	Körperschaftsteuer
KWZ	offene Küstenwirtschaftszone
LIFO	Last-In-First-Out
MA	Musterabkommen
Mio	Millionen
MOFERT	Ministry of Foreign Economic Relations and Trade (jetzt: MOFTEC)
MOFTEC	Ministry of Foreign Trade and Economic Cooperation
m.w.N.	mit weiteren Nachweisen

Nr.	Nummer
NSW	New South Wales
OECD	Organisation for Economic Cooperation and Development
OFD	Oberfinanzdirektion
P.R.C.	People's Republic of China
prod.	produzierend
Prot.	Protokoll
RIW	Recht der Internationalen Wirtschaft
RMB	Renmenbi
Rn.	Randnummer
S.	Seite
SAIC	State Administration for Industry and Commerce
Schr.	Schrift
SCMP	South China Morning Post
SCSCEACL	Standing Committee for Standard Contracts of the European Association for Chinese Law
SolZ	Solidaritätszuschlag
Sp.	Spalte
StuW	Steuer und Wirtschaft
SWZ	Sonderwirtschaftszone
techn.	technologisch fortschrittlich
u.a.	unter anderem
überarb.	überarbeitete
UK	United Kingdom
UN	United Nations
Unterabschn.	Unterabschnitt
US	United States
u.U.	unter Umständen
v	versus
VA	Verwaltungsanweisungen
vgl.	vergleiche
VJV	Vertrags-Joint-Venture
Vol.	Volume
vollst.	vollständig
VR	Volksrepublik
Vst	nicht-gegenrechenbare Vorsteuer
VSt	Vermögensteuer
WISU	Das Wirtschaftsstudium
WiSt	Wirtschaftswissenschaftliches Studium
Wpg	Die Wirtschaftprüfung
WTEZ	Wirtschafts- und technische Entwicklungszone
z.B.	zum Beispiel
ZfbF	Schmalenbachs Zeitschrift für betriebswirtschaftliche Forschung
z.T.	zum Teil

Untersuchungsgegenstand

In der Volksrepublik China (im folgenden „China") hat in den vergangenen Jahren ein nahezu beispielloser Wandel von einer zentralistischen Planwirtschaft zu einer reglementierten Marktwirtschaft begonnen[1]. Anstoß dieser Entwicklung waren die von Deng Xiaoping vorangetriebenen Reformen der brachliegenden chinesischen Wirtschaft[2], die den in der Kulturrevolution eskalierenden, von Mao propagierten Klassenkampf als politisches Schwerpunktthema Chinas ablösten[3]. Ein wesentliches Element dieser andauernden Reformen ist, neben der Zulassung und dem Schutz privatwirtschaftlicher Aktivitäten[4], die Öffnung gegenüber dem Ausland, von der man sich vor allem fortschrittliche Technologien, Know How sowie Devisen zur Modernisierung der chinesischen Wirtschaft erhofft[5]. Ausländische Geschäftsleute werden insbesondere vom Marktpotential des bevölkerungsreichsten Landes der Erde (ca. 1,25 Milliarden Einwohner[6]) sowie den niedrigen Lohnkosten angezogen[7]. Die in den vergangenen Jahren herrschende Euphorie ist jedoch aufgrund der bisher gemachten Erfahrungen einer vorsichtigeren Bewertung der Chancen und Risiken eines China-Engagements gewichen: „Gone are the days when investors focused only on getting in by hook or by crook and assumed big profits

---

[1]Vgl. *Prybyda* (1990), S. 235.

[2]Vgl. *Shaozhi* (1996), S. 5; *Prybyda* (1990), S. 146.

[3]Vgl. *Hook / Wilson / Yahuda* (1979), S. 169.

[4]Vgl. *Findlay / Shu* (1992), S. 18f.; *Machetzki* (1990), S. 669f.

[5]Vgl. *Li* (1996), S. 296; *Wäscher / Schmitt* (1994), S. 860; *Staudenmeyer* (1990), S. 2f. und S. 35; Klassen (1990), S. 520.

[6]Vgl. *Deloitte Touche Tohmatsu* (Nr. 3 1996), S. 6.

[7]Vgl. *Li* (1996), S. 296; *Lingelsheim-Seibicke* (1997), China-Rahmenbedingungen, S. 77; *Yu* (1994), S. 118; *Staudenmeyer* (1990), S. 4; *Klassen* (1990), S. 520; *Klenner* (1983), S. 228. 1993 bspw. war das wirtschaftliche Interesse an China so hoch, daß ca. 12% der weltweit getätigten ausländischen Direktinvestionen in China getätigt wurden. Nur die USA zogen mehr ausländisches Kapital an (*Machetzki* (1994), S. 788). Einer auf die USA begrenzten Untersuchung von *Hu / Chen / Shieh* (1992) zufolge hat sogar die bloße Ankündigung eines China-Engagements bei international wenig engagierten Publikumsgesellschaften einen positiven Effekt auf den Aktienkurs.

would be theirs because Chinese customers would buy anything foreign and the government would manage the competition. That is all changing". „...China is, slowly and fitfully, becoming more of a market economy"[8]. Auch bei Entscheidungen über ein mögliches China-Engagement muß demgemäß eine sorgfältige Planung vorgenommen werden. Dies gilt insbesondere bei geplanten langfristigen Kapitalbindungen wie der Beteiligung an einer Gesellschaft, die oftmals Endstufe des China-Engagements ist[9]. Die vorliegende Arbeit soll wichtige Informationen für diese Vorbereitungsphase liefern.

Zu diesem Zwecke werden zunächst die relevanten Rechtsformen des chinesischen Gesellschaftsrechts vorgestellt. Mit einer Untersuchung der Rechtssicherheit und finanzieller Beschränkungen wird sodann auf potentielle Problembereiche eingegangen, die bei Investitionen in Form einer Beteiligung auftreten oder verstärkt werden. Den Schwerpunkt der vorliegenden Arbeit bilden die steuerlichen Rahmenbedingungen der Beteiligung an chinesischen Gesellschaften. Die Beteiligung wird dazu zunächst hinsichtlich ihrer steuerrechtlichen Konsequenzen analysiert. Die Analyse erstreckt sich ebenfalls auf das Steuerrecht Hong Kongs, welches sich von dem im übrigen China geltenden Steuerrecht erheblich unterscheidet. Anschließend werden beispielhaft Möglichkeiten der Steuergestaltung aufgezeigt und gewürdigt. Abschließend sollen die steuerlichen Konsequenzen der Beteiligung mittels einer computergestützten Veranlagungssimulation beurteilt werden. Das Ziel ist es hierbei, quantitative Aussagen über steuerliche Vor- oder Nachteile des Standorts China im Vergleich zum Standort Deutschland zu gewinnen.

Die steuer(recht)lichen Überlegungen beachten die chinesische Tochtergesellschaft, eine deutsche Muttergesellschaft in Form einer unbeschränkt steuerpflichtigen Kapitalgesellschaft und einen deutschen Anteilseigner der Muttergesellschaft, der die Beteiligung im Privatvermögen hält. Die Gesamtheit der Steuersubjekte wird im folgenden „Verbund" genannt[10], der zunächst frei von jeglichen Mindestbeteiligungsquoten ist. „Beteiligung" als Aktivität umfaßt dabei ebenfalls die Gründung von Gesellschaften, die zahlenmäßig den Anteilskauf in China weit übersteigt. Im bilanzrechtlichen Sinn soll der Begriff, entsprechend § 271 Abs. 1 HGB, auf das Vorliegen von Anlagever-

---

[8] *Clifford / Roberts / Engardio* (1997), S. 41f. (beide Zitate).

[9] Vgl. *Haedrich / Holz* (1995), S. 48. Diese Entwicklung ist nicht china-spezifisch, sondern gilt unabhängig vom Zielland (vgl. *Meissner / Gerber* (1980), S. 224).

[10] Der Begriff „Konzern" wurde hier nicht gewählt, um begriffliche Kollisionen mit anderen Fachgebieten zu vermeiden.

mögen hinweisen. Mit „Investition“ im hier verwendeten Sinne ist die Beteiligung an einer Gesellschaft gemeint[11].

Wenn im folgenden von „China“ gesprochen wird, soll damit das Territorium der Volksrepublik China vor der Rückgabe Hong Kongs gemeint sein. Die Terminologie entspricht damit dem Stand vor dem 1.7.1997 als Tag der Rückgabe von Hong Kong an China.

---

[11]Damit wird der Begriff hier auf nur einen Teil seines sonstigen Anwendungsbereichs reduziert (siehe *Rückle* (1993 [2]), Sp.1924ff.).

1. Kapitel

Chinesische Gesellschaften: Formen und potentielle Problembereiche

Ist die Entscheidung zur Beteiligung an einer chinesischen Gesellschaft gefallen, verbleibt u.a. die Frage nach der gesellschaftsrechtlichen Form des China-Engagements. Die dem Investor zur Verfügung stehenden Gesellschaftsformen werden im folgenden vorgestellt. Keine explizite Beachtung finden dabei Überlegungen hinsichtlich der gesellschaftsrechtlich optimalen Gestaltung. In *Tabelle A.1 im Anhang (Zeilen „Vorteile / Nachteile der Rechtsform")* sind jedoch einige Vor- und Nachteile der einzelnen Gesellschaftsformen aufgeführt. Dagegen werden allgemeinere Probleme, die sich, unabhängig von der Wahl der speziellen Form, bei einer wirtschaftlichen Betätigung in China mittels Gesellschaften ergeben können bzw. ergeben, genauer untersucht: Einerseits sollen damit Rentabilitätsvorstellungen, die teilweise aus den später ohne Beachtung des Risikos erzielten Ergebnissen der Computersimulation abgeleitet werden könnten, besser beurteilt werden können. Andererseits werden Grenzen der später vorgestellten Möglichkeiten der Steuergestaltung aufgezeigt. Dies bezieht sich auf die Beschränkungen der Finanzierungsfreiheit. Operative oder kulturbedingte Probleme werden bei dieser Analyse nicht beachtet.

Generell ist darauf hinzuweisen, *daß es zur Gründung von Gesellschaften in China der behördlichen Genehmigung bedarf.* Diese wird eher willkürlich erteilt[12]. Um die Chancen für eine Genehmigung zu erhöhen, sollte die Zuständigkeit der lokalen Behörden gesichert werden. Ob lokale oder nationale Behörden zuständig sind, hängt insbesondere von der Höhe der Investitionssumme ab. Lokale Behörden sind bspw. zuständig für Investitionssummen bis zu 30 Mio US$ in den Küstenregionen und 10 Mio US$ im Binnenland. Für

---

[12]Vgl. *Lingelsheim-Seibicke* (1997), China-Rahmenbedingungen, S. 70; *Stucken* (1994), S. 266; *Barale* (1990), S. 34. Mit dem Erlaß der PUGVSGmaKRili im Oktober 1993 gibt es zwar Richtlinien für die Behörden, auf deren Einhaltung aber kein Anspruch besteht. Außerdem sind bestimmte Wirtschaftszweige für ausländische Investitionen unzugänglich (vgl. *Price Waterhouse* (1995), S. 23; *Zhang* (1995), Fn. 1; *Ernst & Young* (1994), S. 2; *Hickman / Clemens* (1991), S. 16).

verschiedene Regionen existieren jedoch Ausnahmen von dieser Regel[13]. Da der Kontakt zu lokalen Behörden oftmals besser ist und auf lokaler Ebene, im Wettbewerb der Regionen um ausländische Investitionen, Genehmigungen eher erteilt werden als auf nationaler Ebene, wird häufig versucht, die Investitionssummen möglichst gering zu halten, um die Zuständigkeit lokaler Behörden zu sichern[14]. Dies wird teilweise auch vom chinesischen Partner mit Unterstützung der lokalen Behörden gefordert[15]. Aus diesem Grunde werden Investitionen oftmals aufgeteilt oder zeitlich aufgesplittet. Leasing stellt eine weitere Möglichkeiten zur Reduzierung der Investitionssumme dar[16]. Die Zuständigkeit lokaler Behörden bietet außerdem eher die Chance, trotz der Nichterfüllung gesetzlicher Vorschriften, eine Genehmigung zu erhalten. Der Staatsrat versucht zwar, der künstlichen Aufspaltung der Investitionssummen gegenzusteuern[17], jedoch sind die Mittel hierzu begrenzt.

A. Gesellschaftsformen

Für ausländische Investoren existieren in China spezielle Gesellschaftsformen. Dementsprechend gibt es, ebenso wie bei Handelsgesellschaften in Deutschland[18], einen Numerus Clausus bei der Rechtsformwahl[19]. Detaillierte Merkmale der Rechtsformen der Gesellschaften mit ausländischer Kapitalbeteiligungsmöglichkeit (GmaK) können *Tabelle A.1 im Anhang* entnommen werden. Im folgenden soll nur eine grobe Charakterisierung möglicher Formen von GmaK vorgenommen werden. Generelle Grundsätze des chinesi-

---

[13]Die Investitionssumme umfaßt alle Mittel, die (schätzungsweise) für das geplante Vorhaben benötigt werden. Neben der Stammeinlage wird also auch eine geplante Darlehensaufnahme erfaßt (siehe dazu auch Abschnitt 1.B.II.). Für eine detaillierte Aufstellung der Größenklassen siehe *Arthur Andersen* (1993), S. 151f.; *Deamer* (1996), S. 12; *Lee* (1995), S. 2ff. und S. 6.

[14]Vgl. *Stucken* (1990), S. 26.

[15]*Cohen* (1996), S. 10f.

[16]Für die Methoden zur Vermeidung der Zuständigkeit der nationalen Behörden beim Genehmigungsverfahren vgl. *Cohen* (1996), S. 10f.; *Kurz* (1994), S. 13; *Winthrop Stimpson Putnam & Roberts* (1994), S. 27.

[17]Siehe die Zusammenfassung eines Rundschreibens des Staatsrats an die lokalen Behörden in *Baker & McKenzie* (1996 [4]), S. 4.

[18]Vgl. *Kraft / Kreutz* (1992), S. 8f.; *Hueck* (1991), § 4 III; *Schmidt* (1989), § 5 II 1a.

[19]Vgl. *Nee* (1994), S. 22. Diese Aussage wird jedoch durch die relativ flexible Gestaltungsmöglichkeit beim Vertrags-Joint-Venture relativiert.

schen Gesellschaftsrechts finden keine Beachtung[20]. An dieser Stelle ist aber zu erwähnen, daß die Vorschriften des chinesischen Gesellschaftsrechts nicht dispositiv sind.

Ausländische Investoren können sich am Gleichheits-Joint-Venture (*GJV*) und Vertrags-Joint-Venture (*VJV*), der Gesellschaft im Auslandsbesitz (*GA*) sowie der *AG* nach AGmaKGVO beteiligen. Unklar ist die Beteiligung an einer GmbH nach GesG[21]. Von Bedeutung in diesem Zusammenhang ist Art. 18 GesG: „This Law shall apply to limited liability companies with foreign investment. Where laws concerning Chinese-foreign equity joint ventures, Chinese-foreign cooperative joint ventures and foreign investment enterprises have different provisions, such provisions shall apply". Dadurch, daß also GJV, VJV und GA *alleine* durch ihre (möglicherweise[22]) beschränkte Haftung zum Regelungsgegenstand des GesG werden, scheint „GmbH" im GesG eher Sammelbegriff[23] als eigenständige Rechtsform für GmaK zu sein[24].

Die Vor- und Nachteile der Gründung einer GmbH nach GesG, die nicht den Spezialgesetzen über GJV, VJV und GA folgt, ergeben sich aus den von diesen Regelungen abweichenden Normen des GesG. Dies sind einerseits Vorschriften bzgl. eines Mindestkapitals (Art. 23 GesG), der Aufstellung eines Aufsichtsrats (Art. 52 GesG) sowie der Einzahlung des vollen Gesellschafteranteils vor der Gründung (Art. 27 GesG), die eine solche Gesellschaft tenden-

[20]Hier ist bspw. die Ultra-Vires-Doktrin zu nennen, nach der der genehmigte Unternehmensgegenstand absolut bindend für die Gesellschaft ist (Art. 11 GAG; Art. 7 DVGJVG; Art. 11 VJVG; Art. 11 GesG; im Falle juristischer Personen generell Art. 42 ZGB). Darüber hinausgehende Handlungen sind, anders als in Deutschland (vgl. *Eckhardt* (1984), Rn. 65 zu Art. 23 AktG; *Meyer-Landrut* (1987), Rn. 11 zu Art. 3 GmbHG; *Schmidt* (1989), § 8 V 2 a,b,c), nichtig (*Lee* (1995), S. 9; vgl. *Stricker* (1994), S. 649; *Messmann* (1991), S. 27; *Hohloch* (1988), S. 30), was zu vielfältigen, hier nicht weiter untersuchten, rechtlichen Problemen führen kann. Auch die Handlungen von Geschäftspartnern sollten auf ihre Statutentreue untersucht werden (vgl. *Hohloch* (1988), S. 30).

[21]Eine *Diskussion*, ob GmbHs nach GesG eigenständige Alternativen für ausländische Investoren sein können, wird in der verwendeten Literatur nur von *Coopers & Lybrand* (Mai 1994), S. 1f. geführt, die dies bejahen. So auch *Arkoosh* (1996), S. 357; *Curley / Fortunato* (1995), S. 1251; *Epstein* (1994), S. 7; *Wolff* (1994), S. 747; *Lewis* (1994), S. 50; a.A. wohl *Torbert* (1994 [2]), S. 8.

[22]Vergleiche dazu *Tabelle A.1 im Anhang (Zeile „Haftung der Gesellschafter")*.

[23]Bspw. im Gesellschaftsrecht der USA sind GmbH (close corporation) und AG (public corporation) Ausprägungen eines solchen Sammelbegriffs (nämlich „business corporation") (Merkt (1991), Rn. 131).

[24]Ähnlich unklar wie Art. 18 GesG ist auch Art. 75 RGVO über die Registrierung von Gesellschaften nach GesG sowie Art. 102 SGmbHVO.

ziell unattraktiver machen. Regelungen über die Treuepflicht von Geschäftsführern und Aufsichtsräten (Art. 59-63 GesG), eine einfache Mehrheit statt Einstimmigkeit bei der Zustimmung zur Übertragung der Anteile (Art. 35 GesG) sowie keine Notwendigkeit zur Angabe einer Mindestlaufzeit würden eine solche Gesellschaft tendenziell attraktiver machen[25]. Soweit das GesG bisher in den GmaK-Vorschriften nicht geregelte Bereiche betrifft, ist es auch von neu gegründeten GJV, VJV und GA zu beachten. Fraglich ist seine Anwendung auf bereits existierende Gesellschaften. Gemäß Art. 229 GesG erläßt der Staatsrat dazu genauere Anwendungsregeln inklusive einer Frist, innerhalb der die ergänzenden Vorschriften des GesG zu erfüllen sind. Dies ist bisher noch nicht geschehen[26]. Einschlägig für ältere GJV, VJV und GA wären dann bspw. die Vorschriften über das Mindestkapital sowie die Bildung eines Aufsichtsrats.

Das GJV wurde bereits zu Beginn der Reformen 1979 gesetzlich geregelt. Hier gründen ein chinesischer Partner und der ausländische Investor eine neue Gesellschaft. Das GJV ist gekennzeichnet durch seine starre Struktur und könnte als (deutsche) GmbH mit eingeschränkter Vertragsfreiheit beschrieben werden. Die eingeschränkte Vertragsfreiheit erstreckt sich insbesondere auf die Gewinnverteilung, die streng nach Anteilen am Stammkapital zu erfolgen hat, sowie auf den Abstimmungsprozeß beim Verkauf der Anteile, wo alle Partner des GJV zustimmen müssen und zusätzlich anderen Partnern ein Vorkaufsrecht eingeräumt wird[27]. Wegen seiner starren Struktur hat das Außenhandelsministerium Standardverträge publiziert, deren vorbehaltlose Übernahme aufgrund zu günstiger Regelungen für die chinesische Seite jedoch nicht ratsam ist[28].

Das VJV wird ebenfalls zusammen mit einem chinesischen Partner gegründet. Diese Rechtsform ist aus dem Wunsch nach flexibleren Gesellschaftsstrukturen entstanden und war bis zum Erlaß des VJVG 1988, obwohl behördlich oftmals genehmigt, ohne Rechtsgrundlage[29]. Das VJV kann Formen zwischen GbR und (deutscher) GmbH annehmen[30]. Besonderes Charakteristikum eines VJV in Form einer juristischen Person mit beschränkter Haf-

---

[25]Vgl. dazu teilweise *Xin / Brown* (1995), S. 54.

[26]Vgl. *Torbert* (1994 [2]), S. 8.

[27]Vgl. §§ 15 Abs. 5, 29 Abs. 3 GmbHG für Deutschland.

[28]*Arthur Andersen* (1993), S. 50; *Stucken* (1990), S. 26; vgl. auch *Messmann* (1991), S. 11. In *SCSCEACL* (1991), S. 41ff. sind verschiedene Musterverträge wiedergegeben.

[29]Vgl. *Lewis* (1994), S. 92; *Arthur Andersen* (1993), S. 146; *Klassen* (1990), S. 529.

[30]Vgl. auch *Stucken* (1992), S. 222.

tung ist einerseits die flexible Gewinnverteilung sowie die Möglichkeit, die Stammeinlage bereits vor Liquidation der Gesellschaft aus der Gesellschaft abzuziehen und damit die Kapitalbindung zu lösen. Da im letzteren Fall die Haftung weiterhin bis zur Höhe der ehemals geleisteten Einlage bestehen bleibt[31], handelt es sich hierbei nur um eine *„unechte" Kapitalherabsetzung*. Ein eher als Personengesellschaft organisiertes VJV könnte eventuell vom neuen Gesetz über Personengesellschaften erfaßt werden und so einen Teil seiner Flexibilität verlieren. Voraussetzung dafür ist jedoch, daß die Gesellschafter unbeschränkt für alle Schulden der (Personen-) Gesellschaft haften[32]. Gerade diese Frage ist jedoch umstritten[33]. Zur Anwendung kommt Art. 52 ZGB[34], der eine unbeschränkte Haftung der Gesellschafter für die Schulden der Gesellschaft nur in Höhe der Anteile am Kapital vorsieht. Nur wenn Gesetz oder Vertrag eine gemeinsame Haftung für alle Schulden festlegen, gilt dies nicht. Genauere gesetzliche Regelungen existieren jedoch nicht. Problematisch ist zusätzlich, daß bei diesen Gesellschaften kein Kapitalkonzept existiert[35]. Demgemäß können die Anteile auch nicht genau bestimmt werden. Hier verbleibt also ein beträchtliches Maß an Unsicherheit. Generell gilt jedoch, daß mit dem Erlaß der DVVJVG am 4.9.95 die Rechtssicherheit erheblich gesteigert worden ist[36].

Die GA hat ausschließlich ausländische Gesellschafter. Sie entstand ebenfalls aus dem Wunsch nach flexibleren Strukturen und wurde vor dem Erlaß des GAG 1986 bereits behördlich genehmigt[37]. Die für die GA geltenden Ge-

---

[31]Art. 44 Abs. 1 Nr. 2, 3 und Abs. 2 DVVJVG.

[32]Siehe die Zusammenfassung des Gesetzes über Personengesellschaften in *Baker & McKenzie* (1997 [1]), S. 1ff. Dieses Gesetz trat am 1.8.1997 in Kraft.

[33]Vgl. die Diskussion in *Cohen* (1996), S. 12.

[34]Art. 50 DVVJVG verweist bzgl. Haftungsfragen auf andere Gesetze, so daß Art. 52 ZGB einschlägig ist.

[35]Gemäß Art. 51 DVVJVG müssen lediglich „Investitionen" bzw. „Kooperationsbedingungen" bei der entsprechenden Behörde registriert werden. Bei rechtsfähigen VJV ist dagegen das registrierte Eigenkapital anzugeben (Art. 12 Nr. 3 und Art. 13 Nr. 4 DVVJVG). Vgl. auch *Cohen* (1996), S. 12; *Cheung* (1995), S. 2; *Ernst & Young* (1994), S. 44f.; *Lewis* (1994), S. 44; *Arthur Andersen* (1993), S. 147; *Wang* (1993), S. 207; *Kassen* (1990), S. 530; *Cohen* (1988), S. 16.

[36]Während vor dem Erlaß der DVVJVG die DVGJVG für GJV oftmals per Analogieschluß angewendet wurden (vgl. *Curley / Fortunato* (1995), S. 1253; *Kurz* (1994), S. 11; *Winthrop Stimson Putnam & Roberts* (1994), S. 25; *Wolff* (1994), S. 746; *Moser / Zee* (1993), S. 18; *Hickman / Clemens* (1991), S. 17), könnte die Analogie jetzt in die andere Richtung laufen (*Randt* (1995), S. 34).

[37]*Nhay* (1991), S. 33; *Keijzer* (1992), S. 140f.

setze regeln jedoch insbesondere die für China relevanten Bereiche wie Exportorientiertheit, technologische Fortschrittlichkeit[38] etc. und lassen die innere Struktur der GA weitgehend ungeregelt[39]. GA dürfen nur in bestimmten Wirtschaftszweigen operieren[40]. Die GA kann als Einzelunternehmen oder (deutsche) GmbH, d.h. als juristische Person, geführt werden. Die erste Form wird jedoch nicht weiter beachtet, da sie erfahrungsgemäß kaum benutzt wird. GA werden in letzter Zeit immer öfter verwendet, da damit Probleme mit dem chinesischen Partner vermieden werden können. Der Alleingang erfordert allerdings längerfristige Erfahrungen in China[41].

Die AG chinesischen Rechts ist vergleichbar mit der deutschen AG. Sie basiert grundsätzlich auf dem GesG[42], für die Ausgestaltung als GmaK ist jedoch vorrangig die AGmaKGVO zu beachten[43]. Die AG kann von mehr als fünf Gründern alleine (promoter method) oder mit zusätzlichem öffentlichem Verkauf von Aktien gegründet werden (share float method)[44]. Im letzteren Fall sind mindestens 35% der Aktien durch Gründer zu zeichnen[45] und einer der Gründer muß seit 3 Jahren Gewinne ausweisen[46]. In jedem Fall muß einer der Gründer Ausländer sein[47]. Eine Umwandlung von GJV, VJV und GA in eine AG ist ebenfalls möglich[48]. Die Aktien können, mit entsprechender Genehmi-

---

[38]Zu den Begriffen siehe Abschnitt 2.B.I.3. Es wird verlangt, daß GA entweder exportorientiert oder technologisch fortschrittlich sind (Art. 3 DVGAG). In der Praxis wird dies jedoch nicht so streng gehandhabt (*Price Waterhouse* (1995), S. 38; *Barale* (1990), S. 31).

[39]Bspw. sind die Organe der GA nirgendwo geregelt.

[40]Art. 4 (verbotene Wirtschaftszweige) und Art. 5 (beschränkte Wirtschaftszweige) DVGAG.

[41]Vgl. *Clifford / Roberts / Engardio* (1997), S. 43f.

[42]Vor dem Erlaß des GesG 1994 existierten die nationalen MAGS von 1992, die allerdings keine direkte Gründung durch Ausländer, sondern nur die Umwandlung von GJV und VJV in AGs zuließen (Art. 10 MAGS).

[43]Art. 25 AGmaKGVO. Hierbei ist allerdings auf die fragwürdige Akzeptanz der AGmaKGVO hinzuweisen, die vom Handelsministerium erlassen wurden und somit eventuell von anderen Ministerien nur widerwillig umgesetzt werden (*Zhang* (1995), S. 12).

[44]Art. 74 iVm. Art. 75 GesG.

[45]Art. 83 GesG.

[46]Art. 6 AGmaKGVO.

[47]Art. 6 AGmaKGVO.

[48]Dann sind keine fünf Gründer gefordert (*Zhang* (1995), S. 11). Die umzuwandelnde Gesellschaft muß allerdings seit drei Jahren Gewinne ausweisen (Art. 15 AGmaKGVO).

gung, an den Börsen von Shenzhen oder Shanghai sowie im Ausland notiert werden[49]. Für die Inanspruchnahme von Investitionsanreizen und damit auch die Anwendbarkeit der Steuergesetze für GmaK ist die Erlangung eines GmaK-Status durch die Gründung nach AGmaKGVO notwendig[50]. Auch AGs, die vor dem Erlaß der AGmaKGVO aufgrund anderer Regelungen GmaK-Status innehatten[51], müssen dazu in eine AG nach Art. 20 AGmaKGVO umgewandelt werden[52]. Investitionsanreize können nach erfolgter Umwandlung nicht nochmals in Anspruch genommen werden[53]. Negativ wirkt sich aus, daß stille Reserven bei der Umwandlung aufzudecken sind[54].

B. Potentielle Problembereiche

Im folgenden werden potentielle Problembereiche bzgl. Kapitalaufbringung, Verfügbarkeit von (Devisen -) Kapital und Kapitalabfluß diskutiert[55]. Eine für diese Arbeit unerläßliche Auseinandersetzung mit dem Thema Rechtssicherheit wird vorangestellt. Teilweise gelten die hier erörterten Probleme neben der Gründung von Gesellschaften auch für alternative Formen der Wirtschaftstätigkeit in China.

---

[49]Art. 151 und Art. 155 GesG.

[50]Art. 3 AGmaKGVO.

[51]Siehe z.B. Art. 46 SAGVO 1992. Generell wurde ein gleichfalls von der AGmaKGVO geforderter 25%-Anteil der ausländischen Aktionäre als ausreichend für den GmaK-Status gesehen (vgl. *Curley / Fortunato* (1995), S. 1251f.; *Coopers & Lybrand* (Mai 1994), S. 4; *Gescher* (1994), S. 18, 22; *Wei / Chow / Cooper* (1994), S. 118; *Lewis* (1994), S. 51; *Baker & McKenzie* (1994 [2]), S. 17; *Bath* (1993), S. 54; *Crossman / Toder* (1993), S. 66; *Blaisdell* (1993), S. 6).

[52]Allerdings verändert dies den grundsätzlichen Aufbau der AG kaum. Unterschiede hinsichtlich des Mindestkapitals bestehen zum GesG (30 Mio RMB nach Art. 7 AGmaKGVO, 10 Mio RMB nach Art. 78 GesG), wobei fraglich ist, ob AGs mit ausländischem Investment mit diesem niedrigeren Grundkapital genehmigt wurden.

[53]Art. 26 AGmaKGVO.

[54]*Baker & McKenzie* (1994 [2]), S. 17, die sich auf eine Verlautbarung der nationalen Steuerbehörde berufen.

[55]Unter „Kapitalabfluß" wird in diesem Zusammenhang ebenfalls die Gewinnverteilung behandelt, obwohl sie auch für die Besteuerung relevante Fragestellungen aufwirft und dementsprechend später behandelt werden könnte. Aufgrund der Vorgehensweise in der Praxis erscheint eine Abhandlung in Kapitel 3 jedoch nicht gerechtfertigt (vgl. genauer Abschnitt 1.B.IV.).

I. Rechtssicherheit

Rechtssicherheit bedeutet grundsätzlich eine Vorhersehbarkeit der Rechtsfolgen bestehender oder geplanter Sachverhalte[56]. Dies erfordert ein möglichst vollständiges, widerspruchsfreies, offengelegtes Normensystem, eine Autorität, die die staatlichen Organe bindende Interpretationen erläßt sowie eine unabhängige Rechtsprechung, die auf den Vollzug ihrer Urteile vertrauen kann. In China ist dies nicht gegeben[57].

Seit dem Beginn der Reformen sind gesetzliche Regelungen in vielen Teilbereichen erlassen worden. Die Schnelligkeit des Erlasses hat jedoch zu vielfältigen Widersprüchen, insbesondere zwischen lokalen und nationalen Regelungen, geführt, was Probleme bzgl. des anzuwendenden Rechts nach sich zieht. Gemäß der chinesischen Verfassung dürfen lokale Regelungen solchen auf nationaler Ebene nicht widersprechen[58]. Durch die Größe des Landes und die damit einhergehende Schwierigkeit der Überwachung der lokalen Gesetzgebungsorgane kommt es allerdings immer wieder zu Inkonsistenzen zwischen den Regelungen[59]. Da man meist mit lokalen Behörden in Kontakt kommt (z.B. bei Börsennotierungen), sind die lokalen Gesetze jedoch oftmals wichtiger als die nationalen[60] und werden zudem von den lokalen Behörden ohne Überprüfung auf Inkonsistenzen angewendet. Die gegenwärtige Situation kann demnach folgendermaßen beschrieben werden: „reference to local regulations remains critical in planning an investment project in China“[61].

Interne, öffentlich nicht verfügbare Verordnungen und Anweisungen verursachen ebenfalls beträchtliche rechtliche Verunsicherung[62]. „As a result, it is

---

[56]Vgl. *Kauffmann* (1996), Stichwort „Rechtssicherheit“; *Tilch* (1992), Stichwort „Rechtssicherheit“; *Montasser* (1991), Stichwort „Rechtssicherheit“.

[57]Vgl. *Nölting* (1995), S. 178.

[58]Art. 100 chinesische Verfassung; vgl. auch *Yuen* (1994), S. 56.

[59]*Arthur Andersen* (1993), S. 48. Andererseits gilt oftmals auch, daß „it is always arguable that local regulations are within the spirit of the national laws and regulations, although their specific provisions may conflict with the latter“ (*Wang* (1995), S. 18).

[60]*Lewis* (1994), S. 50.

[61]*Hickman / Clemens* (1991), S. 15; vgl. auch *Liufang* (1989), S. 55; *Kügel* (1987), S. 752.

[62]Vgl. zur Existenz der internen Verordnungen und Anweisungen *Frankenstein* (1995), S. 76; *Williams / Chu / Bass* (1993), S. 8-17; *Lauffs* (1993), S. 38; *Stricker* (1992), S. 733; *Staudenmeyer* (1990), S. 61; *Klassen* (1990), S. 521; *Heuser* (1988), S. 428. Es wird jedoch erwartet, daß derartige interne Verordnungen in naher Zukunft verschwinden werden (*Messmann* (1991), S. 15). Im China-USA-Memorandum-of-

sometimes impossible to determine whether a Chinese official is playing the game of 'making up a regulation' or the regulation cited really exists"[63]. Ein weiteres Problem stellen die Medien zur Veröffentlichung der Rechtsquellen bzw. Verwaltungsverlautbarungen dar. Rechtsquellen, die von der Ständigen Vertretung des Nationalkongresses bzw. vom Staatsrat erlassen werden, sind per Gesetz in den dafür vorgesehenen Gesetzesblättern der Organe zu veröffentlichen. Für solche, die von den Abteilungen des Staatsrates bzw. von den lokalen Gesetzgebungsorganen erlassen werden, gibt es keine derartigen gesetzlichen Regelung. Sie werden, falls überhaupt, in verschiedenen Medien, teilweise auch als Gesetzessammlungen, veröffentlicht[64]. 1996 wurden bspw. alle Steuergesetze und Verordnungen auf nationaler Ebene in einer Loseblattsammlung veröffentlicht. Eine entsprechende Veröffentlichung für lokale Rechtsquellen ist gegenwärtig in Planung[65].

Zudem bleibt vielfach der rechtliche Status der von den Ministerien des Staatsrats erlassenen Dokumente unklar. Die Titel der Dokumente geben hierüber nur unzureichend Auskunft, da sie nicht einheitlich verwendet werden[66].

Probleme entstehen ebenfalls aus den teilweise äußerst lückenhaften Gesetzen. Abgesehen von den in jüngster Zeit veröffentlichten Entscheidungen des Obersten Volksgerichts, die als (bindende) Präzedenzfälle zu beachten sind, existierte bisher kein Präzedenzfallrecht[67] und von den Befugnissen bestimmter staatlicher Organe zur offiziellen Gesetzesinterpretation ist bisher kaum Gebrauch gemacht worden[68]. Bereits bestehende Interpretationen sind oftmals schwer zu erlangen[69].

Understanding betreffend den Markteintritt vom 10.10.1992 verpflichtet sich China sogar, nur veröffentlichte gesetzliche Regelungen und Richtlinien anzuwenden (*Fischer* (1993), S. 15).

[63] *Fischer* (1993), S. 15; vgl. auch *Stucken* (1993), S. 14.

[64] Vgl. insgesamt *Chen* (1993), S. 82ff.

[65] *O.V.* (1996 [1]), S. 575.

[66] Vgl. *Chen* (1993), S. 89. Für die Zwecke dieser Arbeit wurden deshalb zweifelhafte Dokumente als Verwaltungsanweisungen deklariert. Dies sind insbesondere mit „notice" und „circular" betitelte und von den Abteilungen des Staatsrates ohne Zustimmung desselben erlassene Dokumente. Vom Staatsrat selbst erlassene Dokumente sind dagegen als „regulations", „provisions" oder „measures" zu bezeichnen und haben zweifelsfrei Gesetzescharakter (*Chen* (1993), S. 89). Die Bezeichnung „provisional" hindert die Gesetzeswirkung allerdings nicht (*Chen* (1993), S. 89f.).

[67] *Arthur Andersen* (1993), S. 48; *Chen* (1993), S. 102; vgl. auch *Messmann* (1991), S. 15f.; *Süss* (1989), S. 788.

[68] Gemäß RUG stehen dem Ständigen Komitee des Volkskongresses, dem Obersten Volksgericht und dem Staatsrat bestimmte Interpretationsbefugnisse zu, von denen bisher lediglich das Oberste Volksgericht Gebrauch gemacht hat (*Chen* (1993), S.

Bei der Umsetzung des Rechts durch die Administrative verhindert das oft fehlende bzw. andere Rechtsverständnis die wohl aus westlicher Sichtweise „richtige" Anwendung[70]. Je nach Einstellung des Beamten ist quasi jede Interpretation möglich[71]. „It is also helpful to keep in mind that despite the promulgation of many laws, in China we are faced with a system of rule by men, not by laws"[72]. Hierdurch ergibt sich allerdings auch die Chance, durch Verhandlungsgeschick oder Beziehungen das Gesetz zu „gestalten"[73], da formellen Bestätigungen von Beamten oftmals Gesetzeswirkung zugesprochen wird[74].

Rechtsstreit vor in ihrer Unabhängigkeit fragwürdigen chinesischen Gerichten[75] wird oftmals durch die Vereinbarung einer Schiedsklausel vermieden[76].

95ff.; vgl. auch *Wang* (1995), S. 17). Diese Interpretationen haben Gesetzeswirkung (Art. 33 GOG). Außerdem benennen viele Gesetze ein Ministerium des Staatsrates, dem die Interpretation obliegt. Jedoch wird auch von dieser Interpretationsbefugnis selten Gebrauch gemacht (siehe z.B. Art. 44 FVR). Somit existieren für viele Gesetze noch keine Interpretationen (*Williams / Chu / Bass* (1993), S. 8-17). Gegenwärtig wird in China an einer Art Abgabenordnung als steuerliches Rahmengesetz gearbeitet (*Li* (1996 [2], S. 960). Diese soll Regeln zur Interpretation der Steuergesetze enthalten.

[69] *Chen* (1993), S. 101f.

[70] Vgl. *o.V.* (1996 [2]), S. 1847; *Jung* (1996), S. 123; *So* (1995), S. 9; *Stucken* (1993), S. 14; *Fischer* (1993), S. 14.

[71] Vgl. *Curley / Fortunato* (1995), S. 1251; *Chen* (1993), S. 92. Es ist somit ratsam, Vorhaben unabhängig von einer gesetzlich geforderten Zustimmung der verantwortlichen Behörden mit eben jenen zu diskutieren (*Winthrop Stimson Putnam & Roberts* (1994), S. 26).

[72] *Frankenstein* (1995), S. 76.

[73] Vgl. *Staudenmeyer* (1990), S. 61; *Roehrig* (1994), S. 72f. Zur Erlangung von Beziehungen engagieren ausländische Investoren oftmals Kanzleien mit Kontakten zum Justizministerium, lassen die tatsächliche juristische Arbeit aber von anderen machen (*Sender* (1995), S. 80).

[74] *Williams / Chu / Bass* (1993), S. 8-17f., die sich auf einen chinesischen Beamten berufen. So folgt bspw. aus der Genehmigung von Joint-Venture-Verträgen durch die zuständige Behörde die „rechtliche Unbedenklichkeit" der Vertragswerke (*Klassen* (1990), S. 524), mit der Ausnahme, daß bei Überprüfungen lokaler Behörden die übergeordnete, nationale Behörde klare Gesetzesverstöße entdeckt.

[75] *Burkhardt* (1984), S. 30; vgl. auch *Stucken* (1993), S. 15; *Chen* (1993), S. 48f. Art. 128 der chinesischen Verfassung schreibt die Verantwortlichkeit der Gerichte gegenüber der Legislative vor. Ebenso übt die Legislative die Personalgewalt über die Gerichte aus (Art. 62 Nr.7, Art. 67 Nr.11, Art. 101 der chinesischen Verfassung).

[76] *Hickman / Clemens* (1991), S. 17; vgl. *Staudenmeyer* (1990), S. 253, die noch weitere Vorteile von Schiedsgerichtsverfahren auflistet.

Wie auch bei anderen Entscheidungen aller Art, bleibt die Durchführung des ergangenen Schiedsspruches jedoch unsicher[77].

II. Grenzen der Finanzierungsfreiheit

Der Praxis der Eigenkapital-Unterkapitalisierung[78] versucht der chinesische Gesetzgeber durch Vorschriften über das Eigenkapital / Investitionssumme-Verhältnis (die FFVO)[79] sowie den Einlagezeitpunkt des Eigenkapitals entgegenzuwirken. Dadurch werden der Finanzierungsfreiheit Grenzen gesetzt.

Die FFVO schreiben sowohl ein minimales absolutes wie auch minimales relatives, von der Investitionssumme (definiert als registriertes Eigenkapital + genehmigtes Fremdkapital[80]) abhängiges registriertes Eigenkapital[81] vor[82]. Die konkreten Werte sind in *Tabelle A.2 im Anhang* enthalten. Die Höhe des Fremdkapitals ist dabei nicht willkürlich wählbar. Vielmehr wird von den Genehmigungsbehörden überprüft, ob die geplanten (Finanz-)Mittel für das anvisierte Vorhaben ausreichen. Die Kriterien dürfen nur bei entsprechender Genehmigung mißachtet werden[83]. Die Regelungen gelten für alle GmaK[84]. Beim nicht-rechtsfähigen VJV entfalten sie jedoch keine Wirkung, da hier die Einlagen nicht bewertet werden müssen[85].

---

[77]*Studwell* (1994); *Chen* (1993), S. 123, der lokalen Protektionismus als eine Ursache dafür sieht. Für einen Beispielfall, siehe *Rapp* (1993), S. 4. China ist 1986 dem New Yorker Abkommen über die Anerkennung und Vollstreckung fremder Schiedssprüche beigetreten, hat jedoch Vorbehalte zu gewissen Klauseln gemacht (insbesondere Streitigkeiten zwischen chinesischen Gebietskörperschaften und Ausländern sollen nicht durch das Abkommen berührt werden (*Czernich* (1995), S. 650)). Dennoch bestehen weiterhin Probleme bei der Vollstreckung von Schiedssprüchen.

[78]Vgl. *Luo / Chen* (1995), S. 35; *Wäscher / Schmitt* (1994), S. 863.

[79]*Zhongfu* (1989), S. 17 vertritt eine absolute Außenseitermeinung mit der Behauptung, die FFVO würden nicht mehr gelten (siehe zur Gegenmeinung die nachfolgenden Fußnoten).

[80]Vgl. Art. 20 DVGJVG; siehe auch *Fai* (1995), S. 2; *Lewis* (1994), S. 39.

[81]Dies entspricht dem Stammkapital der deutschen GmbH und stellt die Haftungsmasse dar.

[82]Art. 3 FFVO.

[83]Art. 4 FFVO.

[84]Art. 6 FFVO iVm. Art. 3 AGmaKGVO.

[85]Vgl. Abschnitt 1.A.

Die FFVO nimmt klar Einfluß auf eine steuerlich motivierte Fremdfinanzierung. Der Zweck der FFVO scheint indes ein anderer zu sein[86], was auch ein Vergleich mit dem steuerlich motivierten § 8a KStG (Gesellschafterfremdfinanzierung) zeigt. Die FFVO gelten unabhängig von der Herkunft des Kapitals, während § 8a KStG auf fremdkapitalgebende Gesellschafter inklusive verbundener Personen abstellt. Ebenso sehen die FFVO keine Drittvergleichsregelung vor. Nach § 8a Abs. 1 Nr. 2 KStG sind aber einem Drittvergleich standhaltende Darlehensregelungen bei festverzinslichen Darlehen unschädlich. Weiterhin fixiert die FFVO keine Rechtsfolgen entsprechend der Umqualifizierung von Zinszahlungen in Gewinnausschüttungen. Die FFVO ist eher als Präventivregelung zu sehen, da die zuständige Behörde bei der Erteilung der Genehmigung für die Gründung oder Kapitalerhöhung die FFVO-Kriterien als Voraussetzung für die Genehmigung zu überprüfen hat[87]. Eine spätere Verletzung der FFVO wäre dann gleichbedeutend mit der Verletzung des Gesellschaftsvertrags, in dem Eigenkapital und Investitionssumme anzugeben sind[88]. Dies bedeutet somit identische Rechtsfolgen, die jedoch von vorneherein nicht genau zu spezifizieren sind[89].

Die Vorschriften über den Einlagezeitpunkt des Eigenkapital schreiben, abhängig von der Höhe des registrierten Kapitals[90] und der vereinbarten Zahlungsweise[91] (voll oder in Raten), ein Zeitlimit für die Einzahlung vor, gelten allerdings nur für GJV und VJV[92]. Die Regelungen bei der GA bleiben unklar,

---

[86]Vgl. *Luo / Chen* (1995), S. 35, die sich allerdings nicht direkt auf die FFVO beziehen; *Wang* (1993), S. 189f. Es geht offensichtlich mehr um wirtschaftliche Gründe. Der Investor soll ausreichend am Risiko des Unternehmens beteiligt sein und sich nicht durch Kreditaufnahme bei Banken diesem weitgehend entziehen können. Dies wird auch dadurch bekräftigt, daß die FFVO nicht von Steuerbehörden erlassen wurden. A.A. *Klassen* (1990), S. 527.

[87]Abschn. 2 Nr. 6 PUGVSGmakRili; vgl. auch *Cho / Lam* (1994), S. 83. Entsprechend wird bei Nichterfüllung i.d.R. eine Genehmigung verweigert (vgl. *Ernst & Young* (1994), S. 26).

[88]Art. 20 DVGJVG; Art. 15 Nr. 4 und Art. 16 Nr. 3 DVGAG; Art. 12 Nr. 3 und Art. 13 Nr. 4 DVVJVG. Die genehmigende Behörde könnte eine solche Verletzung feststellen, da ihr die laufenden Bilanzen der Gesellschaft vorzulegen sind (Art. 24 SRjPVO).

[89]Möglich wären hier Strafen, eventueller Entzug der Gewerbeerlaubnis oder aber auch Durchgriffshaftung wegen Unterkapitalisierung im Konkursfall. Steuerrechtliche Korrekturen scheinen dem Gesamteindruck nach, vermittelt vom (wahrscheinlichen) Zweck der FFVO (vgl. Fn. 86) und der Tatsache, daß einige Steuerbüros diese Vorschrift gar nicht kennen, nicht in Betracht zu kommen.

[90]*Cheung* (1995), S. 12, der auf eine Bekanntmachung der SAIC verweist.

[91]Art. 4 ZKGJVVO.

[92]*Cheung* (1995), S. 12; Art. 10 ZKGJVVO.

folgen allerdings wahrscheinlich denjenigen von GJV und VJV. Die Gesellschafter der AG müssen ihren Gesellschaftsanteil bei Gründung voll einzahlen[93]. Der Einlagezeitpunkt ist somit generell nicht disponibel, wie es in Deutschland in gewissem Rahmen der Fall ist[94] und schränkt die finanzielle Flexibilität der Gesellschafter u.U. beträchtlich ein. Eine Nichterfüllung dieser Vorschriften kann die automatische Auflösung der Gesellschaft zur Folge haben[95].

III. Verfügbarkeit von Devisen

Eines der zentralen Probleme ausländischer Wirtschaftstätigkeit in China ist die Verfügbarkeit von Devisen. Obwohl in diesem Bereich erhebliche Fortschritte erzielt worden sind, existieren noch immer gewisse Restriktionen.

Grundsätzlich verlangt China den selbständigen Ausgleich der Devisenbilanz der GmaK durch operative Maßnahmen[96] und versucht demgemäß bereits bei der Genehmigung neuer GmaK potentielle Devisennachfrager auszusondern[97]. Auch genehmigten GmaK wird der Zutritt zum Devisenmarkt nicht vorbehaltlos gewährt. Dies wird im folgenden genauer untersucht. Verschiedene Belastungen in der Gestalt prozeduraler Anforderungen, die sich aus Devisenkontrollregelungen des Staates ergeben[98], werden dabei prinzipiell nicht beachtet.

1. Die Eignungsstudie

Bestandteil der zur Gründung notwendigen Dokumente ist eine Eignungsstudie, die Angaben über die geplanten Methoden zur Erlangung eines Devi-

[93] Art. 27 GesG.

[94] Mindestens 25% des Grund-/ Stammkapitals, minimal 25000,-DM bei der GmbH, sind einzuzahlen (§ 36a Abs. 1 AktG; § 7 GmbHG).

[95] Art. 5 und Art. 6 ZKGJVVO.

[96] Art. 20 VJVG, Art. 18 Abs. 3 GAG, Art. 56 Abs. 1 DVGAG, Art. 75 DVGJVG. Vgl. auch *CCH International* (1996), 32-610; *Donoghue / Nelson* (1995), S. 15; *o.V.* (1994 [1]), S. 70.

[97] Vgl. *SCMP* (19.5.1994), S. 1; *Lewis* (1994), S. 174.

[98] Siehe insbesondere die DKVO, DAVO, DVKZVO.

senausgleichs zu enthalten hat[99]. Für exportorientierte Unternehmen sind hierbei aufgrund der selbständigen Erwirtschaftung von Devisen kaum Probleme zu erwarten[100]. Bei GmaK, die hauptsächlich den chinesischen Markt bedienen wollen, ergibt sich dagegen regelmäßig ein Mangel an Devisen. Der Einsatz fortschrittlicher Technologie oder die Produktion hochwertiger Erzeugnisse geben dann oftmals den Ausschlag für die Genehmigung[101]. Mit der Genehmigung eines solchen GmaK verpflichtet sich die zuständige Behörde, für einen Devisenausgleich des GmaK zu sorgen[102], was jedoch praktisch kaum relevant ist[103]. Die gegenwärtig bedeutendste Methode zur Erlangung von Devisen ist der genehmigungspflichtige Devisentausch. Eine Zusammenstellung verschiedener Methoden zur Erlangung von Devisen befindet sich in *Tabelle A.3 im Anhang*.

2. Devisentausch

Das Regime betreffend den Devisenumtausch in China hat in letzter Zeit einem beständigen Wandel hin zu freierer Konvertierbarkeit mit weniger Kontrollen unterlegen. Dabei wird es von der chinesischen Regierung grundsätzlich anerkannt, daß es für GmaK u.U. notwendig ist, RMB gegen Devisen zu tauschen. Auch bestehen keine generellen Beschränkungen hinsichtlich des Zwecks des Devisentauschs. Insbesondere können Liquidationserlöse sowie Gewinne zur Dividendenausschüttung von RMB in Devisen getauscht werden[104]. Prinzipiell bestehen dazu zwei Möglichkeiten: Einerseits können GmaK an staatlichen Devisentauschzentren (foreign exchange adjustment

---

[99]Art. 9 Abs. 1 Buchst. b iVm. Art. 75 DVGJVG; Art. 11 Nr. 2 iVm. Art. 56 DVGAG; Abschn. 2 Nr. 9 PUGVSGmaKRili; *SCMP* (19.5.1994), S. 1; vgl. auch *o.V.* (1995), S. 7.

[100]Exportorientierte Unternehmen werden vielfach von ausländischen Investoren, die China als billigen Produktionsstandort sehen, gegründet.

[101]Vgl. Art. 4 DAVO; *Fai* (1995), S. 8f. Beziehungen können hier ebenfalls weiterhelfen.

[102]Art. 75 DVGJVG; Art. 56 DVGAG

[103]*CCH International* (1996), 31-670; *Schwarting* (1995), S. 172; *Wäscher / Schmitt* (1994), S. 867. Für (ältere) Beispiele siehe *Yu* (1994), S. 106f.

[104]Für Liquidationserlöse siehe Art. 25 DKVO; dies war früher nur im Falle eines Investitionsschutzabkommens gegeben (vgl. *CCH International* (1996), 31-470 und 31-680). Für Gewinne zur Dividendenausschüttung siehe die DVKZVO sowie auch Art. 5 Buchst. b iVm. Art. 7 Abs. 1 ISA; vgl. auch *Fai* (1995), S. 9; *Yu* (1994), S. 113; *International Monetary Fund* (1994), S. 113; *Arthur Andersen* (1993), S. 109 und 113; *Studwell* (1994), S. 110 sieht dagegen Probleme beim Umtausch.

centers oder swap centers) direkt oder über eine ausgewiesene Bank indirekt (sogenannter „Interbankenmarkt") Devisen tauschen. Am Ende der Reformen soll nur noch der Interbankenmarkt existieren, zu dem nur Banken Zugang haben werden[105].

Entsprechend der neu erlassenen DVKZVO vom 20.6.1996 haben GmaK zu unterscheiden zwischen Devisen für laufende Transaktionen (z.B. Handel, Dienstleistungen) und solchen für Kapitalbewegungen (z.B. Darlehensabwicklung, Stammeinlagen etc.). Devisen für laufende Transaktionen sind i.d.R. ohne weitere Kontrollen über den Interbankenmarkt (also eine ausgewiesene Bank) zu erlangen. Spezielle Genehmigungen der Devisenkontrollbehörden sind dagegen i.d.R. zum Erwerb von Devisen für Kapitalbewegungen erforderlich.

Daneben besteht weiterhin die Möglichkeit, Devisen über Devisentauschzentren zu erlangen[106]. Diese Art des Devisenumtauschs ist jedoch langwieriger verglichen mit dem Umtausch bei einer Bank[107]. Voraussetzung für den Umtausch ist die Genehmigung eines entsprechenden Antrags[108], die mit einer Prüfung der Eignungsstudie einhergeht. Hat das GmaK die Eignungsstudie mißachtet, könnte die Genehmigung verweigert werden[109]. Zur effektiveren Überprüfung sehen neue Regelungen die Pflicht zur Erstellung eines von chinesischen Wirtschaftsprüfern zu prüfenden jährlichen Devisen-Transaktionsreports vor. GmaK, welche die gestellten Anforderungen erfüllen, können für ein Jahr Devisen an den Tauschzentren tauschen. GmaK, die die Anforderungen nicht erfüllen, müssen jede Transaktion einzeln beantragen und kommen in Erklärungszwang im Falle abweichender Exportquoten[110]. Voraussetzung für den Devisentausch ist ebenfalls die ordnungsgemäße Ein-

---

[105]Hierbei sollen alle Devisentauschcenter miteinander vernetzt werden (Abschn. 3 ARDK; vgl. auch *SCMP-Sunday* (27.3.1994), S. 1). Bisher sind jedoch nur einige Center vernetzt worden, in denen sowohl GmaK als auch Banken, jedoch unter getrennten Regeln, tauschen können (vgl. *Fai* (1995), S. 11f.; *Barale / Jones* (1994), S. 54f.). Wann die Transformierung beendet ist, steht noch nicht fest (*Bang* (1996), S. 36).

[106]EDVKZVO.

[107]*Baker & McKenzie* (1996 [7]), S. 1.

[108]Vgl. *Donoghue / Nelson* (1995), S. 15; *Fai* (1995), S. 12; *Wäscher / Schmitt* (1994), S. 868; *Lewis* (1994), S. 174. Beziehungen zu chinesischen Beamten können hier hilfreich sein (*Arthur Andersen* (1993), S. 113).

[109]*Donoghue / Nelson* (1995), S. 15; *Lewis* (1994), S. 174.

[110]Für das Vorstehende, vgl. *Arkoosh* (1996), S. 363; *o.V.* (1995), S. 6f.; *Nee* (1994), S. 23.

zahlung des Grundkapitals[111]. Die Überprüfung durch die Devisenkontrollbehörden ist mit dem Beginn des Jahres 1997 nur noch Teil einer umfassenden Überprüfung der GmaK[112]. Bei Nichterfüllung der vorgegebenen Kriterien könnte auch die leichtere Umtauschbarkeit am Interbankenmarkt versperrt werden.

Seit Anfang 1994 gibt es in China nur noch ein Einkurssystem[113]. Der Kurs wird von der chinesischen Volksbank täglich entsprechend Angebot und Nachfrage festgelegt[114]. Das Angebot in den Devisentauschcentern, die staatlich genehmigt werden müssen, ist gegenwärtig als ausreichend einzustufen[115]. Es wird erwartet, daß der Devisenmarkt mit der vollständigen Errichtung des Interbankenmarktes noch größer und effizienter wird[116].

IV. Gewinnverteilung

Von großer Bedeutung für die Rentabilität der Investition in eine GmaK ist die Frage nach der Entnahmefähigkeit des erzielten Gewinns[117]. Nach Zahlung von Steuern ist der durch handelsrechtliche Vorschriften ermittelte Gewinn (siehe Abschnitt 2.B.I.2.a.) zur Begleichung aller Arten von - nicht aufwandswirksamen - Geldstrafen, zur Deckung von Verlusten und zur Einstellung in bestimmte Fonds[118] zu verwenden, bevor eine Ausschüttung an die Gesellschafter in Frage kommt[119]. Hier soll nur die Einstellung in Fonds weiter erörtert werden.

---

[111] *Barale / Jones* (1994), S. 55; *Wang* (19.2.1994), S. 2.

[112] *Baker & McKenzie* (1997 [1]), S. 1ff.; *Price Waterhouse* (Februar / März 1997).

[113] Abschn. 3 Abs. 3 ARDK.

[114] Art. 32 DKVO; Abschn. 3 Abs. 3 ARDK.

[115] Siehe *Donoghue / Nelson* (1995), S. 16; *Xinhua* (3.8.1994); *Zhang* (19.4.1994), S. 1; *Zhongguo Xinwen She* (31.1.1994).

[116] In den alten Tauschcentern dauerte eine Transaktion oftmals mehr als eine Woche (*o.V.* (1994 [1]), S. 9).

[117] Diese Aussage ist allerdings dahingehend zu relativieren, daß, falls die unternehmensinterne Rendite größer ist als die externe, die Rücklagenbildung über die Totalperiode zu keinerlei Rentabilitätseinbußen führt, solange eine Rückführung zu einem späteren Zeitpunkt problemlos möglich ist.

[118] Nicht alle dieser Fonds sind als Rücklagen zu bezeichnen, weshalb dieser Ausdruck hier vermieden wird.

[119] Art. 37 GmaKFVR; Art. 32 FVR.

GJV und VJV in Form einer juristischen Person haben mit Reservefonds, Unternehmensentwicklungsfonds und Zulagen- und Wohlfahrtsfonds für die Belegschaft drei Nachsteuerfonds zu bilden. Für VJV, die keine juristische Person sind, ist dies nicht explizit geregelt. In der Praxis müssen diese VJV wohl nur letzteren Fonds bilden[120]. Der Reservefonds kann zum Verlustausgleich oder zur Kapitalerhöhung benutzt werden[121]. Der Unternehmensentwicklungsfonds kann zur Kapitalerhöhung verwendet werden[122]. Beide vorstehend genannten Fonds sind bilanztechnisch den deutschen Rücklagen äquivalent. Der Zulagen- und Wohlfahrtsfonds dient zur Prämienzahlung oder zur Bereitstellung sozialer Einrichtungen für die Belegschaft[123]. Er hat den Vorteil, daß die den Arbeitnehmern hieraus zugewendeten Vergünstigungen diesen steuerfrei zufließen[124]. Er ist als Verbindlichkeit auszuweisen[125], da die Vermögensgegenstände, die mit Mitteln aus diesem separat verwalteten Fonds erworben wurden, nicht als Eigentum der Gesellschaft angesehen werden[126].

Die Zuteilung zu den Fonds geschieht auf Beschluß des Verwaltungsrats[127]. Insbesondere für den Zulagen- und Wohlfahrtsfonds können lokale Regelungen feste Zuteilungsraten vorsehen.

GA brauchen keinen Unternehmensentwicklungsfonds zu bilden[128]. Sie müssen jedoch mindestens 10% ihrer Nachsteuergewinne in den Reservefonds einstellen, solange bis die kumulierten Einstellungen 50% des registrierten Kapitals erreichen. Weitere Einstellungen sind dann nicht mehr notwendig[129]. Einstellungen in den Zulagen- und Wohlfahrtsfonds sind national nicht geregelt[130], können aber lokal vorgeschrieben sein.

---

[120] *Deamer* (1996), S. 14; *Arkoosh* (1996), S. 359.

[121] Vgl. Art. 87 Abs. 2 DVGJVG; Art. 57 GmaKBVO.

[122] Art. 57 GmaKBVO.

[123] Art. 57 GmaKBVO; *Stucken* (1994), S. 16.

[124] *Tse* (1994), S. 33.

[125] Art. 40 GmaKBVO.

[126] Art. 57 GmaKBVO. Insbesondere bei der Liquidation sind sie deshalb nicht zu berücksichtigen (vgl. Abschnitt 1.D.II.).

[127] Art. 87 Abs. 1 DVGJVG. *Deamer* (1996), S. 14 berichtet hier von einer Zuteilung zum Reservefonds von typischerweise 10% der Gewinne nach Steuern. Unklar ist die Meinung von *Leung B.* (1995), S. 8, der mit Bezug auf Art. 57 GmakBVO behauptet, daß die Zuteilungen zum Unternehmensentwicklungsfonds ganz unterbleiben könnten. Nach Art. 57 GmaKBVO gilt dieses Wahlrecht aber nur für GA.

[128] Art. 57 GmaKBVO.

[129] Art. 61 DVGAG.

[130] *Arkoosh* (1996), S. 359.

AGs haben die gleichen Fonds wie GJV und VJV zu bilden. Einstellungen in den Reservefonds folgen denen der GA. Einstellungen in den Zulagen- und Wohlfahrtsfonds müssen zwischen 5 und 10% der Nachsteuergewinne betragen[131]. Hier ist das Vermögen dieses Fonds jedoch als der Gesellschaft gehörend anzusehen und als echte Rücklage auszuweisen[132].

Die Folgewirkungen der Fondsdotierung auf den handelsrechtlichen Gewinn bzw. die steuerliche Bemessungsgrundlage sind äußerst verwirrend geregelt. Dem Gesetzestext entsprechend dürfen Auszahlungen aus diesen Fonds nicht als Periodenaufwand verrechnet werden[133]. Neben den Schwierigkeiten, bestimmte Auszahlungen einem (rein buchungstechnisch gebildeten) Fonds zuzuordnen, ergibt sich das Problem, daß diese Auszahlungen, da die Fonds aus Nachsteuergewinnen gebildet wurden, nirgendwo absetzbar sind. Im Falle von - offenbar zu versteuernden - Gewinnen, die durch Mittelanlagen aus dem Fonds erzielt wurden, ergibt sich eine Bruttobesteuerung zum vollen Tarif. Es ist fraglich, ob dieses Resultat gewollt ist. Die Praxis scheint sich hier auch über die gesetzlichen Regelungen hinwegzusetzen[134]. Die praktische Vorgehensweise unterliegt jedoch einem beträchtlichen Risiko.

Zusätzlich zu den genannten Fonds sind nach lokalen Regelungen vielfältige andere Fonds zur Deckung von Sozialausgaben, die bei nicht als GmaK qualifizierenden Gesellschaften vom Staat übernommen werden[135], sowie zur Gewerkschaftsunterstützung[136] zu bilden. Ihre Bildung ist jedoch aufwandswirksam[137]. Damit haben diese Fonds strenggenommen keinen Platz im Rahmen der Abhandlung der Gewinnverteilung.

V. Realisation der Investition

Die Realisation der Investition gewinnt Bedeutung vor dem Hintergrund der rentabilitätsoptimalen Gestaltung des Investitions-Portfolios. Können die Mit-

---

[131] Art. 177 GesG.

[132] *Price Waterhouse* (Februar 1995), S. 3.

[133] Art. 25 Abs. 5 Nr. 9 GmaKFVR; Art. 28 FVR.

[134] Siehe bspw. *Price Waterhouse* (Februar 1995), S. 3, die zumindest Abschreibungen von mit Fondsmitteln gekauften Vermögensgegenständen im Falle des Zulagen- und Wohlfahrtsfonds für zulässig erachten.

[135] Vgl. *Price Waterhouse* (1995), S. 81; *Wang* (1993), S. 234.

[136] Hier sind 2% der Summe der Löhne und Gehälter zuzuteilen (Art. 99 DVGJVG; Art. 72 DVGAG).

[137] Art. 28 GmaKFVR.

tel woanders gewinnbringender angelegt werden, sollte das Engagement in China beendet werden. Neben diesem allgemeingültigen Kriterium ist in China die an den reinen Zeitablauf gekoppelte Zwangsrealisation zu beachten, die aus der z.T. obligatorischen Angabe fester Laufzeiten im Gesellschaftsvertrag resultiert[138]. Realisationsmöglichkeiten und ihre Grenzen sind deshalb genauer zu untersuchen.

China-spezifische Realisationsmöglichkeiten existieren nicht. Es bieten sich hier insbesondere Börsennotierung, Anteilsverkauf und Liquidation an[139].

Die Börsennotierung bedeutet einen vergleichsweise langsamen Ausstieg aus der Investition. Neben dem vergleichsweise komplexen und damit teuren Umwandlungsprozess ist zu beachten, daß ein Verkauf der Gründeraktien erst nach Ablauf von drei Jahren möglich ist[140]. Zusätzlich muß die Gesellschaft seit drei Jahren Gewinne ausweisen[141]. Die Börsennotierung mit dem Ziel eines Komplettausstiegs eignet sich deshalb insbesondere zum Verkauf von profitablen Unternehmen ohne Zukunftsaussichten, den sogenannten Cash Cows[142]. Sie scheidet insbesondere für unrentable Unternehmen aus[143]. Ansonsten ist es eine ideale Möglichkeit, neue Investitionen zu finanzieren oder das Unternehmensrisiko zu teilen. Werden die Chancen auf den chinesischen Kapitalmärkten als zu gering oder der Börsengang in China als zu schwierig empfunden, kann auch der Börsengang einer zu diesem Zweck zwischen den ausländischen Investor und die GmaK geschalteten Holding erwogen werden[144]. Bei Einschaltung einer solchen Holding sind jedoch die Vor- und Nachteile sorg-

---

[138]Siehe *Tabelle A.1 im Anhang (Zeile „Angabe fester Laufzeit im Gesellschaftsvertrag")*.

[139]Die Börsennotierung stellt einen Spezialfall des Anteilsverkaufs dar, soll aufgrund der andersartigen Probleme aber getrennt behandelt werden. Ungleich einer Realisation, aber eventuell dennoch rentabilitätssteigernd, ist die Möglichkeit des Abschlusses eines Managementvertrags. Hierauf wird jedoch nicht weiter eingegangen (siehe dazu die VPGJVVO).

[140]Art. 147 GesG; dies sind mindestens 35% der ausgegebenen Aktien.

[141]Art. 15 AGmaKGVO.

[142]Dies sind im BCG-Marktanteils-Marktwachstums-Diagramm Unternehmen (besser: strategische Geschäftseinheiten) mit großem Marktanteil, die aber in stagnierenden Märkten tätig sind (vgl. *Dill* (1995), S. 335f.).

[143]*Arkoosh* (1996), S. 361 bezeichnet die Börsennotierung als „common exit strategy". Mit Hinblick auf den *vollständigen* Rückzug aus China bzw. dem spezifischen China-Engagement ist diese Aussage aber zu relativieren. Vielfach ist die Ursache dieses vollständigen Rückzugs nämlich die Unrentabilität der Investition, die eine Börsennotierung i.d.R. unmöglich macht.

[144]Vgl. *Arkoosh* (1996), S. 361.

fältig abzuwägen. Einerseits kann sich die steuerliche Beurteilung der Investition ändern (siehe Abschnitt 3.B.IV.), andererseits könnten derartige Konstruktionen den potentiellen chinesischen Partnern aufgrund dieser künstlichen Gestaltung den Anschein der „Anrüchigkeit" vermitteln. Dies kann zu Problemen in der Verhandlungsphase eines Joint Ventures führen.

Ein Verkauf der kompletten Beteiligung ist eine weitere Möglichkeit des Ausstiegs. Dazu bedarf es jedoch entsprechender Genehmigungen[145]. Im Falle eines Joint Ventures hat der chinesische Partner das Vorkaufsrecht[146]. Wird dieses Vorkaufsrecht ausgeübt, verliert der chinesische Partner aber den GmaK- Status und die damit verbundenen Vergünstigungen[147]. Zusätzliche Schwierigkeiten bereitet es, einen Käufer zu finden, da der Verkauf selbst bereits eine geringe Rentabilität signalisiert, die nur von Käufern mit entsprechendem china-spezifischem Know How zu steigern ist. U.U. muß beim Verkauf eines Joint-Venture-Anteils das ganze Joint Venture neu verhandelt werden[148].

Als letzter Ausweg bei einem vom Investor forcierten Ausstieg bzw. einzige Möglichkeit bei Nichtverlängerung der Geschäftslizenz am Ende der GmaK-Laufzeit bleibt die Liquidation[149]. „On the face of it, it is much like a western liquidation. However, the scope for disagreement during the liquidation process, together with the central role of the relevant approving authority, makes it fundamentally different"[150]. Deshalb wird im folgenden insbesondere auf die erwähnten Unterschiede eingegangen.

Der Verwaltungsrat der GmaK muß der Liquidation in nahezu allen Fällen einhellig zustimmen[151]. Art. 48 DVVJVG bestimmt die einzige Ausnahme: Macht es der Bruch des Gesellschaftsvertrags durch einen Partner eines VJV

---

[145]Siehe *Tabelle A.1 im Anhang (Zeile „Verkauf von Anteilen")*.

[146]Art. 23 DVGJVG.

[147]Vgl. *Rapp* (1993), S. 3.

[148]*Kit / Ya* (1994), Rn. 7; a.A. offensichtlich *Staudenmeyer* (1990), S. 195. In solchen Fällen könnte sich allerdings ein Vorteil durch neue Steueranreize ergeben.

[149]Auf eine Liquidation wegen Überschuldung oder Zahlungsunfähigkeit wird im folgenden nicht speziell eingegangen.

[150]*Rapp* (1993), S. 2; vgl. *Tetz* (1995), S. 560; *Staudenmeyer* (1990), S. 196. Die neue Verordnung betreffend die Liquidation von GJV, VJV und GA vom 9.7.1996 bringt zwar mehr Rechtssicherheit in den Liquidationsprozeß, jedoch regelt sie weder die Einleitung desselben noch die Bewertung der Vermögensgegenstände (vgl. die Zusammenfassung der Verordnung bei *Baker & McKenzie* (1996 [8]), S. 1ff.). Beide Punkte sind als Kernprobleme bei der Auflösung einer GmaK zu sehen.

[151]Art. 36 Abs. 2 DVGJVG.

unmöglich, die Geschäfte des VJV weiterzuführen, kann der andere Partner die Auflösung direkt bei der Behörde, die das VJV ursprünglich genehmigt hat, beantragen[152]. Im Falle anderer GmaK sind größere Probleme beim Versuch der vorzeitigen Auflösung aufgrund von Vertragsbrüchen zu erwarten[153]. Kann ein einstimmiger Beschluß des Verwaltungsrats nicht erreicht werden, bleibt nur der Weg zum Schiedsgericht, dessen Effektivität aber gerade bei Liquidationsfällen zweifelhaft erscheint[154]. Ergeht ein einstimmiger Beschluß des Verwaltungsrats oder ein Schiedsspruch zur Auflösung der Gesellschaft, bedarf es, außer im Falle des Laufzeitendes, noch der Zustimmung der Genehmigungsbehörden[155]. Diese haben vielfach ein Interesse am Erhalt der GmaK[156], so daß sich auch hier ungeahnte Probleme ergeben können. Der ausländische Investor ist dieser Willkür schutzlos ausgeliefert. Als letztes Druckmittel verbleibt noch der Gang an die Öffentlichkeit[157]. Sind alle Bemühungen zur Einleitung der Liquidation erfolglos, muß bei völlig unrentabler Unternehmensfortführung der schlichte „Weggang" aus China gewählt werden[158]. Eine im Vergleich dazu rechtlich sauberere Lösung wäre es, eine eingeschaltete Zwischenholding zu liquidieren. Bei Einschaltung einer solchen Holding sind jedoch die bereits am Anfang dieses Abschnitts erwähnten Vor- und Nachteile sorgfältig abzuwägen.

Gelingt es, die Liquidation einzuleiten, stellt sich hier insbesondere das Problem der korrekten Bewertung der Vermögensgegenstände. Bei Verkauf an fremde Dritte erübrigt sich die Frage nach der Bewertung. Der Markt bestimmt den Preis. Will der chinesische Partner allerdings Teile der Wirtschaftsgüter erwerben[159], ist die Frage nach der „offiziellen" Bewertung zu stellen. Gemäß Art. 41 GmaKFVR sind die Vermögensgegenstände zu fortge-

---

[152]Diese Regelung in der relativ neu erlassenen DVVJVG (4.9.1995) zeigt, daß sich der Gesetzgeber dieser oftmals auftretenden Situation bewußt ist. Es könnte sein, daß in Zukunft diese Regelung auch für andere Rechtsformen Geltung erlangt.

[153]Vgl. *Kurz* (1994), S. 14.

[154]*Rapp* (1993), S. 4.

[155]Art. 102 DVGJVG; Art. 48 DVVJVG; Art. 75 DVGAG. Das GesG enthält keine äquivalente Regelung.

[156]Neben den in Kapitel 1 erwähnten allgemeinen Gründen für die Akquirierung ausländischer Investoren, sind hier Arbeitsplatzüberlegungen sowie Ängste um schlechtere Statistiken und damit die Furcht vor dem Vorwurf des persönlichen Versagens zu nennen.

[157]*Lewis* (1994), S. 328.

[158]Vgl. *Rapp* (1993), S. 4; *Frisbie / Kay* (1990), S. 42.

[159]Lokale Regelungen sehen ein Vorkaufsrecht der Joint-Venture-Partner vor (Art. 32 BLGmaKVO).

führten Buchwerten *oder* zu Veräußerungswerten anzusetzen. Die Chinesen scheinen hier regelmäßig dem ersten Standpunkt zu folgen[160], womit es zu Konflikten beim Verkauf der meist unterbewerteten Aktiva kommt[161]. Eine gewisse Hilfe bringen hier teilweise lokale Regelungen, die den Preis auf das höchste Angebot festsetzen[162]. Allerdings könnte der ausländische Investor selbst zu Buchwerten kaufen. Dadurch ergibt sich eine Steuerersparnis bei der zu liquidierenden Gesellschaft, die aber nur anteilig auf den ausländischen Investor entfällt. Diese Steuerersparnis ist den Effekten der geringeren Abschreibungsbasis im Sitzstaat des Investors gegenüberzustellen. Bei entsprechend hohen Steuersätzen im Sitzstaat kann dies zu steuerlichen Nachteilen führen[163].

Im Falle, daß der Anteil des chinesischen Partners größer als 50% ist, sind die Aktiva nach den BSVVO zu bewerten[164], die zumindest die fortgeführten Buchwerte *nicht* als Bewertungsgrundlage akzeptieren[165].

Als Gegenmaßnahme zu den Bewertungsproblemen wird generell empfohlen, bereits im Vertragswerk bei Gründung die Bewertung der Vermögensgegenstände im Falle der Liquidation festzulegen[166]. Wird als Rechtsform das VJV gewählt, kann das Problem durch die unechte Kapitalherabsetzung (siehe Abschnitt 1.A.) umgangen werden.

Ebenfalls ist zu beachten, daß der Zulagen- und Wohlfahrtsfonds sowie der Wohnungshilfefonds nicht zum Vermögen der Gesellschaft gehören[167].

---

[160]Vgl. *Lewis* (1994), S. 329.

[161]Siehe *Rapp* (1993), S. 2, der die gleichen Probleme auch bei chinesischen Käufern sieht, die engen Kontakt zu den Genehmigungsbehörden haben; vgl. ebenfalls *Staudenmeyer* (1990), S. 195. Auch bei GA ergibt sich dieses Problem, da hier chinesische Unternehmen ein Vorkaufsrecht haben (Art. 81 DVGAG).

[162]Art. 32 BLGmaKVO.

[163]Zu beachten sind hier auf jeden Fall noch zeitliche Aspekte, da sich Abschreibungen über einen längeren Zeitraum steuerlich auswirken.

[164]*Luk* (1995), S. 2.

[165]Art. 23 BSVVO.

[166]Vgl. *Mann / Freeman* (1995), S. 33; *Kurz* (1994), S. 14; *Frisbie / Kay* (1990), S. 45.

[167]Art. 41 GmaKFVR.

2. Kapitel

Steuerrechtliche Behandlung des Verbundes Tochtergesellschaft - Muttergesellschaft - Anteilseigner

Steuerrechtliche Vorschriften können maßgeblichen Einfluß auf die Vorteilhaftigkeit einer Investition haben. Eine Auseinandersetzung mit den relevanten Normen des Steuerrechts ist somit unabdingbarer Bestandteil jeder sorgfältigen Planung. Dem wird im folgenden Rechnung getragen. Die Darstellung orientiert sich dabei am Steuersubjekt (chinesische Tochtergesellschaft, deutsche Muttergesellschaft, deutscher Anteilseigner). Der Schwerpunkt der Betrachtung liegt auf der generellen chinesischen Ertragsteuer (chinesische Körperschaftsteuer bzw. chinesische KSt[168]), die im Bereich der Volksrepublik China ohne Hong Kong zu entrichten ist. Als Steuersubjekte sind hier die GmaK sowie die deutsche Muttergesellschaft zu untersuchen. In diesem Zusammenhang wird auch auf die deutsche Körperschaft- und Einkommensteuer, die die deutsche Muttergesellschaft bzw. der deutsche Anteilseigner zu entrichten haben, eingegangen. Daneben wird kurz die chinesische Land Appreciation Tax vorgestellt. Ebenfalls untersucht wird die Besteuerung von Geschäftstätigkeiten in Hong Kong. In den beiden letzteren Fällen trägt die Trennung in unterschiedliche Steuersubjekte aufgrund des Systems der Steuern nicht zu einem besseren Verständnis bei. Sie unterbleibt aus diesem Grunde. Andere Steuern werden nur am Rande behandelt[169]. Vorangestellt wird eine Einführung in die grundsätzliche Problematik und Behandlung der Besteuerung von Beteiligungen an ausländischen Gesellschaften am Beispiel des zu untersuchenden Falles, in der die darauffolgenden Abschnitte in einen übergeordneten Zusammenhang gestellt sowie Grundlagen des internationalen Steuerrechts erläutert werden.

---

[168]Der Ausdruck „Körperschaftsteuer" ist nicht ganz korrekt, da die hier behandelte Ertragsteuer auch für Nicht-Körperschaften gilt. Er soll dennoch aus Vereinfachungsgründen verwendet werden.

[169]Die relevanten Steuern werden vollständig im Rahmen der Berechnung der Steuerlast in Kapitel 4 (inbesondere Abschnitt 4.B.II.) beachtet.

A. Grundlagen

Prinzipiell ist jeder Staat souverän hinsichtlich des Aufbaus seines Steuersystems und der Begründung der Steuerpflicht[170]. Dies gilt auch für die Besteuerung grenzüberschreitender Wirtschaftsaktivitäten. Lediglich das Völkerrecht als "Inbegriff der Rechtsnormen, welche die internationalen Beziehungen der Staaten ... regeln"[171] begrenzt hier die Gestaltungsfreiheit. So verlangt das völkerrechtliche Prinzip der eingeschränkten Territorialität einen hinreichenden Inlandsbezug, um Sachverhalte in den Steuertatbestand einbeziehen zu können[172]. Dies hat zur Entstehung sowohl der weltweit *unbeschränkten Steuerpflicht*[173] aufgrund der Ansässigkeit in einem Staat (*Welteinkommensbesteuerung*) als auch der auf Quelleneinkünfte *beschränkten Steuerpflicht* aufgrund der Verbundenheit der Einkunftsquelle mit einem Staat (*Quellenbesteuerung*) als weltweit akzeptierte Besteuerungsprinzipien geführt[174]. In Deutschland und China werden beide Prinzipien gleichzeitig angewendet[175]. Die unbeschränkte Steuerpflicht geht jedoch im Falle gleichzeitiger Anwendbarkeit vor. Im folgenden werden die sich hieraus ergebenden steuerrechtlichen Konsequenzen für die Beteiligung deutscher Investoren an chinesischen Gesellschaften untersucht.

I. Die steuerrechtliche Ausgangslage im Verbund

Eine GmaK, die als eigenständiges[176] Steuersubjekt sowohl in China wie auch in Deutschland anerkannt wird, darf nach den genannten Grundsätzen

---

[170]Vgl. *Jacobs* (1995), S. 9; *Wilke* (1994), Rn. 5; *Bayer* (1981), S. 68ff.

[171]*Weber-Fas* (1979), S. 585.

[172]*Merthan* (1992), S. 927; *Weber-Fas* (1979), S. 586.

[173]Tatsächlich existiert die unbeschränkte Steuerpflicht nur noch in Ansätzen (siehe Abschnitt 2.A.II. für die Einschränkungen der unbeschränkten Steuerpflicht).

[174]Vgl. *Jacobs* (1995), S. 8f.; *Wilke* (1994), Rn. 14, der allerdings teilweise andere Begriffe verwendet; *Schaumburg* (1993), S. 43f.; *Vogel* (1982), S. 112; *Weber-Fas* (1979), S. 586. Allerdings kann die Ansässigkeit in einem Staate auch nur zur beschränkten Steuerpflicht führen (vgl. *Schaumburg* (1993), S. 44).

[175]§§ 1,2 KStG; Art. 1 iVm. Art. 3 GmaKAuStG.

[176]Eigenständigkeit wird hier mit Ansässigkeit gleichgesetzt (siehe dazu genauer Abschnitt 2.B.I.1.).

ausschließlich[177] nach chinesischem Recht besteuert werden, solange die GmaK keine Einkünfte aus Deutschland bezieht.

Wird die GmaK nicht als eigenständiges Steuersubjekt anerkannt, besteuert auch Deutschland als Ansässigkeitsstaat der Muttergesellschaft die Einkünfte der GmaK, da sie der Muttergesellschaft als Steuerpflichtiger zuzurechnen sind. Die GmaK wird zu einer chinesischen Betriebstätte des deutschen Investors, wobei unter *Betriebstätte* generell ein Ort zu verstehen ist, an dem ein Unternehmen seine Geschäftstätigkeit entfaltet[178]. Personengesellschaften sind dabei Spezialfälle von Betriebstätten. Die Betriebstätte als Einkunftsquelle in China begründet die beschränkte Steuerpflicht in China.

Wird die GmaK nicht als steuerlich eigenständig anerkannt, treffen unbeschränkte Steuerpflicht des Investors in Deutschland und beschränkte Steuerpflicht in China aufeinander. Mithin könnte es zur Doppelbesteuerung, d.h. zur zweimaligen Erfassung eines Steuertatbestandes bei einem Steuersubjekt mit vergleichbaren Steuern[179], kommen. Analog ist die Situation zu beurteilen, in der eine GmaK als eigenständiges Steuersubjekt zur (chinesischen) Einkunftsquelle des deutschen Investors für Dividenden, Zinsen, Lizenzgebühren etc. wird. In der vorliegenden Konstellation wird China als *Quellenstaat*, Deutschland als *Sitzstaat* bezeichnet[180]. Gemäß der Terminologie des chinesischen Steuerrechts ist die deutsche Muttergesellschaft (also der Investor) dann als „*Auslandsunternehmen*" zu bezeichnen[181].

Im Falle einer beim Empfänger steuerpflichtigen Dividendenzahlung einer als eigenständiges Steuersubjekt anerkannten GmaK könnte es durch die bereits erfolgte Besteuerung der Ausschüttungsgrundlage mit chinesischer KSt

---

[177]Die *Einkünfte* der GmaK könnten trotzdem der deutschen Steuerpflicht bei der Muttergesellschaft unterliegen, wenn die Hinzurechnungsbesteuerung nach § 7 Abs. 1 AStG greift. Einerseits werden im Falle einer GmaK jedoch nur selten passive Einkünfte nach § 8 Abs. 1 AStG vorliegen, andererseits beträgt der normale Steuersatz - allerdings mit vielfältigen Steuervergünstigungen - 33% und übersteigt den nach § 8 Abs. 3 geforderten Prozentsatz von unter 30%. Die Hinzurechnungsbesteuerung wird also bei Einkünften von GmaK nur selten greifen.

[178]Genauer siehe Abschnitt 2.B.II.1.b.

[179]Vgl. *Korn / Debatin* (1996), Systematik I, Rn. 9. Teilweise wird ebenfalls die Identität der Steuerperioden vorausgesetzt (siehe z.B. *Weber-Fas* (1979), S. 586), der jedoch keine besondere Bedeutung zukommt (*Schaumburg* (1993), S. 427). Die Doppelbesteuerung wird oftmals auch als juristische Doppelbesteuerung bezeichnet (vgl. *Vogel* (1996), Einleitung, Rn. 2).

[180]*Korn / Debatin* (1996), Systematik III, Rn. 8.

[181]Art. 2 Abs. 2 GmaKAuStG.

bei der GmaK zusätzlich zur Doppelbelastung[182], d.h. der zweimaligen Erfassung des wirtschaftlich gleichen Steuergegenstands (nämlich des Gewinns) bei verschiedenen Steuersubjekten[183], kommen. Gleiches gilt für die Weiterausschüttung der Dividendeneinnahmen der Muttergesellschaft an den ultimativen Anteilseigner.

Im folgenden werden die Mechanismen zur Vermeidung bzw. Minderung obiger Effekte auf internationaler Ebene erörtert.

II. Vermeidung bzw. Minderung von Doppelbesteuerung und -belastung

Aus Gründen der Wirtschaftsförderung ist es ratsam, Maßnahmen zur Vermeidung bzw. Minderung der Doppelbesteuerung bzw. -belastung zu treffen[184]. Typische Maßnahmen im Quellenstaat sind Tarifabsenkungen sowie der vollständige Verzicht auf Besteuerung[185]. Im Sitzstaat kommen verschiedene Methoden zum Einsatz. Bei der *Anrechnungsmethode* wird, abhängig von gewissen Voraussetzungen, die im Ausland gezahlte Steuer auf die im Inland zu entrichtende Steuer angerechnet. Die Anrechnung ist teilweise durch Höchstbeträge begrenzt. Man unterscheidet dabei die Anrechnung der ausländischen Steuern auf die inländischen Steuern auf gleiche Einkünfte (*direkte Anrechnung*) und die Anrechnung entrichteter ausländischer KSt auf den der Ausschüttung zugrundeliegenden Gewinn auf die durch die Ausschüttung hervor- gerufene inländische Steuer (*indirekte Anrechnung*). Bei dieser Methode verbleibt eine Steuerbelastung in Höhe des inländischen Tarifs. Wenn - wie in Deutschland - im Falle einer den Anrechnungshöchstbetrag übersteigenden ausländischen Steuer Anrechnungsüberhänge verfallen, kann es aber auch zu einer höheren Belastung kommen. Bei der *Abzugsmethode* werden die ausländischen Steuern als Betriebsausgabe gewertet. Diese Methode ist bereits vom Ansatz her nicht geeignet, die Doppelbesteuerung vollständig zu vermeiden, da nur eine Entlastung in Höhe des Betrags der ausländischen Steuer multi-

---

[182]Diese wird oftmals auch als wirtschaftliche Doppelbesteuerung bezeichnet (vgl. *Korn / Debatin* (1996), Systematik I, Rn. 11; *Vogel* (1996), Einleitung, Rn. 3).

[183]Vgl. *Korn / Debatin* (1996), Systematik I, Rn. 11; *Vogel* (1996), Einleitung, Rn. 3; *Menck* (1992), S. 19.

[184]Ein Verbot der Doppelbesteuerung bzw.-belastung und damit die Notwendigkeit zu deren Vermeidung existiert völkerrechtlich indes nicht (vgl. *Vogel* (1982), S. 112; *Heining* (1978), S. 581). In Deutschland wird die Pflicht zur Vermeidung der Doppelbesteuerung oftmals aus dem Leistungsfähigkeitsprinzip abgeleitet (so z.B. *Schaumburg* (1995), S. 144ff.; *Tipke* (1972), S. 589f.).

[185]Denkbar ist ebenfalls die Einschränkung der Bemessungsgrundlage, die aber im Falle Chinas nicht angewendet wird.

pliziert mit dem inländischen Steuersatz gewährt wird. Bei der *Pauschalierungsmethode* wird auf die bereits im Ausland besteuerten Einkünfte ein fester Steuersatz angewendet, der niedriger sein wird als der normal anzuwendende Tarif[186]. Bei der *Erlaßmethode* wird die deutsche Steuer auf die ausländischen Einkünfte z.T. erlassen[187]. Bei beiden Methoden kann die Doppelbesteuerung bereits im Ansatz nicht vermieden werden, wenn nicht der Tarif auf 0% festgelegt bzw. die Steuer vollständig erlassen wird. Beide Methoden werden relativ selten angewendet. Die *Freistellungsmethode* führt zur Nichtbesteuerung im Inland[188]. Effektiv verbleibt somit eine Belastung in Höhe des ausländischen Steuertarifs. Die Doppelbelastung wird dabei nur von der Freistellungsmethode und der indirekten Anrechnung reduziert. Außer der indirekten Anrechnung können alle Methoden die Doppelbesteuerung reduzieren.

Im deutsch-chinesischen (Steuer -) Verhältnis kommen, abhängig von der jeweiligen Einkunftsart, hauptsächlich die Anrechnungs- sowie die Freistellungsmethode zur Anwendung. Rechtsgrundlage ist einerseits das nationale Steuerrecht, andererseits das deutsch-chinesische DBA („*DBA-China*"), welches Elemente sowohl des OECD-wie auch des UN-MA enthält[189]. China gewährt DBA im Konfliktfalle den Vorrang[190]. In Deutschland sind DBA als Quellen nationalen Rechts zu sehen und prinzipiell ebenfalls vorrangig vor den anderen Steuergesetzen anzuwenden[191]. Ob dieser Vorrang bspw. auch im Falle der Mißbrauchsvorschrift § 42 AO, des § 50d Abs. 1a EStG sowie der Hinzurechnungsbesteuerung (§§ 7ff. AStG) gilt, ist allerdings umstritten[192].

III. Auslegung und Anwendung von DBA

Besondere Bedeutung kommt der Auslegung bzw. Anwendung von DBA zu. Es ist allgemein anerkannt, daß DBA keine Steuerpflicht begründen können, sondern lediglich Besteuerungsrechte zum Zwecke der Minderung oder

---

[186] § 34c Abs. 5 EStG; vgl. *Schaumburg* (1993), S. 447.

[187] § 34c Abs. 5 EStG; vgl. *Schaumburg* (1993), S. 447.

[188] Sie wird normalerweise unter Progressionsvorbehalt (siehe § 32b EStG) gewährt, der allerdings im vorliegenden Fall einer Kapitalgesellschaft keine Wirkung entfaltet.

[189] Das OECD-MA leitet seinen Inhalt mehr aus den Außenwirtschaftsbeziehungen von Industrieländern, das UN-MA mehr aus denen von Entwicklungsländern ab. Entsprechend wird mehr das Besteuerungsrecht des Sitzstaates (OECD-MA) oder des Quellenstaates (UN-MA) betont.

[190] Art. 59 CAO; Art. 28 GmaKAuStG.

[191] Art. 25 GG; § 2 AO; vgl. auch Weber-Fas (1979), S. 585.

[192] Vgl. bspw. die Darstellung der Meinungen in *Mössner* (1995), S. 92ff.

Vermeidung von Doppelbesteuerung, seltener auch Doppelbelastung, einschränken[193]. Ein bestehender Sachverhalt ist deshalb anhand beider Rechtsquellen zu beurteilen, wobei das nationale Recht grundsätzlich subjektive Steuerpflicht, Steuerobjekt, Bemessungsgrundlage und Tarif terminiert, das DBA diese jedoch zielgerichtet anpaßt[194]. Sowohl Quellenstaat als auch Sitzstaat müssen das DBA anwenden. Der Quellenstaat entnimmt sein Besteuerungsrecht den Artikeln über die Einkunftsarten, der Sitzstaat dem „Methodenartikel“[195]. Bei unterschiedlicher Auslegung kommt es zu sogenannten *Qualifikationskonflikten*[196], deren Auftreten aufgrund der Anwendung des DBA durch rein nationale, hier deutsche und chinesische, Steuerbehörden und Gerichte begünstigt wird[197]. Unklar ist, inwieweit Qualifikations-, also Auslegungskonflikte, DBA - konform sind.

Anerkanntermaßen bilden DBA eine unabhängige Rechtsquelle[198]. Ihre Auslegung richtet sich deshalb nicht nach den Auslegungsgrundsätzen des nationalen Steuerrechts. Gemäß Art. 3 Abs. 2 OECD-MA, UN-MA, DBA-China sind DBA-Begriffe zunächst anhand der im DBA gegebenen Definitionen, danach, soweit es „erforderlich“ ist, aus dem „Zusammenhang“, und erst zuletzt nach nationalem Recht auszulegen[199]. Obwohl die Vorschriften explizit auf „Begriffe“ bzw. „Ausdrücke“ abstellen, sind sie nicht darauf begrenzt. Insbesondere der Auslegung nach dem Zusammenhang „sind nicht nur einzelne Ausdrücke oder Begriffe, sondern alle Normen der Doppelbesteuerungsabkommen insgesamt unterworfen“[200].

---

[193]Vgl. *Schaumburg* (1993), S. 564ff.; *Widmann* (1985), S. 236.

[194]Vgl. *Korn / Debatin* (1996), Systematik III, Rn. 41 und 121.

[195]Hierunter soll Art. 23A und B OECD-MA bzw. speziell Art. 24 DBA-China verstanden werden, da hier die in Abschnitt 2.A.II. dargestellten Methoden aufgeführt sind.

[196]Dies bezeichnet die unterschiedliche Auslegung gleicher Sachverhalte durch die Vertragsstaaten (*Vogel* (1996), Einleitung, Rn. 91; *Jacobs* (1995), S. 780; *Schaumburg* (1993), S. 583f.; *Strobl / Zeller* (1978), S. 249).

[197]Vgl. *Schaumburg* (1993), S. 565f. Oftmals werden DBA auch durch Regelungen des innerstaatlichen Rechts entkräftet, was aber regelmäßig zum Zwecke der Mißbrauchsbekämpfung geschieht.

[198]Vgl. *Schmidt* (1996), S. 16; *Wassermeyer* (1995), S. 49; *Schaumburg* (1993), S. 569ff.; *Weber* (1984), S. 637.

[199]Vgl. auch *Schaumburg* (1993), S. 572ff.; *Pöllath* (1993), S. 1332; *Weber* (1984), S. 638; *Korn / Debatin* (1996), Systematik III, Rn. 122ff.; ebenso BFH 30.5.1990, I R 179 / 86, BStBl. II 1990, S. 906 (907). Dies ist allerdings die deutsche Sichtweise. Für die Sichtweise im Ausland siehe *Jones* (1993), S. 52ff.; *Klebau* (1985), S. 126 m.w.N.

[200]*Schaumburg* (1993), S. 576.

Folgt man einer weiten Auslegung von „Zusammenhang", so steht im Vordergrund eine Auslegung nach der Idee der Vermeidung der Doppelbesteuerung, die nur durch eine in beiden Staaten einheitliche Auslegung des DBA erreicht wird[201]. Diese einheitliche Auslegung wird in besonderem Maße durch die grammatische Auslegung, d.h. die *Auslegung nach dem Wortlaut*, erreicht. Dementsprechend „läßt sich dahingehend Übereinstimmung feststellen, daß eine stark am Wortlaut orientierte Auslegung im Vordergrund steht"[202]. Zur Wahrung der einheitlichen Auslegung ebenfalls geeignet ist die sogenannte *Qualifikationsverkettung*, d.h. die Auslegung des DBA durch den Sitzstaat analog zur „korrekten"[203] Auslegung durch den Quellenstaat[204].

Bei einer engen Auslegung von „Zusammenhang" orientiert man sich primär am innerstaatlichen Steuerrecht und nimmt Qualifikationskonflikte, die gegebenfalls auch zu einer *Minderbesteuerung* im Vergleich zum Besteuerungsergebnis bei einheitlicher Auslegung des DBA führen können, dementsprechend hin[205]. Steuerpflichtige können dann bei für sie ungünstigen Ergeb-

---

[201] *Schaumburg* (1993), S. 573f.; *Klebau* (1985), S. 126; *Schmidt* (1996), S. 17 m.w.N., der sich speziell auf die Abkommensberechtigung von Personengesellschaften bei Qualifikationskonflikten bezieht. Ob eine solche einheitliche Anwendung generell auch für die Vermeidung der Minderbesteuerung, die zumindest seltener das erklärte Ziel von DBA ist, gefordert wird, ist eher zweifelhaft (*Schaumburg* (1993), S. 793 folgt dem im Falle von Sondervergütungen bei Qualifikationsproblemen in Folge von Mitunternehmerschaften; ohne Einschränkung: *Klebau* (1985), S. 126).

[202] *Kraft* (1991), S. 53. A.A. hingegen *Schaumburg* (1993), S. 576f., der mit Bezug auf die Rechtsprechung sowie auf Art. 31 WÜRV zu folgender Schlußfolgerung kommt: „Es gibt kein Primat der einen oder anderen Auslegungsmethode".

[203] Verständlicherweise wird sich diese Anerkennung nur auf die tatsächliche Befolgung der DBA-Normen durch den Quellenstaat stützen. Wo allerdings die Grenze zwischen einer korrekten und inkorrekten Befolgung zu ziehen ist, ist damit nicht gesagt. Dies führt zu nahezu unüberwindbaren Problemen, da kein Staat zugunsten des anderen aufgrund einer „inkorrekten" Abkommensbefolgung sein Steueraufkommen reduzieren will.

[204] Vgl. *Jacobs* (1995), S. 453f.; zum Begriff „Qualifikationsverkettung": *Korn / Debatin* (1996), Systematik III, Rn. 29e. Eine solche Qualifikationsverkettung wird allerdings oftmals nur bei expliziter Verankerung im DBA akzeptiert.

[205] Siehe *Wassermeyer* (1990), S. 408ff., der dies für die BFH-Rechtsprechung behauptet und später (*Wassermeyer* (1995), S. 49) sogar vom „*Grundsatz*, daß jeder Vertragsstaat die DBA autonom aus der Sicht seiner Rechtsordnung auslegen darf" (Hervorhebung durch den Verfasser) spricht.

nissen nur auf das Verständigungsverfahren[206] hoffen, auf dessen Einleitung jedoch kein Anspruch besteht[207] und das nicht zum Erfolg führen muß.

Der Einstellung der Rechtsprechung werden in der Literatur unterschiedliche Tendenzen zuerkannt[208].

B. Generelle Ertragsbesteuerung von GmaK in China

Im folgenden wird die Besteuerung der Steuersubjekte rechtsfähige GmaK in China, Muttergesellschaft in Deutschland und Anteilseigner der Muttergesellschaft in Deutschland detailliert dargestellt.

I. Besteuerung der chinesischen Gesellschaft

Rechtsgrundlage der regulären Gewinnbesteuerung für GmaK ist das GmaKAuStG und die entsprechende Durchführungsverordnung, die ebenso für Auslandsunternehmen[209] gelten[210]. Chinesische Unternehmen ohne ausländische Beteiligung werden gegenwärtig noch nach einem separaten Gesetz besteuert, welches jedoch nicht erörtert wird.

An dieser Stelle sei noch auf die wichtigen Änderungen der Zoll- sowie Umsatzsteuervorschriften hingewiesen, die auf die Steuerlast entscheidenden Einfluß haben können. Danach entfällt die Befreiung von Vorsteuer und Zoll auf ausländische Sacheinlagen zur Gesellschaftsgründung sowie auf Importe, die aus bestimmten Mitteln bezahlt werden[211]. Für GmaK existieren damit, abgesehen von Übergangsvorschriften, keine Ausnahmeregelungen mehr.

---

[206]Art. 25 OECD-MA; Art. 26 DBA-China.

[207]*Schaumburg* (1993), S. 586.

[208]Nach *Wassermeyer* (1990), S. 408ff. (insbesondere S. 412) folgt der BFH, abgesehen von „vereinzelte(n) Ausrutscher(n)" der engen Auslegung von „Zusammenhang" und legt dementsprechend „schnell, gerne und häufig" nach deutschem Steuerrecht aus. *Kraft* (1991), S. 51f. sieht eine genau umgekehrte Tendenz (siehe dazu bspw. BFH 14.12.1988, I R 148 / 87, BStBl. II 1989, S. 319 (322)).

[209]Zum Begriff vgl. Abschnitt 2.A.I.

[210]Dem Gesetzeswortlaut folgend regelt das GmaKAuStG nur die Besteuerung von GJV, VJV und GA. AGs, die sich für den GmaK-Status qualifizieren, werden jedoch auch nach dem GmaKAuStG besteuert (siehe die Ausführungen in Abschnitt 1.A.).

[211]Vgl. *Baker & McKenzie* (1996 [2]), S. 1; *VanderWolk* (1996); *Price Waterhouse* (Dezember 1995 / Januar 1996); *Coopers & Lybrand* (Oktober 1995).

Ebenso wurde die Geltendmachung der Vorsteuer (Chinas Umsatzsteuersystem entspricht vom Grundprinzip her demjenigen Deutschlands) auf Material aus China zur Produktion von - umsatzsteuerbefreiten - Exportprodukten für vor dem 1.1.1994 gegründete GmaK verboten, für nach dem 31.12.1993 gegründete immer weiter eingeschränkt, so daß gegenwärtig nur noch 9% der zu zahlenden 17% auf die Umsatzsteuer anrechenbar sind[212]. Problematisch ist, daß die offiziell angegebenen Formeln zur Ermittlung des anrechenbaren Teils der Vorsteuer von der verbleibenden, nicht gegenrechenbaren Umsatzsteuer in Höhe von 8% ausgehen und diese auf den *Verkaufswert* statt den Wareneinkaufswert beziehen. Die Formeln werden deshalb auch als fehlerhaft bezeichnet, sind aber dennoch anzuwenden. Effektiv verbleibt damit eine nichtgegenrechenbare Vorsteuer in Höhe von 8% auf den Exportwert abzüglich des Wertes importierter Rohstoffe oder Vorprodukte[213]. Mit Rundschreiben vom 25.2.1997 wurde festgelegt, daß diese Behandlung ab 1998 auch auf vor dem 1.1.1994 gegründete GmaK angewendet wird. Ebenfalls werden zukünftig die Cash-Flow-Probleme der GmaK reduziert, da die einheitliche Anwendung der direkten Verrechnung des gegenrechenbaren Teils der Vorsteuer gegen die auf Binnenumsätze einbehaltene Umsatzsteuer festgelegt wurde[214]. Früher wurde oftmals eine andere Methode bevorzugt, die zunächst die Zahlung der Umsatzsteuer auf Exporte und erst eine spätere Erstattung vorsah[215]. Wegen der angespannten Finanzlage der chinesischen Regierung kam es hier noch zusätzlich zu weiteren Verzögerungen[216].

Im folgenden soll der Steuertatbestand nach dem GmaKAuStG genauer untersucht werden. Dazu wird eine Einteilung in Steuersubjekt, Bemessungsgrundlage und Steuertarif vorgenommen.

1. Subjektive Steuerpflicht

Dem Gesetzestext folgend sind GmaK in China ansässig und damit unbeschränkt steuerpflichtig, wenn sie nach chinesischem Recht als juristische Person gegründet werden *und* sich die Unternehmenszentrale, die für operationa-

---

[212]Vgl. *Coopers & Lybrand* (Oktober 1995); *Price Waterhouse* (September 1995).

[213]Vgl. insgesamt *Deloitte Touche Tohmatsu* (April 1997); *Price Waterhouse* (November 1996); *Price Waterhouse* (August 1996); *Price Waterhouse* (Juli 1996). Ausländisches Material für die Exportproduktion in China ist von Einfuhrumsatzsteuer sowie Zoll befreit (*Deloitte Touche Tohmatsu* (Januar 1996) mit Bezug auf eine Auskunft der chinesischen Zollbehörden).

[214]*Deloitte Touche Tohmatsu* (April 1997); *Baker & McKenzie* (1997 [2]), S. 10.

[215]*Price Waterhouse* (Juli 1996).

[216]*O.V.* (1996 [3]), S. 4.

les Management und Kontrolle zuständig ist, in China befindet[217]. In den DBAIR wird jedoch der Ort des effektiven Managements grundsätzlich als Kriterium zur Bestimmung der Ansässigkeit in China abgelehnt und ein alleiniges Abstellen auf die Unternehmenszentrale gefordert[218], die somit offensichtlich als satzungsmäßiger Sitz zu verstehen ist, der sich aus den Gründungsdokumenten ergibt[219]. Insofern reicht die Errichtung als juristische Person nach chinesischem Recht zur Begründung der unbeschränkten Steuerpflicht der Gesellschaft in China aus.

Betriebswirtschaftlich gesehen ist es zudem sinnvoll, den Ort des effektiven Managements in China zu haben, da gerade die Präsenz vor Ort hilft, Beziehungen für neue Geschäfte aufzubauen. Dies wird durch die Forderung, die Versammlung des Verwaltungsrats in China durchzuführen, verstärkt[220]. Ist außerdem der Ort des effektiven Managements außerhalb Chinas, könnte es in einem anderen Staat zur Steuerpflicht kommen.

Nicht-rechtsfähige VJV und GA sind grundsätzlich keine eigenständigen Steuersubjekte, begründen als Betriebstätte jedoch eine beschränkte Steuerpflicht der als Steuersubjekte an ihre Stelle tretenden Gesellschafter[221]. Ihre Einkünfte unterliegen damit der chinesischen Quellenbesteuerung, die an anderer Stelle (Abschnitt 2.B.II.) untersucht wird.

2. *Bemessungsgrundlage*

Die Ermittlung der Steuerbemessungsgrundlage als rechnerische Größe, auf die der Steuertarif zum Zwecke der Bestimmung der Steuerzahlung angewendet wird, basiert i.d.R. auf einer Rahmendefinition der steuerpflichtigen Einkünfte und gewissen grundlegenden Prinzipien wie bspw. dem Realisationsprinzip. Diese sind jedoch oftmals zu unspezifisch und erlauben zu große Spielräume, die bei der Ermittlung der Steuerlast nicht hingenommen werden können. Dieses Dilemma wird durch Ansatz-, Bewertungs- und Abschreibungsregeln normalerweise zufriedenstellend gelöst, allerdings regelmäßig durch steuerpolitische Ausnahmen ergänzt. Im folgenden wird anhand dieser

---

[217]Art. 3 GmaKAuStG iVm. Art. 5 DVGmaKAuStG; siehe auch *Peck* (1991), S. 13.

[218]Abschn. 1 Buchst. a DABIR; vgl. auch *Curley / Fortunato* (1995), Fn. 96; *Xin / Brown* (1992), S. 41.

[219]Art. 14 Nr. 2 und Art. 16 Nr. 1 DVGJVG; Art. 16 Nr. 1 DVGAG; Art. 79 Nr. 1 GesG.

[220]Art. 35 DVGJVG.

[221]Art. 1 Abs. 2 iVm. Art. 2 Abs. 2 GmaKAuStG; speziell für das VJV: Art. 7 DVGmaKAuStG und Abschn. 4 KDVGmaKAuStG.

Abfolge die Ermittlung der Steuerbemessungsgrundlage nach chinesischem Steuerrecht dargestellt. Aufgrund der verwirrenden Lage ist eine Diskussion relevanter Rechtsnormen von großer Bedeutung und wird deshalb vorangestellt.

a) Verhältnis von steuer- und handelsrechtlicher Gewinnermittlung

In China gibt es neben den in den Steuergesetzen enthaltenen Gewinnermittlungsvorschriften detaillierte „handelsrechtliche" Rechnungslegungsvorschriften[222], die in zahlreichen Gesetzen[223] (BG, BS, FVR, GmaKBVO, GmaKFVR, GmaKKR[224]) enthalten sind. Es ist deshalb notwendig, das Verhältnis dieser Rechtsnormen untereinander für die Zwecke der Ermittlung der Bemessungsgrundlage zu klären.

Eine eigenständige Pflicht zur Rechnungslegung nur nach steuerrechtlichen Vorschriften existiert in China nicht. GmaK haben sich deshalb zum Zwecke der Bestimmung der steuerlichen Bemessungsgrundlage grundsätzlich an den handelsrechtlichen Vorschriften zu orientieren. Im Falle eines Widerspruchs mit dem Steuerrecht sind jedoch die steuerrechtlichen Vorschriften bei der Berechnung der Steuerlast anzuwenden[225]. Effektiv gilt somit in China das mate-

---

[222]Die chinesischen Gesetze gelten dem Wortlaut nach entweder für „finanzielle Angelegenheiten" oder für „Rechnungslegung". „Finanzielle Angelegenheiten" umfassen jedoch auch für die „Rechnungslegung" relevante Aspekte (vgl. stellvertretend Art. 1 und 5 FVR, nach denen das Finanzverwaltungssystem auch die Rechnungslegung umfaßt). In „Rechnungslegung" in dem hier verwendeten Sinne sollen auch diese Aspekte enthalten sein. Als Abgrenzung zu den in den Steuergesetzen enthaltenen Gewinnermittlungsvorschriften wird diese als „handelsrechtliche" Rechnungslegung bezeichnet.

[223]Ebenso existieren Rechnungslegungsvorschriften für AGs allgemein. Diese sind im folgenden nicht explizit berücksichtigt worden. Sie unterscheiden sich jedoch nicht wesentlich von den Vorschriften für die traditionellen GmaK GJV,VJV und GA.

[224]Die GmaKKR gelten ihrem Wortlaut nach nur für industrielle GmaK, sind aber auch auf andere entsprechend anzuwenden (*Price Waterhouse* (1995), S. 91; *Stucken* (1995), S. 431).

[225]Art. 13 CAO, Art. 17 GmaKAuStG und Abschn. 1 VhRStRB regeln die Vorrangigkeit des Steuerrechts im Falle des Widerspruchs von „financial and accounting systems" und „tax provisions" *für Zwecke der Steuerzahlung* (vgl. auch *Kit / Ya* (1994), Rn. 3-030 (g); *Korn / Debatin* (1996), Anhang zu Art. 2, Teil II Buchst. C Unterabschn. d Nr. 8). Demnach kann sich „financial and accounting systems" nur auf eine Rechnungslegung beziehen, die nach Art. 3 GmaKBVO, Art. 2 GmaKFVR, Art. 3 BS und Art. 2 FVR den handelsrechtlichen Vorschriften zu folgen hat und eben andere Ziele als die Ermittlung der Bemessungsgrundlage haben kann.

rielle Maßgeblichkeitsprinzip[226]. Aufgrund der wenigen Wahlrechte liegen in China zudem das materielle und das formelle Maßgeblichkeitsprinzip[227] nahe beieinander[228], so daß auch das letztere zwangsläufig eine eingeschränkte Gültigkeit erlangt. Da das Steuerrecht relativ detaillierte, vom Handelsrecht oftmals übernommene Vorschriften über Ansatz, Bewertung und Abschreibungen von Vermögensgegenständen sowie Rückstellungen beinhaltet[229], kommt die materielle Maßgeblichkeit aber nur in Randbereichen zum Tragen. Zusätzlich muß beachtet werden, daß die oftmals nicht gesetzeskonforme Auslegung der Steuerbehörden die Maßgeblichkeit erweitern oder einschränken kann[230]. In diesem Sinne kann von einer eingeschränkten materiellen Maßgeblichkeit gesprochen werden[231].

---

[226]Das materielle Maßgeblichkeitsprinzip des deutschen Steuerrechts bedeutet die Bestimmung der steuerlichen Bemessungsgrundlage anhand handelsrechtlicher Vorschriften und unkodifizierter GoB, die teilweise durch das Steuerrecht korrigiert werden (vgl. *Herzig* (1995), Teil I, Rn. 197). Es kann auch dadurch beschrieben werden, daß das Handelsrecht bei bestehenden Lücken des Steuerrechts, also ergänzend, anzuwenden ist (in diesem Sinne über China: *Stucken* (1995), S. 430).

[227]Die formelle Maßgeblichkeit bezeichnet die Maßgeblichkeit der getroffenen Bilanzierungs- und Bewertungsentscheidungen in der Handelsbilanz für die Steuerbilanz (*Herzig* (1995), Teil I, Rn. 199).

[228]Eine Ausnahme bildet bspw. die Bewertung des Vorratsvermögens (Art. 24 GmaKBVO; Art. 51 DVGmaKAuStG).

[229]Vgl. *Leung A.* (1995), S. 54; *Price Waterhouse* (1995), S. 90; *Rödl & Partner* (1995), S. 27; *Stucken* (1994), S. 7; *Arthur Andersen* (1993), S. 214.

[230]Vgl. *Kit / Ya* (1994), Rn. 3-030 (g); *Ying-Taubner* (1993), S. 22.

[231]*Ying-Taubner* (1993), S. 22 nennt dies die „Maßgeblichkeit der Steuerbehörde für die Bilanz", geht allerdings auch von der Aufstellung einer Einheitsbilanz aus. Generell bestehen in der Literatur bzgl. des Verhältnisses von steuer- und handelsrechtlicher Rechnungslegung vielfältige Unklarheiten, deren Grundtenor die aus dem chinesischen Rechnungslegungsverständnis (siehe unten) stammende Orientierung der Rechnungslegung an steuerlichen Vorschriften ist. Laut *Moser / Zee* (1993), S. 73ff. haben die handelsrechtlichen Rechnungslegungsvorschriften die entsprechenden steuerrechtlichen Vorschriften außer Kraft gesetzt; allerdings beziehen sich die Autoren im folgenden ständig auf diese (nicht mehr relevanten) steuerrechtlichen Vorschriften. Diese Meinung wird von *Coopers & Lybrand* (1994), S. 22 übernommen, die allerdings nicht auf Details eingehen. *Stucken* (1995), S. 431 kommt zu dem Ergebnis, daß es ein Maßgeblichkeitsprinzip in China nicht gibt und begründet dies damit, daß „Handelsrecht und Steuerrecht nicht voneinander abweichen sollen", geht allerdings später auf eine Weisung des staatlichen allgemeinen Steueramtes ein (offensichtlich die VhRStRB), die einen solchen Unterschied explizit zuläßt. An anderer Stelle wird der handelsrechtliche Gewinn der Bemessungsgrundlage gleichgestellt (*Stucken* (1994), S. 15) obwohl sich die Vorschriften nur „weitgehend" decken (S. 7 und 11). *Ernst & Young*

Maßgeblich sind prinzipiell alle oben benannten handelsrechtlichen Vorschriften[232]. Die neueren BS und FVR, die für alle Unternehmen gelten, unterscheiden sich von den älteren, nur für GmaK relevanten Regelungen, durch ihre stärkere Ausrichtung auf international akzeptierte Standards. Insbesondere ist hier das Vorsichtsprinzip zu nennen[233]. Die speziell für GmaK geltenden Vorschriften sind noch mehr auf steuerliche Gesichtspunkte ausgelegt. In der Praxis werden primär die letzteren angewendet[234]. Bei Regelungslücken wird auf die neueren Vorschriften zurückgegriffen. Dies steht im Einklang mit der gegenwärtigen Gesetzeslage, die eine Verwendung der handelsrechtlichen Jahresabschlüsse nur in Ausnahmefällen vorsieht[235]. Diese Gesetzeslage folgt aus dem wenig entwickelten chinesischen Verständnis für handelsrechtliche Rechnungslegung. Rechnungslegung diente nach traditionellem chinesischen Verständnis vor allem der Bereitstellung von Informationen als Grundlage politischer Entscheidungen des Staates sowie zur Messung eines Erfolges, an den Steuerzahlungen anknüpfen konnten[236]. Aus diesem Grunde werden steu-

---

(1994), S. 96 behaupten, analog zu *Wei / Chow / Coopers* (1994), S. 88, die sich sogar auf Rechnungslegungsvorschriften berufen, daß handelsrechtliche Abschreibungsmethoden dem Steuerrecht zu folgen hätten. Tatsächlich gibt es keine Gesetzesvorschrift mit diesem Inhalt. Vielmehr haben die GmaKFVR gleichlautende Vorschriften wie die DVGmaKAuStG.

[232] Die Gültigkeit der handelsrechtlichen Buchführungsvorschriften ist durch zwei Rundschreiben des Finanzministers bestätigt worden (vgl. dazu *Price Waterhouse* (Oktober 1994), Abschn. 1; siehe auch *Stucken* (1995), S. 430f.).

[233] Art. 18 BS.

[234] Vgl. *Price Waterhouse* (1995), S. 91; *Lauffs / Bohnet* (1994), S. 737.

[235] Vgl. *Leung* (1994), S. 15; *Crossman / Toder* (1993), S. 66. Handelsregister bzw. Offenlegungspflichten im Sinne der §§ 325ff. HGB existieren in China nicht und nur die AG muß ihren Jahresabschluß der Öffentlichkeit zugänglich machen. Die Methoden hierfür sind in der Satzung festzuhalten (generell: Art. 176 iVm. Art. 79 Nr. 12 GesG; im Falle von im Ausland notierten Gesellschaften: Art. 136 AnAGB).

[236] Vgl. *Leung A.* (1995), S. 53. Interessenten mit anderen Informationsbedürfnissen gab es quasi nicht. Mit der tendenziellen Abkehr von der zentralen Planwirtschaft zugunsten einer „sozialistischen" Marktwirtschaft ist zwar die Informationssammlung als Grundlage politischer Maßnahmen als Rechnungsziel zurückgetreten (vgl. *Wei / Chow / Copper* (1994), S. 48ff.), jedoch entwickelt sich ein Verständnis für die andersartigen Informationsbedürfnisse privatwirtschaftlicher Aktivitäten nur langsam. Dies dürfte jedoch mit der geplanten Einführung neuer Rechnungslegungsstandards einen deutlichen Aufschwung erleben. Primär gilt aber noch die Ermittlung der steuerlichen Bemessungsgrundlage als oberstes Rechnungsziel. Vgl. dazu *Leung A.* (1995), S. 58; *Ng / Ho* (1994), S. 528; *Arthur Andersen* (1993), S. 214.

erlich orientierte Vorschriften bevorzugt angewendet, was oftmals zur Aufstellung einer Einheitsbilanz führt[237].

Die Aufstellung einer Einheitsbilanz ist indes nicht zwingend[238]. Vielfach wird nur eine Bilanz aufgestellt, die den für GmaK relevanten handelsrechtlichen Vorschriften folgt. Entweder die Wirtschaftsprüfer oder die Steuerbehörde selbst nehmen dann die entsprechenden Anpassungen an das Steuerrecht vor[239]. Insofern wird die eigentliche steuerliche Rechnungslegung auf andere übertragen.

b) Rahmendefinition der steuerpflichtigen Einkünfte und grundlegende Prinzipien ihrer Ermittlung

Den Umfang der sachlichen Steuerpflicht regelt der chinesische Gesetzgeber durch enumerative Aufzählung der steuerpflichtigen Einkünfte[240]. Dabei handelt es sich jedoch nicht um verschiedene Einkunftsarten im Sinne des deutschen EStG, sondern vielmehr um ein gedankliches Äquivalent der durch den Betriebsvermögensvergleich gegebenen, allumfassenden sachlichen Steuerpflicht von in Deutschland ansässigen Körperschaftsteuersubjekten, die mit den Einkünften aus Gewerbebetrieb nur eine Einkunftsart kennen. Die Aufzählung ist relativ allgemein gehalten und weist insofern keine Lücken auf[241]. Somit ist ebenfalls von einer umfassenden sachlichen Steuerpflicht der GmaK, die alle Einkünfte erfaßt, auszugehen. Insbesondere beinhaltet diese auch realisierte Gewinne aus Verkäufen von Anlagevermögen sowie immateriellen Vermö-

---

[237]Vgl. *Rödl & Partner* (1995), S. 27; *Stucken* (1994), S. 15; *Jiwan* (1994), S. A25, der für eine *praktizierte* Abweichung von steuer- und handelsrechtlicher Rechnungslegung eintritt; *Wang* (1993), S. 340ff., der Rechnungslegung nur als Unterpunkt der Besteuerung behandelt; *Ying-Taubner* (1993), S. 22, die generell von der Aufstellung einer Einheitsbilanz ausgeht. *Tsang* (1994), S. 518 spricht sogar von der „state taxation *policy*: book value profit = taxable profit" (Hervorhebung durch den Verfasser).

[238]Dies wurde bereits aus der Diskussion über die materielle Maßgeblichkeit deutlich. Vgl. auch *Kit / Ya* (1994), Rn. 14.3; *Jiwan* (1994), S. A25.

[239]Die Steuerbehörde führt gemäß Art. 32ff. CAO bzw. Art. 20 GmaKAuStG regelmäßig Überprüfungen der GmaK durch. Da die Anpassungen an die Steuergesetze vom Steuerpflichtigen häufig ignoriert oder falsch gemacht werden, nimmt die Steuerbehörde die entsprechenden Anpassungen vor. Diese drängt jedoch zunehmend die Wirtschaftsprüfungsgesellschaften, eine entsprechende Anpassung im Zuge ihrer Prüfungen vorzunehmen (vgl. *Price Waterhouse* (Oktober 1994), Abschnitt 3).

[240]Art. 1 GmaKAuStG iVm. Art. 2 DVGmaKAuStG.

[241]Die Aufzählung ist wahrscheinlich aus dem Bewußtsein entstanden, noch kein adäquates Gesamteinkommenskonzept im Sinne der Rechnungslegungsvorschriften des deutschen HGB zu haben.

gensgegenständen und Beteiligungen[242]. Konsequenterweise sind auch Liquidationsgewinne steuerbar[243]. Die Steuerpflicht erstreckt sich auf das weltweite Einkommen[244].

Die steuerpflichtigen Einkünfte werden durch das Nettoprinzip konkretisiert. Demzufolge können Aufwendungen[245] und vorgetragene, vor höchstens fünf Jahren entstandene Verluste[246] vom Ertrag abgezogen werden. Gezahlte, belastende ausländische Einkommensteuer kann auf die Steuerlast angerechnet werden[247], jedoch gibt es - anders als in § 34 c EStG - keine Alternative wie der Abzug von der Bemessungsgrundlage. Dagegen existiert ein länderbezogener Anrechnungshöchstbetrag (per-country limitation) sowie eine auf fünf Jahre begrenzte Vortragsmöglichkeit[248].

Eine Generaldefinition für Aufwendungen und Erträge existiert nicht. Insofern ist grundsätzlich, allerdings unter Beachtung der unten diskutierten Grundsätze sowie ihrer Konkretisierungen und Ausnahmen, von Einzahlungen bzw. Auszahlungen bei der Ermittlung der Bemessungsgrundlage auszugehen.

Eine Erweiterung der Steuerbemessungsgrundlage durch Abgabe einer konsolidierten Steuererklärung ist prinzipiell nicht möglich[249]. Bei Beteiligungsquoten von 100% ist nach Auffassung des MOFTEC jedoch eine Konsolidierung bei einer inländischen Holding auch für steuerliche Zwecke möglich[250]. Konkrete Fälle sind jedoch nicht bekannt.

---

[242]Siehe Art. 2 DVGmaKAuStG; Abschn. 2 Nr. 1 AVDEStB.

[243]Art. 18 GmaKAuStG.

[244]Art. 3 GmaKAuStG.

[245]Art. 4 GmaKAuStG.

[246]Art. 4 iVm. Art. 11 GmaKAuStG.

[247]Art. 12 GmaKAuStG iVm. Art. 83 DVGmaKAuStG.

[248]Art. 84 und 85 DVGmaKAuStG.

[249]Vgl. *Li* (1996 [4]), S. 1384; *Li* (1996 [3]), S. 103; *Li* (1995 [2]), S. 74; *Price Waterhouse* (1995), S. 94; *Ernst & Young* (1994), S. 75; *Coopers & Lybrand* (1994), S. 23; *Rapp / Liew* (1994), S. 18.

[250]*Möhrle* (1994), S. 53 hält die Abgabe konsolidierter Steuererklärungen im Falle 100%iger Tochtergesellschaften prinzipiell für möglich. Er bezieht sich jedoch auf ein Rundschreiben der staatlichen Steuerbehörde, welches nach anderer Ansicht nur bestimmten Unternehmensgruppen *ohne* ausländische Beteiligung die Konsolidierung erlaubt (vgl. *Lai / Lo / Kwan* (1996), S. 1). Holdinggesellschaften mit ausländischer Beteiligung wurde bisher die Konsolidierung verweigert. Es scheint jedoch, daß auf der Grundlage dieses Schreibens in Zukunft auch Holdinggesellschaften mit ausländischer Beteiligung die Konsolidierung 100%iger Töchter erlaubt werden könnte.

Neben dieser Rahmendefinition grundsätzlich steuerpflichtiger Einkünfte sind auch bestimmte kodifizierte Abgrenzungsgrundsätze bzgl. des zeitlichen Anfalls von Ertrag und Aufwand zu beachten. GoB im Sinne der deutschen Rechnungslegungsvorschriften existieren nicht.

Die chinesische Besteuerung folgt dem Realisationsprinzip und einem Grundsatz der sachlichen Abgrenzung[251], die ebenfalls in Deutschland Gültigkeit haben (und eine analoge inhaltliche Ausfüllung besitzen)[252]. Gemäß dem chinesischen Realisationsprinzip gelten Erträge[253] erst bei Lieferung der Produkte oder Erbringung der Dienstleistung und dem Erhalt der Gegenleistung bzw. der Entstehung des Anspruchs darauf als realisiert[254]. Der Grundsatz der sachlichen Abgrenzung verlangt sodann eine Ertragsorientierung der Aufwendungen[255], die bis zur Ertragsrealisierung mittels der Anschaffungs- bzw. Herstellungskosten erfolgsneutral „gespeichert" werden[256]. Der Bemessungszeitraum ist prinzipiell das Kalenderjahr, ein Rumpfjahr oder die Liquidationsperiode[257]. Ausnahmen vom Realisationsprinzip sind zugelassen bei Verkäufen auf Raten und Langzeitprojekten, die sich über mindestens zwei Rechnungsperioden erstrecken[258]. Wahlweise kann eine Realisation bei Ratenverkäufen entweder bei Lieferung der Güter oder anhand des im Vertrag festgelegten

---

[251]Ein Grundsatz der zeitlichen Abgrenzung kann nicht explizit abgeleitet werden. Allerdings ist es naheliegend, bei bspw. fehlender Zuordnungsmöglichkeit von Aufwendungen, diese in der Periode ihres Anfalls anzusetzen.

[252]Vgl. *Leffson* (1987), S. 247ff. und 299ff.

[253]Strenggenommen sind Erträge per Definition realisiert. Zur Bewahrung eines einfachen Schreibstils soll jedoch von (korrekteren) Umschreibungen abgesehen werden.

[254]Art. 35 GmaKFVR, Art. 45 BS. Die analoge Regelung in Deutschland basiert dagegen nur auf einer Konvention (*Rückle* (1993 [1]), Sp.197). Die Übersetzungen des Art. 54 GmaKBVO sehen den Erhalt der Gegenleistung oder das Recht darauf gleichberechtigt mit den anderen Realisationskriterien. Auch Teile der GmaKFVR-Übersetzungen könnten ähnlich interpretiert werden. Da allerdings Art. 7 GmaKBVO die Orientierung an Zahlungsströmen kategorisch ablehnt und Abschn. 2161 Nr. 2 GmaKKR derartige Zahlungen als erhaltene Anzahlungen behandelt, die vor Ende des Verkaufs (oder entsprechend vor Erbringung der Dienstleistung) als Verbindlichkeiten erfolgsneutral auszuweisen sind, wird dieser Interpretation nicht gefolgt.

[255]Art. 8 GmaKBVO; Art. 17 BS; siehe auch *Ernst & Young* (1994), S. 94; *Deloitte Touche Tohmatsu* (1994), S. 2.

[256]Art. 11 DVGmaKAuStG; Art. 7 GmaKBVO. Dies bedeutet gleichsam eine direkte Erfolgswirksamkeit der den Herstellungskosten nicht zurechenbaren Aufwendungen.

[257]Art. 4 GmaKAuStG iVm. Art. 8 DVGmaKAuStG. Die abweichende Rechnungslegungsperiode kann auf Antrag ebenfalls als Bemessungszeitraum gewählt werden.

[258]Art. 11 DVGmaKAuStG (analog Art. 35 GmaKFVR; Art. 54 GmaKBVO; Art. 45 BS).

Zahlungsplans, bei Langzeitprojekten nach dem Fertigstellungsplan oder der (jährlich) erbrachten Arbeitsleistung vorgenommen werden. Dieses Wahlrecht zur stufenweisen Erfolgsrealisierung müßte als Alternative die Anwendung des Realisationsprinzips haben. Dies wird bei Ratenverkäufen explizit erwähnt, nicht jedoch bei Langzeitprojekten. Fraglich ist deshalb, ob die Anwendung des Realisationsprinzips bei Langzeitprojekten wirklich gewollt ist, oder doch mehr auf das (dann höhere) Steueraufkommen abgestellt wird. Deshalb kann hier auf den späteren Erfolgsausweis durch Anwendung des Realisationsprinzips nicht vertraut werden.

Weiterhin ist das Prinzip der Unternehmensfortführung zu beachten[259]. Es sind somit normalerweise keine Liquidationsbilanzen zu erstellen. Ebenso existiert ein Stetigkeitsprinzip bzgl. der Methoden der Rechnungslegung[260], welches jedoch aufgrund der wenigen Wahlrechte nur eine eingeschränkte Wirkung entfaltet.

Das Vorsichtsprinzip hingegen wird bei der Ermittlung der Steuerbemessungsgrundlage, abgesehen von dem im Realisationsprinzip enthaltenen Vorsichtselement, nur in Ansätzen berücksichtigt[261]. Seine *Anwendung ist abhängig von einer Genehmigung durch die Steuerbehörden.*

So gibt es in China prinzipiell kein steuerrechtliches Niederstwertprinzip[262]. Teilweise scheint jedoch insbesondere beim Vorratsvermögen die Möglichkeit zur Abschreibung auf einen niedrigeren Wert gegeben zu sein[263]. Bei Sachanlagen ist neben der Verkürzung der Abschreibungsperiode wegen Schäden, erhöhter Maschinenleistung oder zu kurzer Laufzeit des GmaK[264] ein eventuelles

---

[259] Art. 5 BS.

[260] Siehe Art. 11 GmaKBVO; Art. 13 BS. Speziell für das Vorratsvermögen folgt es aus Art. 51 DVGmaKAuStG.

[261] Vgl. auch *Stucken* (1995), S. 431, der die Gültigkeit des Vorsichtsprinzips allerdings total ablehnt. Dem kann in dieser extremen Form nicht gefolgt werden.

[262] Gemäß der h.M. in Deutschland geht das strenge bzw. gemilderte Niederstwertprinzip grundsätzlich den steuerlichen Bestimmungen über die Teilwertabschreibung vor (*Herzig* (1995), Teil I, Rn. 208), die allerdings über die umgekehrte Maßgeblichkeit und entsprechende handelsrechtliche Öffnungsklauseln dennoch zur Anwendung kommen.

[263] So zumindest *Kit / Ya* (1994), Rn. 1-090 (a), die hierfür allerdings einen Wertverlust von 15% voraussetzen. Dem Gesetzeswortlaut folgend besteht diese Möglichkeit jedoch nur handelsrechtlich (Art. 25 GmaKBVO; Art. 14 GmaKFVR). Steuerrechtlich sind die Anschaffungs- oder Herstellungskosten bindend (Art. 50 DVGmaKAuStG). Es scheint sich somit hierbei um eine Auslegung der Steuerbehörden zu handeln, mit der nicht gerechnet werden kann.

[264] Art. 40 DVGmaKAuStG.

Abweichen von der vorgeschriebenen linearen Abschreibung möglich, aber schwer durchzusetzen[265].

Ebenso existiert kein umfassendes Imparitätsprinzip[266]. Wertberichtigungen auf Forderungen, beschränkt auf 3% der Summe der ausstehenden Forderungen, werden normalerweise nur Kreditinstituten und Leasinggesellschaften erlaubt[267]. Zusätzlich können unrealisierte Währungsverluste direkt bzw. stufenweise über einen aktiven Rechnungsabgrenzungsposten steuerlich geltend gemacht werden. Allerdings gilt dies auch für Gewinne, die zu versteuern sind[268].

c) Steuerrechtliche Ansatz- und Bewertungsregeln

Die Ansatzvorschriften in China werden von der Einstellung gegenüber dem Vorsichtsprinzip dominiert. Dies führt zum Ansatz selbsterstellter immaterieller Vermögensgegenstände[269] und zum äußerst beschränkten Ansatz von Rückstellungen[270]. Ebenso ist die Aktivierung von während der Vorbereitungsphase[271] angefallenen Aufwendungen verpflichtend[272]. Gleiches gilt für in der

---

[265]Art. 34 DVGmaKDVO; dies muß allerdings statt von der sonst zuständigen lokalen von der nationalen Steuerbehörde genehmigt werden. Dementsprechend schwer dürfte hier eine Genehmigung zu erlangen sein. Siehe Abschnitt 2.B.I.2.c. für Ausnahmeregelungen.

[266]Ernst & Young (1994), S. 74.

[267]Art. 25 DVGmaKAuStG iVm. Abschn. 9 Nr. 1 und 2 KDVGmaKAuStG. Im Falle des tatsächlichen Forderungsausfalls, der anhand spezieller Regeln (Art. 26 DVGmaKAuStG) anzunehmen ist, ergibt sich eine zu Deutschland analoge Behandlung (Art. 25 S. 3 und 4 DVGmaKAuStG).

[268]Art. 62 GmaKBVO; Art. 36 FVR; *Ernst & Young* (1994), S. 75, die als Zeitraum für die Amortisierung höchstens fünf Jahre angeben; *Price Waterhouse* (1995), S. 112, die allerdings *nur* auf die Möglichkeit einer stufenweisen Geltendmachung eingehen.

[269]Art. 46 DVGmaKAuStG. Unter immateriellen Vermögensgegenständen sind Patente, Copyrights, Landnutzungsrechte, Warenzeichen etc. zu verstehen.

[270]Siehe die Ausführungen im vorangegangenen Abschnitt zum Vorsichtsprinzip bzw. zum Imparitätsprinzip, die die Grundlage für die Bildung von Rückstellungen für ungewisse Verbindlichkeiten bzw. Drohverlustrückstellungen bilden (*Coenenberg* (1997), S. 236). Aufwandsrückstellungen können in China nicht gebildet werden.

[271]Vorbereitungsphase ist der Zeitraum vom Erhalt der Genehmigung der GmaK bis zum Beginn der Leistungserstellung (Art. 49 DVGmaKAuStG).

[272]Art. 49 DVGmaKAuStG; Art. 38 GmaKBVO. Es wird hierbei nicht wie in Deutschland zwischen Gründungskosten und Aufwendungen zur Ingangsetzung des Geschäftsbetriebs, d.h. Aufwendungen verursacht durch die rechtliche „Konstruktion“

Vorbereitungsphase realisierte Devisenkursverluste[273]. Ausschüttungssperren greifen hier nicht.

Für die Zurechnung von Wirtschaftsgütern existiert keine zu § 39 Abs. 2 S. 1 AO analoge Vorschrift. Im Falle von Finanzierungsleasing erfolgt allerdings eine wirtschaftliche Betrachtungsweise, die dem Leasingnehmer das Wirtschaftsgut - und damit die Berechtigung zur Abschreibung - zuspricht[274].

Die Bewertung gekaufter Sachanlagen geschieht zu Anschaffungskosten, die sich aus Anschaffungspreis[275], Anschaffungsnebenkosten und nachträglichen Anschaffungskosten zusammensetzen. Anschaffungsnebenkosten beinhalten die Frachtgebühren, Installationskosten, Ladekosten, Versicherungsprämien, anfallende Steuern und andere zugehörige Ausgaben, die vor der Inbetriebnahme anfallen[276]. Zölle und nicht-gegenrechenbare Vorsteuer (die insbesondere bei Anlagekäufen anfällt[277]) sind demgemäß als Anschaffungsnebenkosten zu behandeln[278]. Außerdem sind zurechenbare Zinsen, die vor der Inbetriebnahme anfallen, in die Anschaffungskosten einzurechnen[279]. Unter nachträgliche Anschaffungskosten fallen die Kosten wertsteigernder Erweiterungen, Veränderungen etc[280]. Bei gekauften immateriellen Vermögensgegen-

---

oder den wirtschaftlichen Aufbau der Gesellschaft, unterschieden (vgl. *Baetge / Fey / Weber* (1995), § 248 HGB, Rn. 14).

[273]Art. 23 DVGmaKAuStG (der auf andere staatliche Verordnungen verweist) iVm. Art. 38 GmaKBVO und Art. 24 GmaKFVR.

[274]Art. 31 GmaKBVO; Art. 20 GmaKFVR. Finanzierungsleasing ist anzunehmen, wenn der Leasinggegenstand am Ende der Mietzeit in den Besitz des Leasingnehmers übergeht (*Price Waterhouse* (1995), S. 113). Inwieweit in sonstigen Fällen Finanzierungsleasing angenommen werden kann, ist unklar.

[275]Art. 31 DVGmaKAuStG; China folgt generell dem Konzept der Nominalkapitalerhaltung bei der Gewinnermittlung.

[276]Art. 31 DVGmaKAuStG; Art. 17 GmaKFVR.

[277]Gezahlte Vorsteuer auf den Kauf von Anlagevermögen kann nicht mit der Umsatzsteuerschuld verrechnet werden (Art. 10 Nr. 1 UStVO).

[278]Unklar ist sich hier *Maugüé* (1996), S. 293. Er will die Frage nach Anschaffungsnebenkosten oder direkten Aufwendungen zugunsten der Anschaffungsnebenkosten entscheiden, wenn es sich um „related or relevant expenses" handelt. Eine Lösung wird jedoch nicht gegeben, wenngleich auch er tendenziell zu Anschaffungsnebenkosten neigt: „*assuming* that VAT and customs duty are included in the original value of the asset" (Hervorhebung durch Verfasser). Zudem ist m.E. klar, daß es sich um „related ... expenses" handelt.

[279]*Nelson* (1992), S. 212.

[280]Art. 42 DVGmaKAuStG.

ständen ist nur der „angemessene" Preis anzusetzen[281]. Handelt es sich bei den Vermögensgegenständen um Sacheinlagen, so kann zum im Gründungsvertrag angegebenen Wert oder zum Marktwert bewertet werden[282]. Währungseinlagen werden entsprechend dem in den Gründungsdokumenten angegebenen Wechselkurs umgerechnet. Differenzen zum tatsächlichen Wert sind in die Kapitalrücklage einzustellen[283].

Selbsterstellte Sachanlagen und immaterielle Vermögensgegenstände sind zu Herstellungskosten zuzüglich nachträglicher Herstellungskosten zu bewerten[284]. Herstellungskosten beinhalten Material- und Fertigungseinzelkosten sowie Fertigungsgemeinkosten[285]. Ebenso sind während des Herstellungsprozesses angefallene, zuzuordnende FK-Zinsen aktivierungspflichtig[286]. Verwaltungs- und Vertriebskosten dürfen nicht angesetzt werden[287].

Abschreibungen sind nur zulässig auf Vermögensgegenstände, die einem Werteverzehr unterliegen bzw. eine begrenzte Nutzungsdauer haben. Da Grund und Boden im Eigentum des Staates ist und nur begrenzt laufende Landnutzungsrechte gekauft werden können, sind im wesentlichen alle Sachanlagen (und immateriellen Vermögensgegenstände) abschreibbar.

Als Abschreibungsmethode ist prinzipiell nur die lineare Abschreibung zulässig[288]. Die minimale vorgeschriebene Nutzungsdauer beträgt bei Gebäuden 20 Jahre, bei Zügen, Waggons, Schiffen, Maschinen, Anlagen und anderer Produktionsausrüstung 10 Jahre. Anderes Sachanlagevermögen ist über 5 Jahre abzuschreiben[289]. Bei Gebäuden kann der Abschreibungszeitraum auf An-

---

[281]Art. 46 DVGmaKAuStG. *Nelson* (1992), S. 212 verlangt auch hier die Einrechnung von vor der „Inbetriebnahme" angefallenen Zinsen.

[282]Art. 31 und Art. 46 DVGmaKAuStG. Die Bewertung der Einlagen ist insbesondere beim GJV und der AG von großer Bedeutung, da sich die Gewinnverteilung am Anteilswert orientiert. Dementsprechend kommt der Bewertungsfrage bei der Gründung besondere Bedeutung zu (vgl. *Lewis* (1994), S. 42).

[283]Art. 47 GmaKBVO. Fehlt eine Angabe in den Gründungsdokumenten, wird der Kurs zum Einlagezeitpunkt gewählt.

[284]Art. 31, 42 und 46 DVGmaKAuStG.

[285]Abschn. 4101 und 4201 GmaKKR; vgl. auch *Wei / Chow / Cooper* (1994), S. 83.

[286]*Ying*-Taubner (1993), S. 27, die sich allerdings auf ältere Rechtsgrundlagen bezieht.

[287]*Ying-Taubner* (1993), S. 27, die sich allerdings auf ältere Rechtsgrundlagen bezieht; vgl. auch Art. 30 GmaKBVO, der eine Aktivierung dieser Kosten zumindest nicht explizit zuläßt.

[288]Art. 34 und Art. 47 DVGmaKAuStG.

[289]Art. 35 DVGmaKAuStG.

trag eventuell auf unter 20 Jahre verkürzt werden, wenn die Laufzeit des GmaK kürzer ist[290]. Für Maschinen und Anlagen wurden teilweise Abschreibungszeiträume von 5 bis 6 Jahren, bei einem Hochofen auch schon 3 Jahre genehmigt[291]. Der Ausgangsbetrag zur Berechnung der Abschreibung darf 90% der Anschaffungs- oder Herstellungskosten nicht übersteigen[292].

Immaterielle Vermögensgegenstände sind über mindestens 10 Jahre abzuschreiben. Wurden sie gekauft und haben eine feste Nutzungsdauer, so ist diese anzusetzen[293]. Dies ist bspw. bei Landnutzungsrechten der Fall.

Aktivierte Aufwendungen und Kursverluste in der Vorbereitungsphase des GmaK sind über mindestens 5 Jahre, beginnend mit dem Ende der Vorbereitungsphase, abzuschreiben[294].

Vorratsvermögen ist prinzipiell mit den Anschaffungs- oder Herstellungskosten zu bewerten[295]. Eine Sammelbewertung ist möglich. Anwendbar sind die FIFO-, LIFO-, gleitende oder gewogene Durchschnittsmethode. Die einmal gewählte Methode ist grundsätzlich beizubehalten[296]. Finanzanlagen sind mit Anschaffungspreis und Anschaffungsnebenkosten anzusetzen[297]. Eventuelle Agios oder Disagios sind gleichmäßig oder nach der effektiven Zinsmethode über die Laufzeit zu verteilen[298]. Forderungen und Anzahlungen sind mit ihren tatsächlichen Werten anzusetzen[299]. Verbindlichkeiten sind mit dem Rückzahlungsbetrag zu bewerten, wobei Agios und Disagios analog zu den Finanzanlagen zu behandeln sind[300].

---

[290] *Li* (1996 [5]), S. 1846.

[291] *Li* (1996 [6]), S. 1770.

[292] Art. 33 DVGmaKAuStG. Der Restwert von 10% kann auf Antrag u.U. verringert werden.

[293] Art. 47 DVGmaKAuStG.

[294] Art. 49 DVGmaKAuStG; Art. 39 GmaKBVO; Art. 24 GmaKFVR.

[295] Art. 50 DVGmaKAuStG; Anschaffungskosten und Herstellungskosten haben den Sachanlagen entsprechende Definitionen (Art. 13 GmaKFVR).

[296] Art. 51 DVGmaKAuStG; sie kann nur auf Antrag geändert werden.

[297] Art. 26 GmaKBVO.

[298] Art. 26 GmaKBVO; Art. 24 FVR.

[299] Art. 27 BS.

[300] Art. 42 GmaKBVO; Art. 36 und 37 BS. Geldbeschaffungskosten, Überweisungskosten etc. sind sofort als Aufwand zu verrechnen.

d) Ausnahmen von der umfassenden sachlichen Steuerpflicht

Auf der Ertragsseite gibt es für GmaK mit der Befreiung von Gewinnzuteilungen bzw. Dividenden aus Beteiligungen an anderen chinesischen Unternehmen nur eine einzige Ausnahme[301]. Diese ist insbesondere wichtig für chinesische Holding-Gesellschaften (siehe Abschnitt 3.B.III).

In China gibt es keine § 3c EStG entsprechende Vorschrift. Allerdings sind Aufwendungen im Zusammenhang mit steuerbefreiten Gewinnzuteilungen bzw. Dividenden nicht abzugsfähig[302], womit der Regelungsgegenstand des deutschen § 3c EStG abgedeckt ist. Da die chinesischen DBA die Freistellungsmethode nicht anwenden, wäre eine zu § 3c EStG analoge Vorschrift hier nicht relevant. Durch die vielfach gegebene wirtschaftliche Fokusierung der GmaK auf China kommen DBA aber ohnehin nur selten zur Anwendung. GmaK hätten somit nur selten mit diesem Problem zu kämpfen.

Von der Bemessungsgrundlage nicht absetzbar sind folgende Ausgaben[303]:

- Ausgaben, die nicht durch wirtschaftliche Aktivitäten verursacht wurden[304];
- im Ausland gezahlte Beiträge zur Sozialversicherung für in China tätige Arbeitnehmer[305];
- Entgelte für Verwaltungsleistungen an verbundene Unternehmen[306];
- Gebühren, deren Erhebung nicht staatlich geregelt ist[307];

---

[301] Art. 18 S. 1 DVGmaKAuStG; Abschn. 2 Nr. 1 AVDEStB. Oftmals haben einzelne GmaK zusätzlich mit den Steuerbehörden Vereinbarungen über die Steuerbefreiung bestimmter anderer Ertragsteile getroffen (*Price Waterhouse* (1995), S. 112). Die lokalen Behörden sind dazu aber nicht berechtigt.

[302] Art. 18 S. 2 DVGmaKAuStG. In der Praxis scheinen zugehörige Ausgaben jedoch teilweise abzugsfähig zu sein (*IBFD* (1993), China, Rn. 13-6). Die Vorschrift bezieht sich auch auf Verluste im Zusammenhang mit steuerfreien Gewinnanteilen bzw. Dividenden. Hierbei kann es sich nur um Verlustanteile an Personengesellschaften handeln, da Verluste beim Verkauf der Beteiligung steuerlich nach Abschn. 1 Nr. 1 AVDEStB geltend gemacht werden können.

[303] Zu den Ausgaben aus den verschiedenen Fonds vgl. Abschnitt 1.D. Bzgl. Rückstellungen vgl. Abschnitt 2.B.I.2.b.

[304] Art. 19 Nr. 10 DVGmaKAuStG. Insbesondere fallen hierunter Geldstrafen und Verluste aufgrund der Konfiszierung von Eigentum, Verspätungszuschläge und durch Versicherungszahlungen abgedeckte Verluste (Art. 19 Nr. 5, 6, 7 DVGmaKAuStG).

[305] Art. 24 DVGmaKAuStG.

[306] Art. 58 DVGmaKAuStG. Diese strenge Anwendung ist durch einen Erlaß der nationalen Steuerbehörde relativiert worden, der Abziehbarkeit dann erlaubt, wenn der Empfänger in China steuerpflichtig ist (vgl. *Li* (1996 [7]), S. 1530).

- Spenden, die nicht der öffentlichen Wohlfahrt oder Hilfszwecken in China dienen[308];
- gezahlte ausländische Einkommensteuer auf in China erhaltene Lizenzgebühren[309];
- Zinszahlungen, deren zugrundeliegender Zinssatz den für normale wirtschaftliche Kredite übersteigt, mit dem übersteigenden Teil[310];
- Spesen, die einen gewissen Prozentsatz vom Umsatz übersteigen[311];
- Zinsen auf Kapital[312] - dies bezieht sich auf vertraglich vereinbarte Zinszahlungen für Eigenkapitaleinlagen[313];
- Vorträge von Verlusten, die vor mehr als fünf Jahren entstanden sind[314].

3. Tarif und Zahlung

Auf die Steuerbemessungsgrundlage wird der Steuertarif angewendet. Dieser setzt sich zusammen aus einer nationalen Steuer in Höhe von 30% und einer lokalen Steuer in Höhe von 3%.

Um den Aufbau der chinesischen Wirtschaft schnellstmöglich voranzutreiben, wurden zahlreiche gesetzlich fixierte Steuervergünstigungen eingeführt,

---

[307]Art. 25 Nr. 10 GmaKFVR. Bspw. müssen einige Unternehmen einen Teil der Verkaufserlöse als „Verwaltungsgebühr" an die zuständige Behörde überweisen. Da dies keine Grundlage in staatlichen Gesetzen bzw. Verordnungen hat, sind sie nicht abziehbar (vgl. *Möhrle* (1994), S. 1185).

[308]Art. 19 Nr. 8 DVGmaKAuStG.

[309]Art. 19 Nr. 4 DVGmaKAuStG.

[310]Art. 21 DVGmaKAuStG.

[311]Art. 22 DVGmaKAuStG. Es wird hierbei zwischen Industrie- und Handelsunternehmen einerseits und Dienstleistungsunternehmen andererseits unterschieden. Bei ersteren liegt die Grenze bei 0.5% für Umsätze nicht größer als 15 Mio. RMB zuzüglich 0.3% für die 15 Mio RMB übersteigenden Umsätze. Bei letzteren sind dies 1% für Umsätze nicht größer als 5 Mio RMB zuzüglich 0.5% für den übersteigenden Teil.

[312]Art. 19 Nr. 3 DVGmaKAuStG.

[313]*Price Waterhouse* (1995), S. 115; *Nelson* (1992), S. 211 stellt hierbei hauptsächlich auf nicht-rechtsfähige VJV ab. Nach einer anderen Interpretation soll sich die Vorschrift auf Zinszahlungen der GmaK für Kredite beziehen, die vom *Gesellschafter* zur Finanzierung der Kapitaleinlage aufgenommen wurden (vgl. *Lewis* (1994), S. 296). Zu diesem Ergebnis gelangt man allerdings schon durch die Vorschriften zur Verrechnungspreisgestaltung, die diese Zinszahlungen als verdeckte Gewinnausschüttungen behandeln würden.

[314]Art. 11 GmaKAuStG. Verlustrückträge sind nicht möglich.

die alle beim Steuertarif ansetzen[315]. Diese beziehen sich auf die nationale Steuer. Der Höchstsatz von 33% wird somit gegenwärtig nur selten in voller Höhe gezahlt. Die Vergünstigungen richten sich nach einem fast ausnahmslos geforderten bestimmten Unternehmensstatus bzw. der Einkommensart und dem Standort, ergänzt um Mindestinvestitionssummen und -laufzeiten, sowie der Gewinnverwendung. Wenn nicht explizit ausgeschlossen, sind die Vergünstigungen gleichzeitig anwendbar[316]. Die Rechtsform der (rechtsfähigen) GmaK ist dabei irrelevant. Ist eine Mindestlaufzeit vorgegeben und erfüllt die GmaK diese nicht, sind die Vergünstigungen zurückzuzahlen[317]. Die Vergünstigungen sind *Tabelle A.4 im Anhang* zu entnehmen. An dieser Stelle wird nur auf den Unternehmensstatus eingegangen.

Den Unternehmensstatus betreffend sind aufgrund ihrer herausragenden Bedeutung für die Praxis insbesondere produzierende, exportorientierte, technologisch fortschrittliche sowie Neu- und Hochtechnologie-Unternehmen hervorzuheben. „*Produzierende*" Unternehmen wurden bisher ausschließlich anhand der Zugehörigkeit zu bestimmten Branchen bzw. dem Eintrag in der Geschäftslizenz bestimmt[318]. Dies hat in letzter Zeit gewisse Einschränkungen derart erfahren, daß Verpackung, einfache Montage etc. ohne Veränderung von Form, Funktion oder Teilen nicht mehr als produzierende Tätigkeiten eingestuft wird. Ist ein Unternehmen sowohl produzierend wie auch nicht-produzierend tätig, sind die Vergünstigungen nur in den Jahren anwendbar, in

---

[315]Genereller Ausgangspunkt für die Schaffung günstigerer Rahmenbedingungen waren die IFB, die 1986 nach einem Rückgang der Auslandsinvestitionen erlassen wurden (*Kügel* (1987), S. 750f.). Die Förderungen konzentrierten sich auf exportorientierte sowie technologisch fortschrittliche Gesellschaften und beinhalteten neben Steuerermäßigungen (Art. 8-10 IFB, die in Art. 75 Nr. 7,8 und Art. 81 DVGmaKAuStG übernommen wurden) auch Befreiungen von der Bezahlung bestimmter Lohnnebenkosten (Art. 3 IFB; die Befreiung umfaßt Zahlungen aller Arten staatlicher Zuschüsse ausgenommen Zahlungen nach staatlichen Vorschriften sowie Arbeitsversicherung, Wohnungsbeihilfen und Sozialaufwendungen), geringere Landnutzungsgebühren sowie eine Bevorzugung bei der Bereitstellung von Ressourcen, Infrastruktureinrichtungen und kurzfristigen Krediten (Art. 4, 5, 6 IFB; Art. 2 BoCVO; Art. 3 Nr. 1, 2 DVBoCVO). Die IFB werden lokal z.T. noch erweitert, manchmal aber auch wieder eingeschränkt (*Kügel* (1987), S751f.; vgl. *Ernst & Young* (1994), S. 33). Die GmaKAuStG und die DVGmaKAuStG erweitern den Katalog der Steuerermäßigungen beträchtlich.

[316]Für einen Spezialfall siehe *Baker & McKenzie* (1995), S. 263f.

[317]Art. 10 GmaKAuStG; Art. 79 DVGmaKAuStG.

[318]Vgl. Art. 7 Abs. 1,2 und Art. 8 Abs. 1 GmaKAuStG iVm. Art. 72 DVGmaKAuStG; *Coopers & Lybrand* (Dezember 1994).

denen der Erlös aus der produzierenden Tätigkeit 50% aller Erlöse übersteigt[319].

Um den Status als *exportorientiertes* bzw. als *technologisch fortschrittliches Unternehmen* zu erlangen, müssen gewisse Kriterien erfüllt sein (siehe *Tabelle A.5 im Anhang*), die für exportorientierte Unternehmen jährlich, für technologisch fortschrittliche Unternehmen dagegen nach Maßgabe der Behörden überprüft werden[320]. Kann das Unternehmen die Kriterien bei der Überprüfung nicht erfüllen, so sind die gesparten Steuern für das Untersuchungsjahr nachzuzahlen. Gegebenenfalls wird auch der jeweilige Status aberkannt[321]. Dann wäre eine mühsame Neubeantragung durchzuführen.

Für *Neu- und Hochtechnologie-Unternehmen* existieren keine offiziellen Kriterien, so daß hier ein gewisser Verhandlungsspielraum besteht.

Die lokale Steuer in Höhe von 3% kann von den lokalen Behörden nach eigenem Ermessen reduziert werden[322]. Oftmals haben lokale Behörden mit darüber hinausgehenden Steueranreizen für ein wirtschaftliches Engagement in ihrem Gebiet geworben. Dies war möglich, da sie auch für die Erhebung von nationalen Steuern zuständig waren[323]. Zumindest Ertragsteuern von GmaK sollen jedoch gegenwärtig von den nationalen Steuerbehörden erhoben werden[324]. Solange dieses System noch nicht voll funktionsfähig ist, muß mit weiteren unzulässigen Steuervergünstigungen gerechnet werden, da derartige Vergünstigungen lokaler Behörden nicht gesetzeskonform sind[325]. Die Inanspruchnahme dieser Vergünstigungen kann bei einer Überprüfung durch die Zentralbehörden zu hohen Strafen führen, die, im Falle der Zurückzahlung, bei offiziellen Überziehungszinsen von 0.2% pro Tag[326], das Unternehmen im Extremfall in den Ruin treiben[327].

Steuern sind vierteljährlich zu entrichten. Entsprechende Dokumente sind somit quartalsweise vorzubereiten. Spätester Zahlungstermin ist der 15. des

[319] *Price Waterhouse* (März 1995); *Coopers & Lybrand* (Dezember 1994).

[320] QBETUVO.

[321] QBETUVO.

[322] Art. 9 GmaKAuStG.

[323] *Li* (1993), S. 266.

[324] *Li* (1995 [3]), S. 411.

[325] Art. 21 CAO.

[326] Art. 22 GmaKAuStG.

[327] Die endgültige Zahllast hängt, wie so oft in China, vom individuellen Verhandlungsgeschick der Beteiligten ab. Hohe Überziehungszinsen könnten so eventuell vermieden werden.

auf das Quartal folgenden Monats. Bereitet die Berechnung der Steuerlast Probleme, sind 25% der Vorjahressteuer oder eine andere von den lokalen Steuerbehörden bestimmte Summe zu entrichten. Am Jahresende ist eine Gesamtsteuererklärung vorzubereiten. Die resultierenden Steuern sind dann, unter Anrechnung der bereits gezahlten, innerhalb von 5 Monaten zu zahlen[328]. Die Steuern sind in RMB zu zahlen. Notwendige Währungsumrechnungen sind zum Stichtagskurs vorzunehmen[329].

Ist die GmaK nicht in der Lage, die Ermittlung ihrer steuerpflichtigen Einkünfte vollständig und glaubhaft zu beweisen, werden Schätzverfahren zur Bestimmung der Steuerlast angewendet (siehe genauer Abschnitt 2.B.II. 1.b.)[330].

II. Besteuerung der deutschen Muttergesellschaft

Die deutsche Muttergesellschaft ist in Deutschland unbeschränkt steuerpflichtig. Sie qualifiziert sich damit für den Abkommensschutz gemäß DBA-China[331]. Erzielt sie Einnahmen[332] aus China, kann sie dort mit diesen Einnahmen steuerpflichtig werden. Denkbar sind hier Betriebstättengewinne, Gewinnanteile und Veräußerungsgewinne aus der Beteiligung, Zinsen, Lizenzgebühren, Miet- und Pachtzinsen sowie Entgelte für Dienstleistungen und Güterlieferungen.

Die folgende Darstellung und Diskussion wird unterteilt in chinesische Quellen- und deutsche Welteinkommensbesteuerung unter jeweiliger Beach-

---

[328]Art. 15 GmaKAuStG iVm. Art. 94 DVGmaKAuStG.

[329]Art. 21 GmaKAuStG iVm. Art. 98 DVGmaKAuStG. Gemäß Art. 13 GmaKBVO haben GmaK bspw. ein Wahlrecht bzgl. der Buchführungswährung, so daß Umrechnungen notwendig werden.

[330]Art. 16 DVGmaKAuStG. Diese Regelung wird prinzipiell bei Betriebstätten von Auslandsunternehmen angewendet. GmaK ist es nicht von vorneherein erlaubt, die Steuern nach diesen Schätzverfahren zu entrichten (*Nelson* (1991 [2]), S. 1289f.).

[331]Art. 1 iVm. Art. 3 Abs. 1 Buchst. b,c und Art. 4 Abs. 1 DBA-China.

[332]Der Begriff „Einnahmen" erfaßt die Situation nicht immer exakt, da z.T. auch Nettogrößen besteuert werden. Um die Thematik nicht unnötig aufzublähen, wird im folgenden jedoch nur von „Einnahmen" gesprochen, obwohl damit die zu schwierigen Problemen führende unpräzise Ausdrucksweise von Teilbereichen des Steuerrechts übernommen wird (siehe Abschnitt 2.B.II.2.b.). Die handelsrechtliche Terminologie (Ertrag, Aufwand) wird hier ebenfalls nicht übernommen.

tung des DBA-Vorrangs. Zur Vereinfachung des Sachverhalts werden den sich anschließenden Ausführungen folgende Voraussetzungen zugrundegelegt[333]:

1. die Muttergesellschaft besitzt in China kein unbewegliches Vermögen;
2. die GmaK hat in Deutschland keine Betriebstätte;
3. der Anteil der Muttergesellschaft an der GmaK beträgt mindestens 25%.

1. Quellenbesteuerung in China

Die chinesische Quellenbesteuerung richtet sich nach chinesischem Recht unter Beachtung des Vorrangs des DBA. Wie dieser Vorrang und damit das DBA ausgelegt wird, hängt von den chinesischen Steuerbehörden und Gerichten ab. Über Gerichtsverhandlungen in China betreffend die Interpretation von DBA ist jedoch nichts bekannt[334]. Deshalb muß für Untersuchungen der hier vorgenommenen Art eine Auslegung am Wortlaut bzw. Sinnzusammenhang, ergänzt um gewisse administrative Hilfen[335] und Erfahrungen mit der Sichtweise der Steuerbehörden, stattfinden. Ebenso hilfreich sind Bezüge zur internationalen Abkommenspraxis, derer sich die chinesischen Steuerbehörden durchaus bewußt sind und auf die sie bei Entscheidungen Bezug nehmen[336].

Die chinesische Besteuerung nicht-ansässiger „Personen" - und damit der deutschen Muttergesellschaft - richtet sich, so wie in den meisten anderen Staaten, entscheidend danach, ob sie innerhalb Chinas eine Betriebstätte unterhalten und wie andere Einkünfte aus China zu dieser Betriebstätte im Verhältnis stehen.

Sind diese anderen Einkünfte einer vorhandenen Betriebstätte zuzurechnen, so fallen sie ebenfalls unter die Betriebstättenbesteuerung. Gilt dies nicht, wird die Steuerschuld durch eine normalerweise an den Einnahmen, also einem

---

[333]Diese Annahmen sind realitätsnah getroffen, denn, zu (1): Unbewegliches Vermögen stellen vor allem Landnutzungsrechte (Art. 6 Abs. 2 DBA-China) sowie Gebäude dar, die im Falle von Joint Ventures regelmäßig vom chinesischen Partner eingebracht werden. Eine entsprechende Vermietung durch die Muttergesellschaft an die GmaK entfällt somit. Zu (2): Die aktive Tätigkeit der GmaK wird sich hauptsächlich auf China beziehen, da man gerade am chinesischen Markt partizipieren möchte. Eine Ausnahme könnte sich ergeben, wenn die GmaK ihre Produkte im Ausland verkauft und dabei eine Betriebstätte begründet. Zu (3): Beteiligungen mit geringeren Quoten sind eher selten und können nur bei vor 1995 gegründeten VJV und bei AGs auftreten.

[334]*Li* (1996 [1]), S. 297.

[335]Dies sind insbesondere die DBAIR.

[336]*Li* (1995 [1]), S. 1892.

Bruttobetrag, ansetzende Abschlagszahlung an der Einkunftsquelle abgegolten. Die Höhe der Abschlagszahlung bestimmt sich nach der jeweiligen „Einnahmeart". Diese Abschlagszahlung wird auch *Quellensteuer* genannt[337], muß jedoch streng von der Quellenbesteuerung unterschieden werden, die sowohl Abschlagszahlungen als auch Einnahmen und Ausgaben berücksichtigende Steuerveranlagungen umfaßt. Letztere werden im Falle von Betriebstätten angewendet.

Im folgenden soll auf beide Fälle eingegangen werden. Die Behandlung der Betriebstättenbesteuerung konzentriert sich dabei auf nicht-rechtsfähige VJV. Da das nicht-rechtsfähige VJV zweifelsfrei als Betriebstätte zu qualifizieren ist, wird die Diskussion der Kriterien zur Annahme einer Betriebstätte nicht detailliert geführt.

a) Besteuerung durch Abschlagszahlung

Die Besteuerung durch Abschlagszahlung vollzieht sich grundsätzlich nach chinesischem Recht. Aus diesem sind die Definition von Einkunftskategorien und deren prinzipielle Steuerpflichtigkeit abzuleiten. Sodann ist anhand der Einordnung der Einkünfte in die DBA-spezifischen Einkunftskategorien die grundsätzliche Aufrechterhaltung des chinesischen Besteuerungsrechts entsprechend der Belegenheit der Einkunftsquelle in China zu überprüfen[338]. Die DBA-spezifischen Einkunftskategorien müssen jedoch, trotz teilweise gleicher Bezeichnung, mit denen des chinesischen Steuerrechts nicht übereinstimmen. Wird das Besteuerungsrecht aufrechterhalten, bestimmt das DBA, abhängig von der Einkunftsart, Höchstgrenzen der chinesischen Besteuerung. Der endgültige Tarif ergibt sich aus dem Minimum dieser Höchstgrenze und dem Tarif nach rein chinesischem Steuerrecht.

Die notwendigen Schwerpunkte der Betrachtung sind aus dem Vorstehenden direkt ableitbar. Danach kann als Ausgangspunkt die Definition steuerpflichtiger Einkünfte für beschränkt Steuerpflichtige nach chinesischem Recht gesehen werden[339]. Sie ist zur Bestimmung der Höchststeuerbelastung der DBA-spezifischen Definition gegenüberzustellen. Diese Gegenüberstellung ist in *Tabelle A.6 im Anhang* zu finden.

---

[337] *Scheuchzer* (1994), S. 561.

[338] Der Vollständigkeit halber wäre ebenfalls die Ansässigkeit und damit die Abkommensberechtigung als Bestimmungsgrund zur Überprüfung des Besteuerungsrechts zu nennen, die hier jedoch als gegeben angenommen wird.

[339] Vgl. Art. 6 Abs. 2 DVGmakAuStG. Damit sind auch steuerfreie Einkünfte (negativ) abgegrenzt.

Die Einkunftsquelle läßt sich bei der gegebenen Konstellation, außer im Falle der Anteilsveräußerung, eindeutig als in China belegen identifizieren[340]. Da China Gewinne aus der Veräußerung von Anteilen an einer GmaK durch Nicht-Ansässige besteuert[341], scheinen die chinesischen Steuerbehörden auch die Belegenheit der Anteile in China zu bejahen. Es ist somit wahrscheinlich, daß sie bei Vorliegen eines DBA zum gleichen Ergebnis kommen, wonach China dann ein Besteuerungsrecht zusteht[342].

Anzuwendende Tarife und die zugrundeliegenden Bemessungsgrundlagen sind der folgenden *Tabelle 1* zu entnehmen. Die Quellensteuersätze sind gegebenenfalls auf einen tiefer liegenden Steuersatz, der aber 10% i.d.R. nicht unterschreitet, anzupassen, falls der Schuldner in bestimmten Fördergebieten ansässig ist[343].

---

[340] Das DBA-China bestimmt als Quelle von Zinsen und Lizenzgebühren den Schuldner, von Dividenden die ansässige Gesellschaft und von sonstigen Einkünften den Staat, aus dem sie „stammen". Da es hier um die Besteuerung der Leistungsbeziehungen zwischen Muttergesellschaft und GmaK geht, ist die GmaK bzw. China zweifelsfrei als Quelle zu identifizieren.

[341] Abschn. 1 Nr. 3 AVDEStB. Der Steuerpflichtigkeit dieser Veräußerungsgewinne wird allerdings nicht einheitlich zugestimmt (*Li* (1995 [1]), S. 1905 bspw. verneint sie). Das Problem liegt hierbei in den AVDEStB, die sich auf interne Dokumente stützen, jedoch keine Autorität aus dem GmaKAuStG oder der DVGmaKAuStG erhalten. Außerdem beziehen sie sich auf „Aktien" und könnten deshalb nicht für GJV, VJV und GA gelten. Eine Steuerpflicht wird jedoch bejaht von *Curley / Fortunato* (1995), S. 1266f. und *Moser / Zee* (1993), S. 86, die allerdings beide die unklare Lage anerkennen; *Price Waterhouse* (1995), S. 111; *Byres* (1987), S. 23.

[342] Siehe auch *Korn / Debatin* (1996), China, Art. 13 DBA-China, Nr. 2, Buchst. c; *Höffken* (1986), S. 774.

[343] Die Quellensteuer wird bspw. in den folgenden Regionen auf 10% abgesenkt: SWZ, WTEZ, KWZ, OKaS, GPS, Peking und Provinzhauptstädte (RFSKSSWZVO; vgl. *Arthur Andersen* (Juni 1995), S. 1; *Moser / Zee* (1993), S. 141ff.; *Arthur Andersen* (1993), S. 177). In der SWZ Hainan wird keine Quellensteuer erhoben (*Stucken* (1995), S. 69; *Moser / Zee* (1993), S. 145).

Tabelle 1: **Bemessungsgrundlage und Tarif bei Besteuerung durch Abschlagszahlung in China**

Einkunftsart[344]	*Bemessungs-grundlage*	*Tarif als Minimum von DBA-Höchsttarif und Tarif nach chinesischem Recht*
Dividenden	/	steuerfrei nach nationalem Recht[345]
Zahlungen aus Rechten und Forderungen mit Gewinnbeteiligung	brutto	je nach Sichtweise der chinesischen Steuerbehörden[346]: falls beim Zahlenden abzugsfähig: 0/20%; sonst: 0/10%
Zinsen	brutto	- 10% generell; - 0%, falls die Zinsen an die KfW oder die Deutsche Finanzierungsgesellschaft für Beteiligungen in Entwicklungsländern gezahlt werden; - 0%, falls das Darlehen von der Hermes Deckung verbürgt oder finanziert ist
Lizenzgebühren	brutto	- 10% generell[347]; - 0% für „fortschrittliche" oder „vergünstigt überlassene" Spezialtechnologie[348]
Gebühren für die Benutzung oder das Recht auf Benutzung gewerblicher, kaufmännischer oder wissenschaftlicher Ausrüstung	brutto	7%[349]

(Fortsetzung)

---

344 Bei der Aufzählung gilt der Vorrang der spezielleren Einkünfte vor den allgemeineren.

345 Art. 19 Abs. 3 Nr. 1 GmaKAuStG; Abschn. 2, Nr. 1 AVDEStB.

346 Hierbei handelt es sich um stillen Beteiligungen und partiarischen Darlehen ähnliche Rechte und Forderungen. Es sind dann Einzelfallentscheidungen der chinesischen Steuerbehörden zu erwarten. Gemäß Prot. Nr. 4 DBA-China wird die chinesische Quellenbesteuerung nicht beeinflußt, falls eine Abziehbarkeit beim Zahlenden bzw. Schuldner vorliegt. Es gilt dann der nationale Tarif für Dividenden (steuerfrei, d.h. 0%) und Zinsen (20%) (Art. 19 GmaKAuStG). Falls eine Abziehbarkeit nicht besteht, erfolgt die Behandlung analog zu der für Dividenden bzw. Zinsen angegebenen.

347 Art. 12 Abs. 2 DBA-China.

348 Art. 19 Abs. 3 Nr. 4 GmaKAuStG; dafür bedarf es einer Genehmigung von der zuständigen Behörde unter dem Staatsrat, also einer nationalen Behörde.

349 Art. 12 Abs. 2 iVm. Prot. Nr. 5 DBA-China; tatsächlich erfolgt eine 10%ige Besteuerng von 70% des Bruttobetrages.

(Fortsetzung Tabelle 1)

Einkunftsart	*Bemessungsgrundlage*	*Tarif als Minimum von DBA-Höchsttarif und Tarif nach chinesischem Recht*
Gewinne aus der Veräußerung der Beteiligung	netto[350]	20%[351]
Handelsgewinne	/	steuerfrei, wenn die Muttergesellschaft keine Betriebstätte in China begründet[352]

Problematisch erscheint in diesem Zusammenhang die Besteuerung von technischen Dienstleistungen bzw. technischer Beratung und Hilfe. Gemäß DBA-China sind diese eindeutig der Betriebstättenbesteuerung unterstellt[353]. Auch ohne explizite DBA-Regelung wird dieser Qualifikation international gefolgt[354]. Gemischte Verträge, d.h. solche, die neben Entgelten für technische Dienstleistungen bzw. technische Beratung auch Entgelte für Lizenzen regeln, wären dementsprechend aufzuteilen, es sei denn, eine Leistung ist als Hauptleistung zu qualifizieren[355]. Nach nationalem Steuerrecht behandelt China diese Einkünfte, falls sie im Zusammenhang mit der Zahlung von Lizenzgebühren stehen, ebenfalls als Lizenzgebühren und belegt sie mit Quellensteuer auf den Bruttobetrag[356]. Diese Sichtweise scheint, trotz Vorliegen eines DBA,

---

[350]Abschn. 1 Nr. 3 AVDEStB. Die Ermittlung des Nettobetrages ist allerdings unklar. Die AVDEStB lassen wörtlich nur den Anteil am Nennkapital der GmaK zum Abzug zu. Eventuell gezahlte Aufgelder könnten dann ebensowenig geltend gemacht werden, wie durch den Verkauf entstandene Kosten. Dies würde im Widerspruch zu der ansonsten vollzogenen Bewertung zu fortgeführten Anschaffungskosten stehen (vgl. Abschnitt 2.B.I.2.c.). Die vereinfachte Vorgehensweise würde allerdings mit dem Vereinfachungserfordernis, den Abzugsbetrag schnell bestimmen zu können, übereinstimmen.

[351]Art. 13 Abs. 4 DBA-China iVm. Abschn. 1 Nr. 3 AVDEStB.

[352]Art. 7 Abs. 1 DBA-China.

[353]Art. 5 Abs. 3 Buchst. b DBA-China.

[354]*Schaumburg* (1993), S. 697; OECD (1996), Art. 12, Anm. 11 zum OECD-MA; *Sonntag* (1991), S. 668ff.; *Krause* (1987), S. 750.

[355]*Vogel* (1996), Art. 12, Rn. 62; *Jacobs* (1995), S. 158f.; *Schaumburg* (1993), S. 697; *OECD* (1996), Art. 12, Anm. 11 zum OECD-MA.

[356]*Li* (1995 [1]), S. 1902f. und (1991), S. 109, die sich auf verschiedene andere Rechtsquellen bezieht; *Stricker* (1995), S. 274, nach der technische Beratung generell mit Quellensteuer belegt wird; *Moser / Zee* (1993), S. 170ff.; *Nelson* (1991 [1]), S. 611; *Schieber* (1991), S. 1320.

nicht aufgegeben zu werden[357]. Dies ist für Entwicklungsländer nicht untypisch[358]. Die Vorgehensweise führt zu Problemen, da die erhobene Quellensteuer in Deutschland nicht anerkannt wird und damit nicht anrechenbar ist[359].

b) Besteuerung durch Steuerveranlagung

Diese Kategorie ist durch die Besteuerung chinesischer Betriebstätten vollständig abgedeckt. Mit der Betriebstättenbesteuerung werden aktive wirtschaftliche Tätigkeiten ausländischer Unternehmen in China erfaßt, die nicht mittels einer rechtsfähigen Gesellschaft durchgeführt werden[360].

Entscheidend für die Besteuerung aktiver wirtschaftlicher Tätigkeiten eines Unternehmens in China ist somit die Begründung einer Betriebstätte. Dazu ist allein das DBA-China heranzuziehen. Nur im Falle der Begründung einer Betriebstätte darf China gemäß DBA besteuern[361]. Wirtschaftliche Aktivitäten, die über bloße Hilfstätigkeiten hinausgehen[362], können eine Betriebstätte aufgrund sachlicher oder personeller Bindung mit China[363] sowie aufgrund einer gewissen zeitlichen Präsenz in China begründen[364]. Liegt eine Betriebstätte gemäß DBA vor, richtet sich deren Besteuerung nach chinesischem Recht[365]. Dazu wird grundsätzlich die rechtliche Selbständigkeit der Betriebstätte fin-

---

[357]Vgl. *Li* (1995 [1]), S. 1903, die diese Auslegung aber als DBA-konform zu sehen scheint; *Stricker* (1995), S. 274; *Moser / Zee* (1993), S. 169; *Schieber* (1991), S. 1320f.

[358]*Krause* (1987), S. 527. Viele Entwicklungsländer nehmen dies aber auch explizit in den Artikel über die Lizenzgebühren auf (*Vogel* (1996), Art. 12, Rn. 68).

[359]Vgl. *Schieber* (1991), S. 1321; *Krause* (1987), S. 526.

[360]Vgl. allgemein *Jacobs* (1995), S. 243.

[361]Art. 7 Abs. 1 S. 2 DBA-China.

[362]Art. 5 Abs. 4 DBA-China.

[363]Unter „sachlicher Bindung" wird dabei die feste Verbindung (d.h. ein „Bezug zu einem bestimmten Punkt der Erdoberfläche" (*Schaumburg* (1993), S. 636)) der Geschäftseinrichtung mit dem Territorium Chinas, unter „personeller Bindung" die Tätigkeit mittels eines Vertreters in China verstanden (vgl. *Schaumburg* (1993), S. 636; *Korn / Debatin* (1996), China, Art. 5 DBA-China, Rn. 2 Buchst. a).

[364]Das DBA-China folgt hier dem UN-MA, welches eine breitere Definition der Betriebstätte als das OECD-MA enthält, die zu einer umfassenderen Steuerpflicht in China führt (vgl. Art. 5 Abs. 3 DBA-China, UN-MA, OECD-MA). Analog gilt dies für chinesische Unternehmen, die in Deutschland tätig sind. Da dieser Fall gegenwärtig eher die Ausnahme ist, wirkt sich die Regelung insbesondere auf Chinas Steueraufkommen positiv aus.

[365]Art. 7 Abs. 1 DBA-China.

giert, die das „arm's length principle" bei der Besteuerung zur Folge hat[366]. Der Betriebstätte sind damit diejenigen Wirtschaftsgüter und Einkunftsteile zuzurechnen, die sie zur Wahrnehmung ihrer wirtschaftlichen Tätigkeit benötigt bzw. die sich aus dieser ergeben[367]. Einkünfte, die normalerweise der Quellensteuer unterworfen werden, werden deshalb dann als Betriebstätteneinkünfte behandelt, wenn sie ihr zuzurechnen sind (sogenannter „Betriebsstättenvorbehalt")[368]. Die Betriebstätte hat somit grundsätzlich keine „Attraktivkraft"[369]. Die sich ergebenden Zuordnungsprobleme bzgl. der Wirtschaftsgüter und Einkunftsteile werden hier jedoch nicht weiter diskutiert[370]. Steuersubjekt und -schuldner bleibt in jedem Fall die deutsche Mutter.

Die Gründung eines nicht-rechtsfähigen VJV führt, aufgrund der normalerweise vorliegenden sachlichen Bindung, regelmäßig zur Annahme einer Betriebstätte der deutschen Muttergesellschaft in China[371].

Nicht-rechtsfähige VJV sind zur Buchführung gemäß GmaKBVO verpflichtet[372]. Das VJV muß dabei sowohl für gemeinsame als auch für die den Partnern einzeln zuzuordnenden Wirtschaftsgüter und Gewinne (getrennt) Bü-

---

[366]Art. 7 Abs. 2 DBA-China; *OECD* (1996), Art. 7, Anm. 11 zum OECD-MA; vgl. *Vogel* (1996), Art. 7, Rn. 57; *Li* (1995 [1]) S. 1898f.; *Schaumburg* (1993), S. 646.

[367]Deutschland folgt hier dem „Prinzip der wirtschaftlichen Zugehörigkeit" (vgl. *Jacobs* (1995), S. 276 und 296ff.).

[368]Art. 7 Abs. 7 iVm. Art. 10 Abs. 4, Art. 11 Abs. 5, Art. 12 Abs. 4, Art. 22 Abs. 2 DBA-China; *Korn / Debatin* (1996), China, Art. 7 DBA-China, Rn. 3 Buchst. b. Die Betriebstätte muß somit das Stammrecht auf die Dividenden, Zinsen, Lizenzgebühren etc. innehaben (siehe *Schaumburg* (1993), S. 791f.). Einkünfte aus unbeweglichem Vermögen wären allerdings auf DBA-Ebene in jedem Fall getrennt von den Betriebstätteneinkünften zu behandeln. Da allerdings China auch in diesem Fall das Besteuerungsrecht belassen wird (Art. 6 Abs. 1 DBA-China) und China national Einkünfte aus unbeweglichem Vermögen, welches zu einer Betriebstätte gehört, im Rahmen der Betriebstättenbesteuerung erfaßt (Art. 6 Abs. 1 DVGmaKAuStG), ergeben sich insoweit keine Unterschiede.

[369]Mit „Attraktivkraft der Betriebstätte" wird die Meinung bezeichnet, daß das Vorliegen einer Betriebstätte alleine ausreiche, Dividenden, Zinsen und Lizenzgebühren dieser zuzuordnen, ohne daß eine wirtschaftliche Zugehörigkeit gegeben sein muß (vgl. *Schaumburg* (1993), S. 650; Gelatt (1991), S. 12).

[370]Siehe dazu bspw. *Jacobs* (1995), S. 296ff.; *Halfar* (1993), S. 1402ff.; *Becker, H.* (1993), S. 623ff.; *Bierlaagh* (1992), S. 156ff.

[371]Vgl. für den Fall des nicht-rechtsfähigen VJV Abschn. 4 KDVGmaKAuStG; *Price Waterhouse* (1995), S. 130; *Moser / Zee* (1993), S. 178.

[372]Art. 2 GmaKBVO. Diese Vorschrift geht allerdings nicht speziell auf die Rechtsfähigkeit ein.

cher führen[373]. Diese Trennung richtet sich nach den Festlegungen im Gesellschaftsvertrag.

Die Besteuerung folgt grundsätzlich der Besteuerung rechtsfähiger GmaK[374]. Insbesondere ist ebenso der Vortrag von Verlusten, begrenzt auf 5 Jahre, möglich[375]. Ausländische Steuern dürfen allerdings, statt einer Anrechnung auf die Steuerschuld, nur von der Bemessungsgrundlage abgezogen werden[376]. Der Abzug bestimmter Zahlungen an das Stammhaus ist nicht zugelassen bzw. als (steuerneutrale) Entnahme zu bewerten, wenn es sich nicht um die Erstattung von Ausgaben an Dritte handelt. Dies betrifft (1) Lizenzgebühren, Gebühren oder ähnliche Zahlungen als Gegenleistung für die Benutzung von Patenten und anderen Rechten, (2) Provisionen für Dienstleistungen einschließlich Managementgebühren, (3) Zinsen auf Geldbeträge, die der Betriebstätte geliehen worden sind, soweit es sich nicht um Bankinstitute handelt[377]. Nach nationalem Recht wäre, abgesehen von den Lizenzgebühren[378], eine Aufwandverrechnung nicht verboten, bei Provisionen für die Geschäftsleitung sogar explizit erlaubt[379]. Das DBA-China begründet damit, entgegen den allgemeinen Grundsätzen, eine Steuerpflicht. Dies könnte als Ausgangsbasis einer Diskussion mit den Steuerbehörden genutzt werden.

Die beschränkte Abzugsfähigkeit bedeutet einen Bruch der Fiktion der rechtlichen Selbständigkeit, der allerdings nur partiell durchschlägt, und generell umstritten ist[380]. Bspw. werden auf Warenlieferungen basierende Zahlungen immer noch nach dem arm's length principle behandelt und damit grundsätzlich anerkannt[381].

Des weiteren führen *in Deutschland erbrachte* Planungs- , Projektierungs- , Konstruktions- oder Forschungsarbeiten sowie technische Dienstleistungen,

---

[373]Art. 17 GmaKBVO; vgl. auch Art. 54 DVVJVG. Gemeinsame Wirtschaftsgüter sind dann später gemäß den im Gesellschaftsvertrag festgelegten Regeln aufzuteilen.

[374]Art. 4 GmaKAuStG; vgl. auch *Stucken* (1995), S. 67; *Price Waterhouse* (1995), S. 122; *Moser / Zee* (1993), S. 84; *Kit / Ya* (1994), Rn. 4-030.

[375]Art. 11 GmaKAuStG.

[376]Art. 28 DVGmaKAuStG.

[377]Prot.1 Buchst. c DBA. Diese Vorschrift basiert auf Art. 7 Abs. 3 UN-MA.

[378]Art. 19 Nr. 9 DVGmaKAuStG.

[379]Art. 20 DVGmaKAuStG.

[380]Vgl. die Kritik bei *Becker, H.* (1989 [1]), S. 12ff. und *Becker, H.* (1989 [2]), S. 13ff. *Korn / Debatin* (1996), China, Art. 7 DBA-China, Rn. 4 Buchst. f stimmen dieser Behandlung zu. Für einen kurzen Überblick über die verschiedenen Meinungen siehe *Jacobs* (1995), S. 305.

[381]Vgl. *Korn / Debatin* (1996), China, Art. 7 DBA-China, Rn. 4 Buchst. f.

die im Zusammenhang mit der Betriebstätte stehen, nicht zu steuerpflichtigen Einkünften der Betriebstätte[382].

Von ebenfalls großer Bedeutung, aber mit normalerweise anderer Vorgehensweise bei der Gewinnermittlung, sind Betriebstätten, die durch die Erbringung von Dienstleistungen und das Agieren durch einen Vertreter begründet werden können.

Die Erbringung von Dienstleistungen durch Personal des deutschen Mutterunternehmens an die GmaK führt dann zur Begründung einer Betriebstätte in China, falls die Tätigkeit mehr als 6 Monate innerhalb von 12 Monaten übersteigt[383]. Nach chinesischer Ansicht sind „Dienstleistungen" dabei weit auszulegen[384].

Die Vertretung der deutschen Muttergesellschaft durch die rechtsfähige GmaK kann ebenfalls zu einer Betriebstätte in China führen[385]. Diese Vertretung muß derart gestaltet sein, daß die Tochtergesellschaft die Vollmacht besitzt, die Muttergesellschaft vertraglich zu binden, und die Vollmacht wiederholt ausübt[386]. Eine Eigenkapitalverflechtung alleine reicht nicht aus[387].

---

[382]Prot.1 Buchst. b DBA-China.

[383]Als Anfangszeitpunkt der Zwölfmonatsfrist wird hier der *Monat*, in dem der Vertrag implementiert wird, angesehen (Abschn. 3 Buchst. c DBAIR). Ob damit ein bestimmter Tag gemeint ist, bleibt unklar. Es ist deshalb ratsam, vorab eine Stellungnahme der jeweiligen Steuerbehörde einzuholen. Die Frist wird für jedes Projekt einzeln beurteilt, solange die Projekte keinen Zusammenhang aufweisen (Art. 5 Abs. 3 Buchst. b DBA-China).

[384]Abschn. 3 Buchst. b DBAIR. Danach umfassen „Dienstleistungen" mindestens das Aufwerten der Konstruktions- und Produktionstechniken, die Verbesserung des Management, die Hilfe bei der Auswahl von Technologien und Mustern, Wirtschaftlichkeitsanalysen von Investitionsprojekten, technische Hilfe zur Verbesserung der bestehenden Ausrüstung gemäß den von den Chinesen selbst festgelegten Qualitätsstandards sowie Modellierung, Test und Probeproduktion von Produktteilen zum Zwecke der Erreichung festgelegter Standards. Umfassen Verträge neben diesen Leistungen noch andere, so hat aus steuerlichen Gründen insoweit eine Aufteilung stattzufinden.

[385]Es muß sich bei dem Vertreter keinesfalls nur um eine natürliche Person handeln (vgl. *OECD* (1996) Art. 5, Anm. 32 zum OECD-MA; *Jacobs* (1995), S. 270; *Korn / Debatin* (1996), China, Art. 5 DBA-China, Rn. 5).

[386]Art. 5 Abs. 5 DBA-China; dem Wortlaut nach geht es um eine „gewöhnliche" Ausübung, die international jedoch als „wiederholt" interpretiert wird (*Vogel* (1996), Art. 5, Rn. 142). Beschränkt sich diese Tätigkeit allerdings auf bestimmte Hilfstätigkeiten einschließlich des Kaufs von Gütern oder Waren, führt sie nicht zu einer Betriebstätte (Art. 5 Abs. 5 iVm. Abs. 4 DBA-China; dies ist nach rein chinesischem Recht anders (Art. 4 Nr. 1 DVGmaKAuStG)). Wird der formelle Vertragsabschluß (die Unterschrift) von den Vertretern der deutschen Muttergesellschaft vorgenommen, hat

Für derartige Betriebstätten werden i.d.R. keine Bücher geführt[388]. In diesem Fall wird der steuerpflichtige Gewinn durch Anwendung entsprechender Schlüssel geschätzt[389]. Dazu wird, bei korrekt bestimmbaren Einnahmen, der Gewinn - abhängig von der Tätigkeit der Betriebstätte - als festgelegter Prozentsatz der Einnahmen angenommen[390]. Der Fall, daß nur der Aufwand korrekt ermittelbar ist, tritt i.d.R. nur bei Repräsentationsbüros auf[391]. Es gilt dann Analoges[392]. Bei diesen Vorgehensweisen handelt es sich jedoch nicht um indirekte Gewinnermittlungsmethoden im Sinne des Art. 7 Abs. 4 DBA-China, die generell weder von China noch von Deutschland angewendet werden[393]. Bei indirekten Gewinnermittlungsmethoden werden erst bestimmte Kennzahlen des gesamten Unternehmens inklusive der Betriebstätte ermittelt, die dann der Betriebstätte zugeschlüsselt werden[394].

Eine Besteuerung auf der Grundlage eines korrekt ermittelten Gewinns setzt die Erfüllung bestimmter, für die Besteuerung auf Grundlage einer Buchführung notwendiger, Kriterien voraus[395]. Die Praxis hat hier allerdings gezeigt, daß u.U. auch eine reine Zufluß-Abfluß-Rechnung möglich ist[396].

---

aber die Tochtergesellschaft die Verhandlungen bis zur Einigung geführt, so verhindert dies die Annahme einer Betriebstätte nicht (*OECD* (1996), Art. 5, Anm. 33; *Korn / Debatin* (1996), China, Art. 5 DBA-China, Rn. 4; *Vogel* (1996), Art. 5, Rn. 140).

[387]Art. 5 Abs. 7 DBA-China; *OECD* (1996), Art. 5, Anm. 38 zum OECD-MA.

[388]Die Ursache liegt hier darin, daß das Vorliegen einer Betriebstätte oftmals erst im Falle einer Betriebsprüfung festgestellt wird.

[389]Art. 7 Abs. 4 DBA-China iVm. Art. 16 DVGmaKAuStG; *Price Waterhouse* (1995), S. 124f.

[390]Für konkrete Prozentzahlen, siehe *Nelson* (1991 [2]), S. 1289f.; *Arthur Andersen* (1993), S. 175.

[391]Die Begründung normaler Betriebstätten basiert regelmäßig auf einer Präsenz vor Ort, die durch entsprechende Aufträge untermauert sind. Diese enthalten die Auftragssumme und damit die Einnahmen der Betriebstätte. Die Präsenz von Repräsentationsbüros basiert jedoch nicht auf entsprechenden Aufträgen, wohl sind aber die vor Ort entstandenen Ausgaben oftmals klar zurechenbar. Entsprechend tritt der Fall, daß sich weder Einnahmen noch Ausgaben korrekt ermitteln lassen, selten auf. Die Behandlung dieses Falls ist unklar, aber es wird mit einer eher hohen Gewinnschätzung zu rechnen sein.

[392]Vgl. *Shum* (1992), S. 545.

[393]*Korn / Debatin* (1996), China, Art. 7 DBA-China, Rn. 4 Buchst. g.

[394]Vgl. *Jacobs* (1995), S. 300ff.

[395]Dies sind neben der Buchführung insbesondere auch die Sammlung von Belegen und die Prüfung der Bücher durch einen Wirtschaftsprüfer. Zusätzlich wird die Registrierung bei entsprechenden Behörden, die Einrichtung eines Bankkontos in China

Auf die Voraussetzungen zur Annahme anderer Betriebstätten soll hier nicht weiter eingegangen werden.

Generell unterliegen die Methoden zur Ermittlung der Betriebstätteneinkünfte einem Stetigkeitsgrundsatz, von dem nur im Falle „ausreichender" Gründe abgewichen werden kann[397].

Tarif und Zahlungsmodalitäten bei der Besteuerung von Betriebstätten entsprechen denen für rechtsfähige GmaK[398]. Allerdings sind Tarifermäßigungen, außer der Absenkung des Tarifs für in SWZ belegenen Betriebstätten auf 15%[399], nicht anwendbar.

Unter bestimmten Voraussetzungen und abhängig von einer entsprechenden Genehmigung besteht für die Gesellschafter des nicht-rechtsfähigen VJV ein Wahlrecht, ihren im VJV angefallenen Gewinn gemeinsam zu berechnen und darauf fällige Steuern, unter Inanspruchnahme der normalerweise nur für rechtsfähige GmaK geltenden Steueranreize, gemeinsam zu zahlen[400]. Bei den Voraussetzungen handelt es sich um die Existenz einer Satzung, gemeinsames Management, gemeinsame Rechnungslegung, Teilung von Gewinn und Verlust sowie gemeinsame Risikoübernahme[401]. Der Vorteil der Wahlrechtsausübung liegt auf der Hand. Aus dem Gesetzestext kann jedoch nicht geschlossen werden, daß die Wahlrechtsausübung zur Annahme eines eigenständigen Steuersubjekts in China und damit zur Annahme einer Person im Abkommenssinne führt[402], was Bedeutung für die Anwendung des DBA haben könnte.

---

und eine von einem Wirtschaftsprüfer bestätigte Bewertung der Vermögensgegenstände der Betriebstätte gefordert (*Arthur Andersen* (1993), S. 175).

[396]Auch der Kauf von Vermögensgegenständen wird sofort als Abfluß und damit Betriebsausgabe gesehen. Eine Rechtsgrundlage gibt es dafür jedoch nicht.

[397]Art. 7 Abs. 6 DBA-China. Diese dürften dann gegeben sein, wenn die Betriebstätte von einer vorher unvollständigen zu einer umfassenden Betriebstättenbuchhaltung übergeht. Ein willkürlicher Wechsel je nach Abschätzung der Ertragslage ist aber nicht möglich.

[398]Art. 15 GmaKAuStG; Art. 3 DVGmaKAuStG iVm. Art. 94, 95 DVGmaKAuStG.

[399]Art. 7 Abs. 1 GmaKAuStG.

[400]Art. 7 GmaKAuStG; Abschn. 4 KDVGmaKAuStG.

[401]Abschn. 4 KDVGmaKAuStG.

[402]Bei Ausübung des Wahlrechts gilt: „... the income tax of the various partners to the enterprise may be jointly calculated and paid pursuant to the provisions of the Tax Law" (Art. 7 GmaKAuStG) und: „Chinese-foreign cooperative joint ventures ... may ... assess and pay enterprise income tax together under the Tax Law and enjoy preferential tax treatments for enterprises with foreign investment" (Abschn. 4 KDVGmaK-AuStG). „Tax Law" könnte sich dabei auf die Vorschriften für rechtsfähige GmaK

2. *Besteuerung in Deutschland*

Die Muttergesellschaft ist in Deutschland grundsätzlich mit allen Einkünften körperschaftsteuerpflichtig. Die Ermittlung dieser Einkünfte vollzieht sich grundsätzlich nach einem alle Einnahmen und Ausgaben der Körperschaft umfassenden Betriebsvermögensvergleich, dessen Grundlage die durch steuerliche Regelungen modifizierten Rechnungslegungsvorschriften des HGB sind. Im Falle von Auslandseinkünften verzichtet Deutschland jedoch, unter Anwendung der in Abschnitt 2.A.II. beschriebenen Methoden, darauf, alle Einkünfte voll zu besteuern. Im folgenden werden die verschiedenen Einkunftsarten diesen Methoden zugeordnet und ihre gegenwärtig teilweise umstrittene betragliche Reichweite erörtert. Vorher muß jedoch auf die Einstufung der GmaK zum Zwecke der Anerkennung ihrer steuerrechtlichen Selbständigkeit eingegangen werden, die zu einer vom Normalfall abweichenden Behandlung führen kann.

a) Folgen der Einstufung der chinesischen Gesellschaft in Deutschland

Prinzipiell richtet sich die Besteuerung bzw. Nicht-Besteuerung der Einkünfte chinesischer GmaK in Deutschland danach, ob Deutschland dem GmaK den Status als eigenständiges Steuersubjekt zuerkennt. Zu diesem Zwecke ist das GmaK in die Rechtstypen des deutschen Steuerrechts anhand eines Typenvergleichs einzuordnen[403]. Ergeben sich unterschiedliche Einordnungen, könnte es zur Minderbesteuerung kommen, der von Finanzverwaltung und Rechtsprechung jedoch zunehmend gegengesteuert wird. Im Endeffekt ergeben sich damit nur geringfügige Steuerwirkungen. Ein umfangreicher Typenvergleich

---

(enterprises with foreign investment) beziehen, was auf die Annahme eines eigenständigen Steuersubjekts hindeuten könnte. Dann würde jedoch der Hinweis auf die speziellen Steueranreize lediglich klarstellenden Charakter haben. Außerdem ist der Hinweis auf die Besteuerung nach dem „Tax Law“ eher in historischem Zusammenhang zu sehen, da die chinesischen Partner nach einem grundlegend anderen Steuerrecht besteuert wurden, welches jedoch zum 1.1.1994 durch ein dem GmaKAuStG angenähertes Recht ersetzt worden ist (für die Grundzüge dieses Rechts, vgl. *Hueck* (1995), S. 63, dessen Ausführungen allerdings nicht klar werden lassen, daß die Regelungen nicht für GmaK gelten; siehe dazu *Baker & McKenzie* (1994 [1]), S. 11; *Ning* (1994), S. 66).

[403] BFH 3.2.1988, I R 134 / 84, BStBl. II 1988, S. 588 (590); BFH 6.11.1980, IV R 182 / 77, BStBl. II 1988, S. 220 (221f.); vgl. *Schmidt* (1996), S. 15 m.w.N.; *Jacobs* (1995), S. 336ff.; *Schlütter* (1985), S. 219ff.; *Korn / Debatin* (1996), Systematik IV, Rn. 134; BMF-Schreiben 19.3.1976 - IV C 6 - S 1301 - Spanien - 20 / 75.

soll deshalb hier nicht vorgenommen werden[404]. Es werden nur die Steuerfolgen bei unterschiedlicher Qualifikation und eventuelle Quellen von Qualifikationskonflikten aufgezeigt.

Da der deutsche Personengesellschaftsbegriff sehr umfassend ist, geht es normalerweise darum, wie die im Ausland als eigenständiges Steuersubjekt anerkannte Gesellschaft in Deutschland behandelt wird[405].

Bzgl. der Gewinnanteile der GmaK ergeben sich keine Unterschiede zum Fall einer gleichgerichteten Einstufung als eigenständiges Steuersubjekt. Sie werden in Deutschland nicht besteuert[406].

Strittig ist jedoch die Behandlung von Sondervergütungen zwischen Muttergesellschaft und GmaK in Deutschland[407], die, aufgrund der Anerkennung als selbständiges Steuersubjekt, in China abzugsfähig sind und der dortigen Quellenbesteuerung unter Beachtung des DBA-China unterliegen[408]. Ausgangspunkt ist die prinzipielle Steuerpflicht der Sondervergütungen als Einkünfte aus Mitunternehmerschaft nach rein deutschem Steuerrecht[409]. Wird das DBA aus dieser Sichtweise heraus interpretiert, darf Deutschland aufgrund des Vorliegens von Betriebstätteneinkünften nicht besteuern[410], so daß nur eine

---

[404] Siehe *Tabelle A.1 im Anhang* für gesellschaftsrechtliche Kriterien der GmaK. Für eine grobe Klassifikation nach US-Kriterien siehe *Arkoosh* (1996), S. 359ff.; *Curley / Fortunato* (1995), S. 1256ff. Allerdings überlegt der IRS gegenwärtig, US-Investoren ein Wahlrecht hinsichtlich der Klassifikation von GmaK einzuräumen (*Price Waterhouse* (Mai 1996)).

[405] *Debatin* (1989), S. 9; *Grützner* (1984), S. 732.

[406] Für Zwecke des Besteuerungsrechts gemäß DBA wird die Qualifikation Chinas als Sitzstaat übernommen, womit Deutschland nur auf die Dividendenzahlungen zugreifen kann (Art. 7 Abs. 1 und Art. 10 Abs. 1 DBA-China). Diese werden allerdings, da Deutschland für Zwecke der Anwendung innerstaatlichen Rechts an der Existenz einer Mitunternehmerschaft festhält, nach deutschem Recht, da erst in nachfolgenden Veranlagungszeiträumen zugeflossen, als steuerfreie Entnahme qualifiziert (vgl. *Schmidt* (1996), S. 18; *Schaumburg* (1993), S. 790; *Schröder* (1989), S. 28; *Debatin* (1989), S. 8; *Debatin* (1978), S. 671; zu einer anderen Sichtweise, die aber zum gleichen Ergebnis führt, siehe *Haas* (1978), S. 1253f. sowie die Nachweise in *Jacobs* (1995), S. 450f.; zu Gegenmeinungen siehe *Knobbe-Keuk* (1991), S. 314ff.; *Peusquens* (1980), S. 256).

[407] Vgl. dazu insbesondere *Jacobs* (1995), S. 454; *Schlütter* (1985), S. 234 m.w.N.

[408] Siehe Abschnitt 2.B.II.1.a.

[409] § 15 Abs. 1 Nr. 2 EStG.

[410] Art. 24 Abs. 1 DBA-China; vgl. *Burmester* (1995), S. 155 m.w.N.; *Schlütter* (1985), S. 233. Dieser Vorgehensweise wird allerdings dann nicht gefolgt, falls das DBA eine „Qualifikationsverkettung" enthält (siehe die Diskussion in *Jacobs* (1995),

Belastung mit chinesischer Quellensteuer verbliebe. Wird jedoch der Qualifikation in China als Quellenstaat der Sondervergütungen für Zwecke der deutschen DBA-Anwendung gefolgt[411], so kommt es zur Besteuerung in Deutschland unter Anrechnung der ausländischen Quellensteuer. Die Finanzverwaltung folgt, begleitet von Tendenzen in der Rechtsprechung, der letzten Auffassung[412].

Fraglich könnte insbesondere die Selbständigkeit des VJV sein, welches durch große Flexibilität gekennzeichnet ist. Für China ist das Kernstück zur Annahme der steuerrechtlichen Selbständigkeit die Rechtsfähigkeit[413]. Diese reicht für die Annahme einer Körperschaft im Sinne des KStG nicht aus. Die offenbare Möglichkeit, rechtsfähige VJV auch ohne Haftungsbegrenzung gründen zu können[414], könnte hier Anlaß eines Qualifikationskonflikts sein. Es kommt auf die tatsächliche Gestaltung im Einzelfall an.

b) Freistellung, Anrechnung und ihre umstrittene betragliche Reichweite

Der Freistellungsmethode unterliegen Einkünfte chinesischer Betriebstätten[415], Dividenden, die von einer GmaK, an deren Nennkapital die Muttergesellschaft zu mindestens 10% beteiligt ist, gezahlt werden[416], und Gewinne aus der Veräußerung der Beteiligung oder Liquidation der GmaK[417] (GewKapSt

---

S. 453ff. m.w.N.) was im DBA-China nicht explizit der Fall ist (so wohl auch *Korn / Debatin* (1996), China, Art. 24 DBA-China, Rn. 4 Buchst. D Unterabschn. a).

[411]Vgl. auch die Ausführungen über die Auslegung von „Zusammenhang" in Abschnitt 2.A.III.

[412]BMF-Schreiben 19.3.1976 - IV C 6 - Spanien - 20 / 75; Finanzministerium NRW 8.9.1984 - S 1301 - Spanien 6 - V B 5 und 1.12.1986 - S 1301 - USA 60 - V C 1; siehe ebenfalls BFH 27.2.1991, I R 15 / 89, BStBl. II 1991, S. 444ff., wo zwar eine Mitunternehmerschaft in beiden Staaten angenommen wurde, im Ausland die Sondervergütungen allerdings abziehbar waren und somit zu analogen Problemen führten (vgl. dazu die Erläuterungen in *Jacobs* (1995), S. 452f. und *Debatin* (1992), S. 1186ff.); *Schaumburg* (1993), S. 793 und *Schröder* (1989), S. 28f. folgen ebenfalls dieser Auffassung.

[413]Vgl. Abschnitt 2.B.I.1.

[414]Art. 14 DVVJVG, der im Normalfall bei Rechtsfähigkeit beschränkte Haftung der Gesellschafter annimmt, anderweitige Gesellschaftsvertragsgestaltungen aber auch akzeptiert.

[415]Dabei ist der Anteil an einer Personengesellschaft als Betriebstätte zu sehen (*Schaumburg* (1993), S. 787f. m.w.N.).

[416]Art. 24 Abs. 2 Buchst. a iVm. Art. 7 Abs. 1 DBA-China.

[417]§ 8b Abs. 2 KStG. Der Teilbetrag des Veräußerungserlöses, der auf eine nicht rückgängig gemachte Teilwertabschreibung entfällt, ist allerdings zu versteuern. Ver-

auf die Beteiligung sowie GewESt auf Dividenden fallen nicht an[418]). Vorauszusetzen ist allerdings, daß die Betriebstätte bzw. die Dividenden zahlende GmaK ihre Einnahmen ausschließlich oder fast ausschließlich aus aktiven Tätigkeiten erzielt[419]. Dies dürfte in China ausnahmslos erfüllt sein[420]. Die Freistellung der Dividenden wird auch als *„internationales Schachtelprivileg“* bezeichnet, entsprechende Dividenden als *„Schachteldividenden“*[421].

Der Anrechnungsmethode unterliegen die restlichen Einkünfte, insbesondere Zinsen und Lizenzgebühren. Die Anrechnung ist aber begrenzt auf den Teil der deutschen Steuer, der sich aus der Formel *inländische KSt vor Anrechnung * (chinesische Einkünfte / Summe aller Einkünfte)* ergibt[422]. Das DBA-China erlaubt auch eine fiktive Steueranrechnung. Für Lizenzgebühren und Zinsen gelten danach 15% Quellensteuer als in China gezahlt. Ein aufgrund des Anrechnungshöchstbetrags entstandener „Anrechnungsüberhang“ kann weder

---

äußerungsverluste sind gemäß § 8b Abs. 2 S. 2 KStG im Rahmen des § 2a Abs. 1 und 2 EStG weiterhin ansetzbar.

[418]§ 9 Nr. 8 GewStG; § 12 Abs. 3 Nr. 5 GewStG. Die bei der Muttergesellschaft verbliebenen Gewinne sind jedoch als Erhöhung des Gewerbekapitals gewerbekapitalsteuerpflichtig.

[419]Prot. 6 Buchst. b DBA-China. Als aktive Tätigkeit gilt die Herstellung oder der Verkauf von Waren und Gütern, technische Beratung oder Dienstleistung oder Bank- und Versicherungsgeschäfte; ebenso gilt das Halten von mindestens 25%igen Beteiligungen an Gesellschaften, die ihrerseits aktiv tätig sind, als aktive Betätigung.

[420]Gesellschaften, die nur Einkünfte aus Darlehens-, Lizenzvergabe oder Vermietung und Verpachtung haben, werden meist aus steuerlichen Gründen in Steueroasen gegründet. Selbst wenn man China als Steueroase sieht, würden sich das noch junge Steuersystem Chinas sowie die allgemeine Rechtsunsicherheit stark nachteilig auswirken. Zudem werden die Chinesen im Falle einer nicht-aktiv tätigen GmaK nur schwerlich eine Genehmigung erteilen, wie die restriktiven Bedingungen bei der Zulassung von Holdinggesellschaften, die allerdings aufgrund ihrer „aktiven“ Beteiligungen als „aktiv“ einzustufen sind (vgl. vorherige Fn. 419), zeigen (vgl. Abschnitt 3.B.III.).

[421]Vgl. *Henkel* (1992), Rn. 203.

[422]Gemäß Art. 24 Abs. 2 Buchst. b DBA-China vollzieht sich die Anrechnung „unter Beachtung der Vorschriften des deutschen Steuerrechts über die Anrechnung ausländischer Steuern“ und damit nach § 26 Abs. 1, 6 KStG iVm. § 34c Abs. 1 EStG. Daraus ergibt sich der genannte Anrechnungshöchstbetrag. Die anzurechnende Steuer muß dabei (vom chinesischen Gesetzgeber) festgesetzt worden sein, gezahlt worden sein und darf keinem Ermäßigungsanspruch mehr unterliegen. Dies wird jedoch gemäß DBA durch die fiktive Steueranrechnung modifiziert. Die anzurechnende Steuer muß außerdem auf Einkünfte aus dem jeweiligen Veranlagungszeitraum entfallen und die in China besteuerten Einkünfte müssen der Definition des § 34d EStG entsprechen, die hier allerdings nicht weiter thematisiert werden soll.

vor- noch zurückgetragen werden[423]. Deutschland gewährt aber, obwohl das DBA dies nicht vorsieht, die Möglichkeit des Abzugs der (vollen) ausländischen Steuer von der Bemessungsgrundlage[424], die sich günstiger als die Anrechnung für den Steuerpflichtigen auswirken könnte. Die im Falle von Dividendenzahlungen prinzipiell anwendbare indirekte Anrechnung der von der GmaK gezahlten chinesischen Körperschaftsteuer auf die deutsche läuft wegen der Steuerfreistellung für Dividenden ins Leere und kann somit nicht angewendet werden.

Entscheidend für die betragsmäßige Reichweite von Freistellungs- und Anrechnungsmethode ist die Zurechnung von Ausgaben zu den entsprechenden Einnahmen, da einerseits das DBA *Einkünfte* aus Schachteldividenden freistellt[425] bzw. nach § 3c EStG zu steuerfreien Einnahmen gehörende Ausgaben nicht abzugsfähig sind und andererseits sich der Anrechnungshöchstbetrag u.a. nach der Höhe der ausländischen *Einkünfte* bestimmt. Die Lage ist als nicht restlos geklärt anzusehen. Die Diskussion wird teilweise unverblühmt interessenbeladen geführt[426].

In der Vergangenheit kam es in Deutschland zu einer regional unterschiedlichen Anwendung dieser Methoden durch die Finanzverwaltungen[427], die teils an BFH-Grundsätzen festhielten[428], teils sich über eben jene Grundsätze, bestätigt durch Entscheidungen des FG Baden-Württemberg[429] und des FG Hes-

---

[423]Vgl. *Schaumburg* (1993), S. 763. In China ist dagegen ein Vortrag bis zu 5 Jahren möglich (Art. 85 DVGmaKAuStG).

[424]§ 26 Abs. 6 KStG iVm. § 34c Abs. 2 EStG; vgl. *Schaumburg* (1993), S. 763.

[425]Art. 24 Abs. 2 Buchst. a DBA-China.

[426]Die ganze Diskussion um die Abziehbarkeit von Ausgaben ist stark von den Interessen der Beteiligten geprägt, so daß je nach entsprechender Lage verschiedene Argumentationsstrategien entworfen werden. Besonders deutlich wird dies bei *Vesely / Schneider / Behrens* (1996), S. 99, die für „den Fall, daß der BFH wider Erwarten ... zu einem vollständigen Kostenabzugsverbot gelangen sollte, ... die Auslegung des unter einem Aktivitätsvorbehalt stehenden DBA-Schachtelprivilegs im Sinne eines Wahlrechts zwischen den verschiedenen Methoden zur Vermeidung der Doppelbesteuerung" vertreten wollen.

[427]Vgl. *Vesely / Schneider / Behrens* (1996), S. 145 für den Fall der Schachteldividenden.

[428]Siehe für die Freistellung von Schachteldividenden BFH 21.4.1971, I R 97 / 68, BStBl. II 1971, S. 694ff. wo die Grundprinzipien zum nationalen Schachtelprivileg (vgl. BFH 25.10.1966, I 6 / 64, BStBl. III 1967, S. 92ff.) auf das internationale Schachtelprivileg ausgedehnt wurden. Für die Anrechnung siehe BFH 16.3.1994, I R 42 / 93, BStBl. II 1994, S. 799ff.

[429]FG Baden-Württemberg 8.4.1991, 3 V 27 / 90, IStR 1992, S. 73f.

sen[430], hinwegsetzten[431]. Mit der Revisionsentscheidung des BFH zum Urteil des FG Baden-Württemberg hat sich die Lage partiell entschärft. Teilweise dauern die Unklarheiten jedoch an. An dieser Stelle kann nicht die ganze aktuelle, facettenreiche Diskussion nachvollzogen und gewürdigt werden. Vielmehr wird hier nur auf Grundideen und ihre Besteuerungsfolgen eingegangen.

Gemäß dem Wortlaut des DBA-China sind bei Anwendung der Freistellungsmethode *Einkünfte* freizustellen[432]. Dies gilt auch für Schachteldividenden, deren Bemessungsgrundlage für Zwecke der Quellensteuer in China, trotz ihrer Definition als Einkünfte, der Bruttobetrag ist[433]. Es stellt sich somit zunächst die Frage, ob das DBA Einkünfte oder Einnahmen freistellen will. Die h.M. kommt unabhängig von dieser Frage zu dem Ergebnis, daß im Grunde § 3c EStG, bei der Annahme von Einkünften analog, ansonsten direkt, anzuwenden sei[434]. Nach § 3c EStG sind Ausgaben, soweit sie in unmittelbarem wirtschaftlichen Zusammenhang mit steuerfreien Einnahmen stehen, steuerlich nicht abziehbar. Es kommt somit auf den unmittelbaren Zusammenhang an, der nur bei direkt zurechenbaren Ausgaben gegeben ist[435]. Insbesondere fallen deshalb Anteile an den allgemeinen Verwaltungskosten, der Gewerbe-

[430]FG Hessen 11.10.1994, 4 K 4306 / 86, EFG 1995, S. 317ff.

[431]Erlaß OFD Freiburg 24.2.1995 S 1301 A - St 32 2 / 109; OFD Stuttgart 24.2.1995 S2293 A - 66 - St 32; OFD Karlsruhe 24.2.1995 S 1301 B - 56 / 93 - St 231 betreffend Schachteldividenden (alle IStR 1995, S. 190f.); Erlaß OFD Frankfurt / Main 29.8.1995 - S 2293 A - 73 - St II 2a betreffend Steueranrechnung (DB 1995, S. 2245).

[432]Art. 24 Abs. 2 Buchst. a DBA-China.

[433]Art. 10 Abs. 2, 3 DBA-China.

[434]*Ritter* (1994), S. 510f. und *Moebus* (1986), S. 512f. stellen auf Einnahmen ab und wollen § 3c EStG somit direkt anwenden. Dies geschieht unter Bezugnahme auf eine zwingende Korrespondenz der Steuerfreistellung im Sitzstaat mit der Steuerpflicht im Quellenstaat, die sich eben auf Bruttobeträge beziehe (gleicher Ansicht *Wassermeyer* (1992), S. 74), bzw. über eine analoge Auslegung zum nationalen Schachtelprivileg des § 8b Abs. 5 KStG, nach dem Gewinnanteile und somit Bruttobeträge freigestellt sind. Der BFH stellt ebenfalls auf Einnahmen ab. Was Einkünfte in DBA seien, müsse mangels anwendbarer nationaler Vorschriften aus dem DBA herausgelesen werden. Gemäß allgemeinem Sprachgebrauch sowie der Gleichstellung mit Zinsen und Lizenzen muß es sich jedoch um Einnahmen handeln (BFH 29.5.1996, I R 167 / 94, FR 1996, S. 594 (595)). *Breuninger* (1995), S. 567 und *Krabbe* (1994), S. 242 stellen auf Einkünfte ab und wollen dann, mangels einer DBA-Definition von Ausgaben, § 3c EStG analog anwenden. *Korn / Debatin* (1996), China, Art. 24 DBA-China, Rn. 4 Buchst. E Unterabschn. c kommen zu diesem Ergebnis für das DBA-China.

[435]Worunter auch entsprechende Anteile an z.B. Zinsen für Darlehen, die sowohl zur Finanzierung der Beteiligung als auch zum Kauf anderer Vermögensgegenstände dienen, fallen.

steuer sowie Teilwertabschreibungen *nicht* unter das Abzugsverbot des § 3c EStG. Zwar handelt es sich hierbei um Betriebsausgaben, da sie durch den Betrieb veranlaßt sind („Veranlassungszusammenhang“ des § 4 Abs. 4 EStG), der Veranlassungszusammenhang ist jedoch nicht mit dem „unmittelbaren wirtschaftlichen Zusammenhang“ gleichzusetzen[436]. Zinsen auf ein Darlehen zum Beteiligungserwerb und andere direkt zurechenbare Kosten würden allerdings vom Abzugsverbot erfaßt[437]. Da der ursprüngliche Sinn des § 3c EStG die Vermeidung eines doppelten Steuervorteils durch Steuerfreiheit der Einnahmen einerseits und Ausgabenabzug andererseits sei, sind zusätzlich die die Einnahmen übersteigenden Ausgaben von der Bemessungsgrundlage abziehbar, da dann dieser doppelte Vorteil entfällt[438]. Dies hat besondere Bedeutung, da nicht jedes Jahr Dividenden gezahlt werden. Werden keine Dividenden gezahlt, können alle Ausgaben abgezogen werden. Dieser Sichtweise folgt grundsätzlich auch der BFH[439], der jedoch mit der Steuerpflichtigkeit aller anderen, mit der Beteiligung in Zusammenhang stehenden Gewinne eine zusätzliche Bedingung für die Gültigkeit obiger Argumentation eingeführt hat. Diese könnte mit der Freistellung von Veräußerungsgewinnen auf Beteiligungsverkäufe, wenn die Dividenden der Gesellschaft als Schachteldividenden qualifizieren, gemäß § 8b Abs. 2 S. 1 KStG im Rahmen des StandOG 1993 nicht mehr erfüllt sein, woraus gewisse Unsicherheiten resultieren[440]. Mit den neueren BFH-Urteilen vom 29.5.1996[441] ist jedoch klar, daß der BFH von der bisherigen Rechtsprechung im Interesse der Rechtssicherheit nicht abweichen will. Insbesondere sei es gerade Ziel des § 8b KStG, die steuerlichen Rahmenbedingungen des Standorts Deutschland zu verbessern. Ein Abzugsverbot auch dann, wenn keine Dividenden gezahlt werden, würde dies ins Gegenteil verkehren.

---

[436]BFH 29.5.1996, I R 21 / 95, RIW 1996, S. 705 (707).

[437]Vgl. *Breuninger* (1995), S. 567f.; *Ritter* (1994), S. 512f.; *Henkel* (1992), Rn. 208ff.

[438]Vgl. *Ritter* (1994), S. 512. *Krabbe* (1994), S. 243f. kommt zum gleichen Ergebnis, folgert dies aber daraus, daß der Erwerb der Beteiligung nicht nur auf Dividendenerwartungen, sondern auch auf vielfältigen anderen Gründen basiert (und folgt damit BFH 25.10.1966, I 26 / 64, BStBl. III 1967, S. 92 (95)). Jakob (1996), § 2 Rn. 29 folgert dies aus dem Wort „soweit“. Mit dieser Sichtweise kommt man zu einem Ergebnis analog § 2a Abs. 3 EStG, der Verluste bei nach DBA freigestellten Betriebstätteneinkünften für Zwecke der deutschen Besteuerung anerkennt.

[439]BFH 21.4.1971, I R 97 / 68, BStBl. II 1971, S. 694ff.

[440]Vgl. *Breuninger* (1995), S. 568 und *Krabbe* (1994), S. 244, die zum Ergebnis kommen, daß § 8b Abs. 2 KStG nicht schadhaft sei.

[441]BFH 29.5.1996, I R 167 / 94, FR 1996, S. 594ff.; BFH 29.5.1996, I R 21 / 95, RIW 1996, S. 705ff.; BFH 29.5.1996, I R 15 / 94, RIW 1996, S. 708ff.

Die Finanzverwaltung dagegen, im Einklang mit dem FG Baden-Württemberg, wollte Einkünfte entsprechend dem Begriffsinhalt des deutschen Steuerrechts interpretiert wissen. Daraus wurde gefolgert, daß indirekte, nach einem bestimmten Verteilungsschlüssel im Sinne der Kosten- und Leistungsrechnung zugerechnete Ausgaben, und eventuell auch Teilwertabschreibungen in die freigestellten Einkünfte einzubeziehen wären[442]. Ebenfalls waren auch (freizustellende) negative Einkünfte aus Dividenden denkbar, so daß letztendlich bestimmte Ausgaben nirgendwo steuerlich absetzbar wären und sogenannter „vagabundierender" Aufwand entstünde[443]. Insbesondere die letztere Folgerung wurde von der Literatur mit Hinweis auf das DBA als eine Norm, die weder eine Steuerpflicht noch eine Erweiterung derselben begründen kann, verneint[444]. Ebenso sei das breiter angelegte Abzugsverbot nicht mit dem DBA vereinbar. Der BFH hat mit den Urteilen vom 29.5.1996 die Möglichkeit negativer Einkünfte aus Dividenden klar abgelehnt, sich zu Verwaltungskosten und Teilwertabschreibungen jedoch nicht geäußert. Der BMF hat mit Schreiben vom 20.1.1997 diese Urteile anerkannt[445]. Zudem haben danach Teilwertabschreibungen keinen unmittelbaren wirtschaftlichen Zusammenhang zu den steuerbefreiten Schachteldividenden. Verwaltungskosten seien allerdings, gegebenenfalls anteilig, zuzuordnen. Teilweise werden Zweifel geäußert, ob die obersten Finanzbehörden der Länder dem BMF-Schreiben folgen werden[446].

Auch über die Ermittlung der ausländischen Einkünfte im Rahmen der Berechnung des Anrechnungshöchstbetrages besteht Unklarheit[447]. Mit Urteil vom 16.3.94 hat der BFH hier den Abzug von Teilwertabschreibungen sowie von Aufwand, der nach einem indirekten Aufteilungsschlüssel global ermittelt wird, abgelehnt[448]. Ausgangspunkt dieses Urteils war die Erkenntnis, zure-

---

[442]Erlaß OFD Freiburg 24.2.1995 S 1301 A - St 32 2 / 109; OFD Stuttgart 24.2.1995 S2293 A - 66 - St 32; OFD Karlsruhe 24.2.1995 S 1301 B - 56 / 93 - St 231 (alle IStR 1995, S. 190f.).

[443]*Raber* (1995), S. 1883.

[444]*Breuninger* (1995), S. 567 m.w.N., der auch auf eine BFH-Entscheidung zum Bewertungsrecht mit analogem Inhalt verweist (BFH 8.3.1995, II R 10 / 92, DB 1995, S. 1376ff.).

[445]IV C 5 - S 1300 - 176 / 96.

[446]Anmerkung JK in IStR 3 / 97 S. 91.

[447]*Piltz* (1995), S. 72 sieht gleiche Probleme ebenfalls für den Abzug der ausländischen Steuern nach § 34c Abs. 2 EStG. Die Abzugsmethode soll aber gerade dazu dienen, die Folgen eines zu geringen Anrechnungshöchstbetrags zu mindern. Eine Begrenzung des Abzugs ist nicht vorgesehen (vgl. *Heinicke* (1997), § 34c EStG, Rn. 20). Insoweit kann dieser Meinung nicht gefolgt werden.

[448]BFH 16.3.1994, I R 42 / 93, BStBl. II 1994, S. 799 (801).

chenbare Ausgaben seien so abzugrenzen, wie ein Privatmann dies bei der Ermittlung der Einkünfte aus Kapitalvermögen zu tun hätte. Damit kann nur abziehbar sein, was unter Werbungskosten gefaßt werden könnte. Im Falle von Versicherungsunternehmen ist dieses Urteil durch das FG Hessen angewendet worden[449]. Die Korrektheit der Auslegung wird jedoch stark bezweifelt, insbesondere da globale Rückstellungen, allgemeine Verwaltungskosten der Wertpapierabteilung sowie Gewerbeertragsteuer anteilig und im Wege Schätzung indirekt den steuerfreien Einnahmen zugeordnet wurden[450]. Der BFH forderte dagegen einen Bezug zu den Einnahmen im Sinne der direkten Gewinnermittlungsmethode, also ohne Zuschlüsselung[451]. Ebenso wird die Zuordnung unmittelbar zurechenbarer Verwaltungskosten - z.B. Reisekosten - kritisiert[452]. Der BFH läßt jedoch im erwähnten Urteil die Zuordnung explizit zu, wenn die Verwaltungskosten „durch die Verwaltung des die Habenzinsen auslösenden Darlehens anfallen“[453]. Damit kann letztere Kritik nicht durchgreifen. Die Finanzverwaltung ist dem Urteil des FG Hessen teilweise gefolgt[454].

Die gegenwärtige Lage ist somit von einer - unbefriedigenden - Rechtsunsicherheit gekennzeichnet. Größere Sicherheit wird erst die Revisionsentscheidung zum Urteil des FG Hessen sowie hoffentlich die Anwendung des BMF-Schreibens bringen. Auf lange Sicht denkbar ist auch eine Änderung zumindest des § 3c EStG, die bereits teilweise angestrebt wurde, sich aber nicht durchsetzen konnte[455]. Für die Problematik der Einkünfteermittlung im Rahmen der Anrechnung wäre damit aber keine Lösung gefunden, da der BFH eine analoge Anwendung von § 3c EStG auf § 34c EStG ablehnt[456].

---

[449]FG Hessen 11.10.1994, 4 K 4306 / 86, EFG 1995, S. 317ff.

[450]Vgl. *Raber* (1995), S. 1881f.

[451]BFH 16.3.1994, I R 42 / 93, BStBl. II 1994, S. 799 (801).

[452]*Raber* (1995), S. 1882.

[453]BFH 16.3.1994, I R 42 / 93, BStBl. II 1994, S. 799 (801). Es ging dabei u.a. um die Anrechnung ausländischer Steuern auf die Habenzinsen.

[454]Vgl. bspw. OFD Frankfurt / Main 29.8.1995 - S 2293 A - 73 - St II 2a (DB 1995, S. 2245).

[455]Vgl. *Vesely / Schneider / Behrens* (1996), S. 145; *Breuninger* (1995), S. 565; *Raber* (1995), S. 1884.

[456]BFH 16.3.1994, I R 42 / 93, BStBl. II 1994, S. 799 (802).

III. Besteuerung der Anteilseigner der deutschen Muttergesellschaft

Der Anteilseigner[457] hat grundsätzlich die von der Muttergesellschaft ausgeschütteten Dividenden als Einkünfte aus Kapitalvermögen zu seinem individuellen Steuersatz zu versteuern[458]. Normalerweise kann er jedoch die auf diesen Gewinn entfallende Körperschaftsteuer, bei gleichzeitiger Anhebung der Bemessungsgrundlage um eben diese[459], auf die persönliche Steuerschuld anrechnen[460]. Die Körperschaftsteuerbelastung entspricht regelmäßig einem Steuersatz von 30%, der durch das Verfahren zur Herstellung der Ausschüttungsbelastung erreicht wird[461]. Für in Deutschland nicht besteuerte ausländische Einkunftsteile kommt es jedoch zu keiner „Hochschleusung" auf die Ausschüttungsbelastung[462]. Dies gilt sowohl für freigestellte Schachteldividenden bzw. Betriebstättengewinne und Gewinne aus der Veräußerung der GmaK-Beteiligung, die in das EK01 einzustellen sind, als auch für die durch den Aufteilungszwang in EK30 und EK01 entstandenen, quasi - steuerfreien Einkünfte des EK01[463]. Letztere entstehen aus aufgrund der Anrechnung ausländischer Steuern in Deutschland minderbesteuerten Einkünften[464]. Entsprechend wird beim Anteilseigner keine Anrechnung von deutscher (und ausländischer) Körperschaftsteuer auf die Einkommensteuer erlaubt. Der Anteilseigner hat somit die Weiterausschüttung voll zu versteuern, womit im Endeffekt die Vermeidung der Doppelbelastung nicht gelingt[465]. Aufgrund der fingierten EK-Ausschüttungsreihenfolge des § 28 Abs. 3 KStG kommt es jedoch nur dann zu dieser Situation, wenn kein mit deutscher Steuer belasteter EK-Teilbetrag mehr vorhanden ist.

---

[457] Annahmegemäß (siehe Kapitel 1) handelt es sich um eine natürliche Person, die die Beteiligung im Privatvermögen hält.

[458] § 20 Abs. 1 Nr. 1 EStG. Die Zwischenschaltung anderer Kapitalgesellschaften ändert hieran prinzipiell nichts.

[459] § 20 Abs. 1 Nr. 3 EStG.

[460] § 36 Abs. 2 Nr. 3 EStG.

[461] § § 27ff. KStG.

[462] § 40 Nr. 1 KStG.

[463] § § 32, 31 Abs. 1 Nr. 2 KStG; vgl. Abschn. 86f. KStR für die Durchführung dieses Verfahrens.

[464] Vgl. *Jacobs* (1995), S. 205f.

[465] Vgl. *Schaumburg* (1993), S. 496f., der sich auf das vor Erlaß des StandOG 1993 geltende Recht beruft, welches bei einer Gesamtbetrachtung zu gleichen Ergebnissen führte, allerdings die Herstellung der Ausschüttungsbelastung bei der Muttergesellschaft und die Anrechnung beim Anteilseigner und somit andere Liquiditätseffekte zur Folge hatte.

Bei den anderen Steuern des Anteilseigners ergeben sich keine Besonderheiten zu innerdeutschen Investitionen. Es wird deshalb auf eine detaillierte Darstellung verzichtet[466].

C. Land Appreciation Tax

Mit dem Inkrafttreten des Gesetzes betreffend die Verwaltung von Grund und Boden (VGBG) am 1.1.1987 ist es Haushalten und privaten Unternehmen in China erstmals ermöglicht worden, Land zu besitzen. Während sich das Land weiterhin im Staatseigentum bzw. in kollektivem Eigentum befindet[467], ist es nun möglich, Landnutzungsrechte für eine begrenzte Laufzeit zu erwerben. Ende 1992 waren in China bereits 12400 Bauträgergesellschaften tätig, wovon die überwiegende Mehrzahl aus Hong Kong stammte[468].

Im Zuge der großen Steuerreform Ende 1993 / Anfang 1994 wurde mit der Steuer auf Gewinne aus der Veräußerung von Grund und Boden und Gebäuden („Land Appreciation Tax") eine neue Steuer eingeführt. Erklärtes Ziel dieser neuen Steuer war es, die eskalierenden Spekulationen mit Landnutzungsrechten bzw. den Bauboom in den Griff zu bekommen und damit zugleich einen Beitrag zur Bekämpfung der Inflation zu leisten[469]. Die fiskalische Komponente war bei der Einführung der Steuer auf die oftmals hochprofitablen Transaktionen sicherlich ebenfalls ausschlaggebend.

Die Steuer zielt ab auf Gewinne aus der Veräußerung von Landnutzungsrechten und allen fixen Bauten auf dem Land bzw. unter der Erde[470]. Eine Einschränkung bei den Steuersubjekten wird nicht vorgenommen. Sowohl natürliche als auch juristische Personen, unabhängig von ihrer Ansässigkeit sowie ihrer Tätigkeit, unterliegen der Steuer. Demgemäß wird auch keine Unterscheidung danach getroffen, ob die Quelle der Einkünfte (im Falle von Betriebsgebäuden oder vermieteten Wohnhäusern) oder aber ihre Früchte (im Falle des Landnutzungsrechtshandels bzw. beim gewerblichen Handel mit Bauten) be-

---

[466]GewSt fällt nicht an (§ § 9 Nr. 2a, 12 Abs. 3 Nr. 2a GewStG). Der Anteilsverkauf wird nur in den Fällen der § § 17 Abs. 1, 23 Abs. 1 Nr. 1 Buchst. b EStG besteuert.

[467]Land in Städten befindet sich im Eigentum des Staates (also nach chinesischem Verständnis im Eigentum aller Einwohner). Land in ländlichen Gegenden oder Vororten befindet sich in kollektivem Eigentum. „Kollektives Eigentum" bedeutet Eigentum einer dörflichen bzw. städtischen bäuerlichen Kooperative (Art. 6, 8 VGBG).

[468]*Cho / Chan* (1995), S. 43.

[469]Vgl. *Deloitte Touche Tohmatsu* (Februar 1995), S. 1; *Xin / Brown* (1995), S. 45f.

[470]Art. 2 BGBVO iVm. Art. 4 DVBGBVO.

steuert werden. Nur für selbstbewohnte Häuser gibt es Ausnahmeregelungen[471]. Die Frage danach, ob „revenue" oder „capital gains" vorliegt, ist somit nicht zu beanworten[472].

Die Steuer wird erhoben auf den Verkaufserlös abzüglich des Kaufpreises für die Landnutzungsrechte, der Kosten für die Erschließung des Grundstücks sowie der Herstellungskosten für die Aufbauten, der Kosten des Verkaufs, der Verwaltung sowie der Finanzierung, des Werts alter Aufbauten, der Steuern im Zusammenhang mit dem Verkauf sowie eines Pauschalbetrags in Höhe von 20% bezogen auf die beiden erstgenannten Abzugsposten[473]. Die Kosten für die Erschließung des Grundstücks bzw. die Herstellung der Aufbauten beinhalten auch Abrißkosten sowie „indirekte" Erschließungskosten in Form von Löhnen, Sozialabgaben, Abschreibungen, Büromaterial etc[474]. Finanzierungskosten werden, bei *direkter* Zurechenbarkeit zum Steuerobjekt, nur bis zur Höhe der Finanzierungskosten einer vergleichbaren Transaktion angerechnet. Werden direkt zurechenbare Finanzierungskosten angerechnet, dürfen die Kosten des Verkaufs und der Verwaltung nicht mehr als 5% der beiden erstgenannten Abzugsposten betragen. Können die Finanzierungskosten nicht direkt zugerechnet werden, so dürfen sie zusammen mit den Kosten des Verkaufs und der Verwaltung nicht mehr als 10% der beiden erstgenannten Abzugsposten betragen[475]. Der Wert alter Aufbauten bestimmt sich nach dem (zeitangepaßten) Wiederbeschaffungswert[476]. Abziehbare Steuern sind bspw. die Geschäftsteuer sowie die Stempelsteuer. Nicht abziehbar dagegen ist die normale Einkommensteuer[477].

Liegt der Verkaufspreis unterhalb des Marktpreises, wie er von der offiziellen Bewertungsbehörde festgestellt wird, und kann dies nicht zufriedenstellend begründet werden, so wird der von der Bewertungsbehörde festgestellte Preis der Besteuerung zugrunde gelegt[478]. Hierbei handelt es sich klar um eine Mißbrauchsbekämpfungsvorschrift.

---

[471]Art. 12 DVBGBVO.

[472]Dementsprechend kann der Qualifikation der Steuer als „capital gains tax" (*Wang G.* (1994), S. 89) nicht zugestimmt werden.

[473]Art. 6 BGBVO; Art. 7 DVBGBVO. Die „beiden erstgenannten Abzugsposten" sind hier der Kaufpreis der Landnutzungsrechte, die Kosten für die Erschließung des Grundstücks sowie die Herstellungskosten der Aufbauten.

[474]Art. 7 Nr. 2 DVBGBVO.

[475]Art. 7 Nr. 3 DVBGBVO.

[476]Art. 7 Nr. 4 DVBGBVO.

[477]Art. 7 Nr. 5 DVBGBVO.

[478]Art. 9 BGBVO iVm. Art. 14 DVBGBVO.

Der Tarif ist gestaffelt. Der Teil des Verkaufserlöses, der weniger als 50% der oben vorgestellten Abzüge ausmacht, wird mit 30% besteuert. Der Teil, der zwischen 50% und 100% liegt, wird mit 40% besteuert. Der zwischen 100% und 200% liegende Teil unterliegt einem Tarif von 50%. Darüber hinausgehende Teilbeträge werden mit 60% besteuert[479].

Ausnahmen von der Steuerpflicht bestehen insbesondere für Bauträger im Standardwohnungsbau[480], deren Gewinne 20% der oben genannten Abzüge nicht überschreiten[481]. Die Erhebung unterbleibt weiterhin bei der Übertragung von Grund und Boden im Falle von Mergers oder bei einer Sacheinlage[482].

Der Verkäufer muß innerhalb von 7 Tagen nach Abschluß des Kaufvertrages eine Steuererklärung bei den Steuerbehörden einreichen. Diese legen dann die Zahlungsfristen fest. Die Frist darf jedoch nicht bis nach der Grundbucheintragung andauern[483]. Diese Regelung soll sicherstellen, daß bei Nichtbezahlung der Steuerschuld die Eintragung noch verhindert werden kann.

Durch diese neue Steuer wird die Belastung erheblich gesteigert[484]. Sie wird neben der normalen Einkommensteuer, von deren Bemessungsgrundlage allerdings sowohl die Geschäftsteuer wie auch die Land Appreciation Tax abgezogen werden kann[485], erhoben. Ebenfalls ist die Geschäftsteuer in Höhe von 5% zu zahlen. Aufgrund der transaktionsorientierten Steuererhebung können zusätzlich Verluste nirgendwo geltend gemacht werden[486].

Positiv für den Steuerpflichtigen könnte sich auswirken, daß die Steuer von den lokalen Behörden erhoben wird, die diese nicht an die Zentralregierung abführen müssen[487]. Mittels Verhandlungen mit den lokalen Behörden können so fallweise günstigere Regelungen getroffen werden[488].

---

[479] Art. 7 BGBVO.

[480] Hierunter fallen nicht hochwertige Appartements, Villen, Ferien-Ressorts etc.

[481] Art. 8 Nr. 1 BGBVO. Es erscheint klar, daß es hier zu Abgrenzungsproblemen hinsichtlich dessen, was „Standardwohnungsbau" darstellt, kommen kann. Allerdings ist die Gewinnspanne von 20% gegenwärtig eher niedrig angesetzt, so daß die Ausnahmeregelung wohl nicht oft greifen wird.

[482] Vgl. *Wong* (1996), S. 11f.; *Wang W.* (1995), S. 330f.

[483] *Wang W.* (1995), S. 331.

[484] Vgl. bspw. das Rechenbeispiel bei *Deloitte Touche Tohmatsu* (Februar 1995), S. 7.

[485] Vgl. *Deloitte Touche Tohmatsu* (Februar 1995), S. 7; *Cho / Chan* (1995), S. 45f.

[486] Vgl. *Wong* (1996), S. 12.

[487] Vgl. *Wong* (1996), S. 9; *Wang W.* (1995), S. 331.

[488] Vgl. *Shum* (1995), S. 63.

D. Besteuerung in Hong Kong

Die ehemalige britische Kronkolonie Hong Kong ist seit dem 1.7.1997 wieder Teil Chinas. Zu diesem Datum lief der Pachtvertrag zwischen China und Großbritannien über die New Territories aus. Hong Kong Island und Kowloon wurden in diesem Zuge, obwohl nach dem Vertrag von Nanking als Resultat des von China verlorenen Opiumskriegs dauerhaft zum britischen Staatsgebiet gehörend, ebenfalls wieder an China zurückgegeben[489].

Hong Kong wird ab dem 1.7.1997 den Status als eine spezielle Verwaltungszone der VR China erhalten[490]. Laut der „gemeinsamen Erklärung" zwischen Großbritannien und China von 1984 soll Hong Kong für die nächsten 50 Jahre sozial sowie wirtschaftlich eine weitreichende Autonomie zugestanden werden[491]. Diese erstreckt sich auch auf die Steuergesetzgebung[492]. Obwohl Hong Kong somit Teil Chinas ist, wird das alte Steuersystem seine Geltung behalten. Dieses Steuersystem soll, da Hong Kong eine große wirtschaftliche Bedeutung zukommt, hier ebenfalls vorgestellt werden.

Zunächst wird auf die andersartigen Grundlagen dieses Steuersystems hingewiesen. Nachfolgend wird eine detailliertere Behandlung erfolgen. Gemäß BMF-Schreiben vom 2.1.1997 wird das DBA-China nicht auf Hong Kong angewendet[493]. Das Schreiben bezieht sich auf Art. 3 Abs. 1 Buchst. a DBA-China, wonach der Anwendungsbereich des DBA auf das Gebiet, in dem das Steuerrecht des jeweiligen Vertragsstaats gilt, beschränkt wird. In Hong Kong gelte aber nicht das Steuerrecht Chinas. Dieser Sichtweise wird in der Literatur nicht gefolgt[494]. Eine Erörterung der Problematik soll hier jedoch unterbleiben. Auf Aspekte des internationalen Steuerrechts bei Investitionen in Hong Kong wird ebenfalls nicht eingegangen. Hier ergeben sich keine Besonderheiten gegenüber Investitionen in anderen Ländern, mit denen kein DBA besteht.

[489] Vgl. *Chen / Chiu / Newell* (1997), S. 17; *Becker B.* (1996), S. 25; *Ernst & Young* (1996), S. 1; *Qinhua* (1997), S. 10ff. aus chinesischer Sicht.

[490] Vgl. *Rundshagen / Strunk* (1996), S. 397.

[491] Vgl. *Nieh* (1997), S. 239; *Becker B.* (1996), S. 26f.

[492] Vgl. *Nieh* (1997), S. 239; *Flux / Smith* (1996), S. 25.

[493] BMF-Schreiben vom 2.1.1997 - IV C 5 - S 1300 - 185 / 96, RIW 1997, S. 174 (175).

[494] Vgl. *Rundshagen / Strunk* (1996), S. 397.

I. Grundlagen

Im Gegensatz zum deutschen und chinesischen Steuersystem basiert dasjenige Hong Kongs grundsätzlich auf dem Territorialprinzip. Gemäß dem Territiorialprinzip wird die Steuerpflicht in einem Staat allein aufgrund der Belegenheit der Einkunftsquelle in diesem Staat begründet. Dem Konzept der Ansässigkeit kommt damit in Hong Kong keinerlei Bedeutung zu[495]. Die Besteuerung hat Objektsteuercharakter. Zugleich findet in Hong Kong nach der gegenwärtigen Rechtsprechung auch das Konzept der Betriebstättenbesteuerung, welches typisch für eine territorial begrenzte Besteuerung ist, nur eingeschränkte Anwendung. Vielmehr werden regelmäßig einzelne Transaktion geprüft[496].

Im Rahmen der laufenden Besteuerung sind in Hong Kong drei Einkommensteuerarten zu unterscheiden, die jeweils an einer unterschiedlichen Einkunftsart anknüpfen. Es handelt sich dabei um die Salaries Tax[497] (Einkünfte aus unselbständiger Arbeit), die Property Tax[498] (Einkünfte aus Vermietung und Verpachtung) und die Profits Tax[499] (Einkünfte aus Gewerbebetrieb, Einkünfte aus selbständiger Arbeit, Einkünfte aus Land- und Forstwirtschaft, Einkünfte aus Kapitalvermögen)[500]. Im Rahmen einer umfassenden Steuererklärung („personal assessment") können diese Steuerarten zwar zusammengeführt werden[501], jedoch sind die Vorschriften sowie die Rechtsprechung für die einzelnen Einkünfte derart verschieden, daß eine Vergleichbarkeit mit dem deutschen EStG und seinen Einkunftsarten irreführend wäre. Zudem „färbt" die Tätigkeit einer Körperschaft nicht automatisch alle Einkünfte als solche, die der Profits Tax unterliegen: Die ebenfalls für Körperschaften geltende Property Tax wird nur auf Antrag durch die Profits Tax[502] ersetzt; ansonsten wird eine Steueranrechnung erlaubt[503].

---

[495] *Flux / Smith* (1996), S. 129.

[496] Vgl. zum Vorstehenden Abschnitt 2.D.II.

[497] Art. 8 ff. IRO.

[498] Art. 5 ff. IRO.

[499] Art. 14 ff. IRO.

[500] Die Übersetzungen dienen hier nur dazu, einen grobes Bild über die zu versteuernden Einkünfte zu vermitteln. Eine Gleichsetzung zwischen den Einkunftsarten soll damit nicht angedeutet werden.

[501] Art. 40B ff. IRO; im Normalfall wird jede Einkommensteuer getrennt veranlagt (*Flux / Smith* (1996), S. 368).

[502] Art. 5 Abs. 2 Buchst. a IRO.

[503] Art. 25 IRO.

Bei der nachfolgenden Untersuchung des Steuersystems wird zunächst nach Kriterien gefragt, die prinzipiell zur Steuerpflicht führen können. Danach werden Bemessungsgrundlage und Tarif vorgestellt. Die Untersuchung wäre normalerweise für alle drei Einkommensteuern durchzuführen. Hier soll jedoch eine Beschränkung auf die Profits Tax stattfinden.

Vorab ist zu erwähnen, daß das Rechtssystem in Hong Kong entsprechend dem britischen Vorbild ein Common Law System ist. Präzedenzfällen kommt somit besondere Bedeutung zu, so daß die Untersuchung der Rechtsprechung und der von dieser entwickelten Rechtssätze in den Vordergrund tritt. Die Ähnlichkeit des Steuersystems Hong Kongs mit dem von Großbritannien, Südafrika, Australien, Neuseeland etc. bedeutet, daß auch die Präzedenzfälle aus diesen Rechtskreisen für die Beurteilung der Besteuerung in Hong Kong zu beachten sind[504]. Die ausländischen Fälle sind jedoch nicht bindend, sondern unterstützen die Auslegung bzw. Anwendung der Gesetze in Hong Kong[505]. Eine gewisse Unsicherheit für die Beurteilung der rechtlichen Lage folgt aus dem oftmals langen Zeitraum bis zur Veröffentlichung von Board-of-Review-Entscheidungen[506].

Das Inland Revenue Department von Hong Kong (IRD) veröffentlicht zudem für viele Bereiche sogenannte Departmental Interpretation & Practice Notes. Diese drücken die momentane Sichtweise des IRD betreffend die behandelten Themenbereiche aus[507]. Die Verwaltung ist durch die Practice Notes nicht gebunden[508]. Die Practice Notes sind insofern nicht vergleichbar mit den deutschen Verwaltungsvorschriften. Da sie aber die Sichtweise des IRD wiedergeben, ist ihre Beachtung für die Steuerplanung von großer Bedeutung[509]. Das IRD veröffentlicht ebenfalls, allerdings mit Genehmigung vom Legislativrat, die IRR. Diese haben zwar normative Wirkung, gehen aber der IRO nach[510].

---

[504]Vgl. *Halkyard / VanderWolk* (1993), S. 10.

[505]*Ernst & Young* (1996), S. 7f.

[506]*Southwood* (1996), S. 85f., der Zeiträume von oftmals bis zu 12 Monaten - in einem Fall sogar 10 Jahren - angibt.

[507]Vgl. *Flux / Smith* (1996), S. 167.

[508]*Ernst & Young* (1996), S. 3; *Flux / Smith* (1996), S. 23.

[509]Die Practice Notes sind aber relevant zur Bestimmung der vorherrschenden Praxis, deren Vorliegen eine spätere Korrektur des Steuerbescheids nach Art. 70A Abs. 1 IRO - entsprechend § 129 AO („offenbare Unrichtigkeiten") - verhindert (vgl. *Ernst & Young* (1996), S. 453f.).

[510]*Ernst & Young* (1996), S. 2f.

II. Steuerpflicht

Die die prinzipielle Steuerpflicht regelnde Generalklausel der Profits Tax enthält Art. 14 Abs. 1 IRO: „*... profits tax shall be charged ... on every person carrying on a trade, profession or business in Hong Kong in respect of his assessable profits arising in or derived from Hong Kong ... from such trade, profession or business (excluding profits arising from the sale of capital assets) ...*".

Die Anwendung der Generalklausel bereitet in der Praxis z.T. erhebliche Probleme, was sich auch in der Rechtsprechung widerspiegelt. Die Generalklausel kann nur bedingt mit dem in Deutschland zur beschränkten Steuerpflicht führenden Normengefüge verglichen werden. Zum einen stimmt „carrying on a trade, profession or business in Hong Kong" (erste Bedingung) nicht notwendig mit dem Vorhandensein einer Betriebstätte überein. Zum anderen reicht die Möglichkeit der Zuordnung von Einkünften zum „trade, profession or business" der ersten Bedingung zur Steuerpflicht der Einkünfte nicht aus. Trotzdem ein „trade, profession or business" *in Hong Kong* existiert, ist zu prüfen, ob die daraus fließenden Einkünfte tatsächlich in Hong Kong entstanden sind (zweite Bedingung). Insbesondere diese letztere Bedingung unterscheidet die beschränkte Steuerpflicht in Deutschland von der territorialen Besteuerung in Hong Kong.

Die Generalklausel gibt die Prüfungsreihenfolge vor. Zu untersuchen sind also im folgenden die Definitionen von „trade" und „business". „Profession" ist für Körperschaften nicht relevant. Danach ist zu prüfen, wann „trade ... or business" in Hong Kong existieren. Schließlich sind die Kriterien für den Ursprung der zugehörigen Einkünfte genauer zu erörtern.

Vorab sei erwähnt, daß bestimmte Einkünfte nach Art. 15 IRO unabhängig von der Generalklausel als steuerbar angesehen werden. Dies sind insbesondere Lizenzeinnahmen und Einnahmen als Gegenleistung für die Benutzung beweglicher Gegenstände in Hong Kong. Zinseinnahmen von Körperschaften sind dann steuerbar, wenn die Körperschaft die erste Bedingung erfüllt und die Zinsen aus Hong Kong „stammen" (vgl. Abschnitt 2.D.II.2.). Umgekehrtes gilt im Falle von Dividendeneinkünften, wenn die zahlende Gesellschaft der Profits Tax unterliegt. Diese Dividendeneinkünfte sind nicht zu versteuern. In der Praxis wird dies auf Dividenden aller Gesellschaften ausgedehnt[511]. Verschiedene andere Kapitalanlageeinkünfte sind gemäß Art. 26A IRO ebenfalls nicht

---

[511] *Flux / Smith* (1996), S. 175; *Ernst & Young* (1996), S. 125; *Halkyard / VanderWolk* (1993), S. 114.

zu versteuern. Eine genaue Darstellung dieser Ausnahmen soll hier unterbleiben. Zinsen i.A. stellen jedoch keine Ausnahme dar.

1. „Every Person Carrying on a Trade ... or Business in Hong Kong"

Die Generalklausel gilt für verschiedene Steuersubjekte. „Person" umfaßt neben Personengesellschaften, Treuhändern[512] etc. insbesondere auch Körperschaften. Dies gilt unabhängig davon, wo die Körperschaft errichtet wurde[513].

Im folgenden soll zunächst detailliert auf die Konkretisierung von „trade" und „business" eingegangen werden. Obwohl „business" das umfassendere Konzept ist[514], prüft die Rechtsprechung „trade" dennoch gesondert. Liegt „trade" nicht vor, kann über die Erfüllung der Kriterien für „business" dennoch eine Steuerpflicht begründet werden.

Unklar ist, ob speziell für Körperschaften die Vermutung besteht, daß ihre Tätigkeit als „business" oder „trade" anzusehen ist. Nach American Leaf Blending Co Sdn Bhd v DGIR (Privy Council, Malaysia, 1978) gilt: „in the case of a company incorporated for the purpose of making profits for its shareholders any gainful use to which it puts any of its assets prima facie amounts to the carrying on of a business". Nach CIR v Korean Syndicate Ltd (Court of Appeal, England, 1921) dagegen gilt „that it does not necessarily follow that because a company is incorporated ... it is carrying on a business". Dementsprechend wird bspw. in Kowloon Stock Exchange Ltd v CIR (Privy Council, Hong Kong, 1984) geprüft, ob die Tätigkeit der Gesellschaft in den Bereich von „trade" fällt. Die nachfolgende Untersuchung der Kriterien zur Annahme von „trade" und „business" zeigt hier, daß für Körperschaften nur sehr wenige Umstände denkbar sind, in denen deren Tätigkeit nicht unter einen der beiden Begriffe gefaßt werden kann. Insofern kann man wohl doch von einer - wenn auch widerlegbaren - Vermutung sprechen[515].

---

[512]Zur Diskussion, ob wirklich der Treuhänder oder aber die dahinterstehende Person steuerpflichtig ist, vgl. *Flux / Smith* (1996), S. 132ff.

[513]Art. 2 Abs. 1 IRO.

[514]*Ernst & Young* (1996), S. 19; *Flux / Smith* (1996), S. 141f.; siehe ebenfalls American Leaf Blending Co Sdn Bhd v DGIR (Privy Council, Malaysia, 1978).

[515]So auch *Flux / Smith* (1996), S. 143 mit Bezug auf die Ausführungen in American Leaf Blending Co Sdn Bhd v DGIR (Privy Council, Malaysia, 1978); *Ernst & Young* (1996), S. 19 weisen nur darauf hin, daß es für Unternehmen leichter ist als für natürliche Personen, ein „business" zu begründen.

a) Bedeutung von „Trade“

Die Legaldefinition von „trade“ ist eine Zirkeldefinition: „'trade' includes every trade and manufacture, and every adventure and concern in the nature of trade“[516]. Bedeutung erlangt diese nur insoweit, als daß durch den Einschluß „every adventure and concern in the nature of trade“ auch einmalige Aktivitäten erfaßt werden.

Generell kann „trade“ als Typusbegriff gesehen werden[517]. Das IRD sowie die Rechtsprechung orientieren sich dabei an den von der Royal Commission (of the UK) on the Taxation of Profits and Income herausgearbeiteten sechs Merkmalen[518]. Zwingende Schlußfolgerungen können aus ihnen nicht gezogen werden. Letztendlich muß die Würdigung des Einzelfalls entscheiden. Die Diskussion ist vergleichbar mit derjenigen über das Vorliegen einer gewerblichen Tätigkeit in Deutschland.

Unter diesen Merkmalen kommt der *Absicht*, Handel zu betreiben, besondere Bedeutung zu[519]. Dies ergibt sich aus der Entscheidung Simmons v IRC (House of Lords, England, 1980), die als Leading Case gesehen wird[520]. Die anderen Merkmale dienen lediglich dazu, dieses subjektive Moment festzustellen. Da sich Absichten ändern können, erlangt die Frage, ab wann die Handelstätigkeit beabsichtigt wurde, besondere Bedeutung. Dies gilt insbesondere deshalb, weil die Steuer nur den Teil der ab dann erzielten Gewinne erfaßt. Vorherige Wertsteigerungen bleiben unberücksichtigt[521]. Für Körperschaften zählt i.d.R. die Intention der Geschäftsführer. Die Anforderungen zur Annahme einer Handelstätigkeit sind bei diesen wesentlich früher erfüllt[522]. „Trade“ umfaßt dabei ebenfalls Dienstleistungen[523].

Folgende andere Merkmale sind besonders zu berücksichtigen:

1. Objekt der Einkünfte: Bestimmte Objekte wie Grundbesitz deuten auf eine Investitionstätigkeit hin, typische Handelsware dagegen auf eine Handelstätigkeit. Ebenfalls sind quantitative Aspekte zu berücksichtigen: der Einkauf

---

[516]Art. 2 Abs. 1 IRO.

[517]Vgl. zum Typusbegriff *Tipke / Lang* (1996), § 5, Rn. 45.

[518]*Flux / Smith* (1996), S. 138ff.; *Halkyard / VanderWolk* (1993), S. 27.

[519]So auch *Flux / Smith* (1996), S. 138; *Halkyard / VanderWolk* (1993), S. 27.

[520]*Halkyard / VanderWolk* (1993), S. 14.

[521]*Halkyard / VanderWolk* (1993), S. 30.

[522]*Halkyard / VanderWolk* (1993), S. 28.

[523]Kowloon Stock Exchange Ltd v CIR (Privy Council, Hong Kong, 1984).

von einer Mio Rollen Toilettenpapier läßt sich nicht mit persönlichem Bedarf, sondern nur mit der Absicht des Wiederverkaufs begründen[524].

2. Zeitabstand zwischen Kauf und Verkauf: Fixe Zahlen lassen sich hier nicht angeben, da bspw. Notlagen etc. einen schnelleren Verkauf, der für eine Investition sinnwidrig wäre, folgern können. Leerverkäufe dagegen sprechen deutlich für die Absicht des Handelns[525].

3. Häufigkeit und Handeln in der Vergangenheit: Wiederholungen von Einzeltransaktionen, die einzeln nicht als Handel qualifiziert würden, können zu einer solchen Qualifizierung führen[526]. Der Wille zu Handeln läßt sich im Falle des Betreibens eines Handelsunternehmens mit genau demselben Gegenstand wie die zu beurteilenden Transaktionen nur äußerst schwer widerlegen[527]. Ebenso führt die Akzeptanz einer früheren Veranlagung zur Profits Tax hinsichtlich derselben Transaktion zu einer starken Vermutung für das generelle Vorliegen einer Handelstätigkeit[528].

4. Zusatztätigkeit vor dem Verkauf: Die Einrichtung von Verkaufsbüros, großangelegte Werbetätigkeit sowie das über ein gewisses Maß hinausgehende Herrichten des Verkaufsgegenstands deuten auf die Absicht zu Handeln hin[529].

5. Verkaufsumstände: Bedeutsam können ebenfalls außerhalb der Gewinnerzielung liegende Umstände sein, die zum Verkauf führen. Notverkäufe bspw. alleine begründen keine Vermutung für eine Handelstätigkeit[530]. Es müssen vielmehr noch andere Begleitumstände hinzutreten.

b) Bedeutung von „Business“

„Business“ wird gesetzlich folgendermaßen konkretisiert: „‘business’ includes agricultural undertaking, poultry and pig rearing and the letting or subletting by any corporation to any person of any premises or portion thereof, and the sub-letting by any person of any premises or portion of any premises held by him under a lease or tenancy other than from the Crown[531]. Durch Einfügung von „includes“ wird klargestellt, daß die Aufzählung nicht ab-

[524] Rutledge v IRC (Court of Session, Schottland, 1929).

[525] Johnston v Heath (High Court, England, 1970).

[526] Pickford v Quirke (Court of Appeal, England, 1927).

[527] D 16 / 88 (Board of Review, Hong Kong, 1988).

[528] *Flux / Smith* (1996), S. 140.

[529] Ernst & Young (1996), S. 17; *Halkyard / VanderWolk* (1993), S. 20ff.

[530] Halkyard / VanderWolk (1993), S. 22.

[531] Art. 2 Abs. 1 IRO.

schließend ist. Klarerweise wird bspw. auch eine Fabrikation durch dieses Wort umfaßt.

In der Praxis wird das Kriterium „business" insbesondere bei passiven Einkünften relevant. So wird die Steuerpflicht von Holding-Gesellschaften über dieses Kriterium begründet[532]. Zinseinkünfte aus Hong Kong können über dieses Kriterium für den Empfänger in Form einer Körperschaft die Steuerpflicht in Hong Kong folgern. Das bloße Halten von Einlagen soll nach dem IRD allerdings nicht ausreichen, um ein „business" begründen zu können[533]. Was genau jedoch über ein „bloßes Halten" hinausgeht, bleibt unklar[534]. Generell sind die Umstände des Einzelfalls genau zu prüfen. Auch beim Kriterium „business" handelt es sich um einen Typusbegriff. Folgende Merkmale sind in die Gesamtbetrachtung einzubeziehen[535]: Gewinnerzielungsabsicht, ökonomische Lebensfähigkeit der Unternehmung, Wiederholungsgrad und Regelmäßigkeit der Aktivitäten, Organisation der Geschäftsabläufe, Größe der Aktivitäten, Motiv der Liebhaberei.

c) Bedeutung von „In Hong Kong"

Weiterhin ist zu fragen, wo „trade" oder „business" ausgeübt werden. Die essentielle Frage ist, ob der Handel bzw. die Geschäftstätigkeit *mit* Hong Kong oder *in* Hong Kong ausgeübt wird.

In der Praxis ist u.a. die Existenz einer Betriebstätte in Hong Kong von Bedeutung, obwohl das Betriebstättenkonzept im Gesetz ausschließlich für die Berechnung der Gewinne benutzt wird, ohne eine Steuerpflicht zu begründen. Betriebstätte ist definiert als „a branch, management or other place of business, but does not include an agency unless the agent has, and habitually exercises, a general authority to negotiate and conclude contracts on behalf of his principal or has a stock of merchandise from which he regularly fills orders on his behalf"[536].

Gemessen am Wortlaut der ersten Bedingung („carrying on a trade ... or business in Hong Kong") erscheint das alleinige Abstellen auf die Existenz ei-

---

[532] *Flux / Smith* (1996), S. 142; *Ernst & Young* (1996), S. 19.

[533] *Olesnicky* (1997), S. 76.

[534] Vgl. *Olesnicky* (1997), S. 76. Gemäß der Entscheidung in Commissioner of Inland Revenue v Bartica Investment Ltd (High Court, Hong Kong, 1996) geht die Absicherung von Darlehen mittels Einlagen, der teilweise Umtausch in andere Währungen sowie das Halten von Aktien über ein „bloßes Halten" hinaus.

[535] *Ernst & Young* (1996), S. 20.

[536] Art. 5 Abs. 1 IRR.

ner Betriebstätte jedoch als zu eng[537]. Dementsprechend könnten auch Einkaufs- oder Repräsentationsbüros die erste Bedingung erfüllen[538]. Im ersten Fall ist dies jedoch ohne Bedeutung, da die Verwaltungsrichtlinien des IRD bei Einkaufsbüros die Quelle der Gewinne nicht in Hong Kong und damit die zweite Bedingung nicht erfüllt sehen[539]. Bei Repräsentationsbüros nimmt die Verwaltungspraxis kein „business“ (oder „trade“) an[540]. Außerdem wird es an zuzuordnenden Gewinnen fehlen[541].

Andererseits erscheint die durch die Betriebstättendefinition erfaßte Unterhaltung von Warenlagern durch Ausländer in Hong Kong, wenn von diesem Lager aus keine Kunden in Hong Kong beliefert werden, nicht geeignet, die erste Bedingung zu erfüllen[542]. Insofern könnte die Orientierung an der Existenz einer Betriebstätte auch als zu umfassend gesehen werden.

In der älteren englischen Rechtsprechung wurde zur Feststellung, ob Handel mit oder in England betrieben wurde, der sogenannte Operations-Test eingeführt[543]. Zentrale Frage dieses Tests war die folgende: „where do the operations take place from which the profits in substance arise ?“. Eine Übertragung auf Hong Kong zur Prüfung der ersten Bedingung kann jedoch nicht ohne weiteres vorgenommen werden, da das englische Recht zu dieser Zeit die Steuerpflicht nur an die erste Bedingung knüpfte und die zweite gar nicht kannte[544]. Tatsächlich wird der Operations-Test in Hong Kong benutzt, die zweite Bedingung zu prüfen (siehe unten). Bereits an dieser Austauschbarkeit der Prüfungsformel zeigt sich, daß die beiden Bedingungen des Art. 14 Abs. 1 IRO nahe beieinander liegen können.

2. *„Profits Arising In or Derived From Hong Kong“*

Als zweite Bedingung müssen die Gewinne in Hong Kong entstanden („arising in“) bzw. von Hong Kong bezogen worden sein („derived from“).

---

[537] So auch *Halkyard / VanderWolk* (1993), S. 44.

[538] *Halkyard / VanderWolk* (1993), S. 44ff.

[539] Abschn. 7 Buchst. h Departmental Interpretation & Practice Notes No. 21.

[540] *Ernst & Young* (1996), S. 26.

[541] *Flux / Smith* (1996), S. 136.

[542] Vgl. die Diskussion in *Halkyard / VanderWolk* (1993), S. 46f.

[543] *Flux / Smith* (1996), S. 147.

[544] *Flux / Smith* (1996), S. 147.

Zwischen „arising in" und „derived from" besteht nach h.M. kein Unterschied[545].

Einen ersten Anhaltspunkt, wie die Quelle der Einkünfte zu ermitteln ist, gibt die gesetzliche Definition des Art. 2 Abs. 1 IRO. Gemäß Art. 2 Abs. 1 IRO wird der Ausdruck „profits arising in or derived from Hong Kong" erklärt als „... shall, without in any way limiting the meaning of the term, include all profits from business transacted in Hong Kong, whether directly or through an agent". Dieser gesetzlichen Spezifikation wird, wenn überhaupt, nur im Hinblick auf das Wort „transacted" Bedeutung zugemessen. Es kommt also bei der Ermittlung der Quelle der Einkünfte darauf an, *wo das Geschäft abgewickelt wurde*[546]. Dies deutet zumindest auf die Wichtigkeit der zur Gewinnerzielung notwendigen Aktivitäten zur Ermittlung der Einkunftsquelle hin. Die Zurechnung der Aktivitäten von Agenten entspricht dagegen allgemeinen Rechtsprinzipien.

Die Rechtsprechung in Hong Kong hat, z.T. aufbauend auf die gesetzliche Definition des Art. 2 Abs. 1 IRO, genauere Prüfungskriterien entwickelt bzw. von der englischen Rechtsprechung übernommen. Zu nennen ist hier insbesondere das sogenannte „broad guiding principle": „one looks to see what the taxpayer has done to earn the profits in question"[547] ergänzt um „... and where he has done it"[548]. Zusätzlich findet der oben erwähnte Operations-Test insbesondere im Bereich der Dienstleistungen Anwendung: „where do the operations take place from which the profits in substance arise ?".

Die Verwendung dieser Prüfungskriterien ist bisher jedoch nicht geeignet gewesen, die in einem substantiellen Punkt divergierende Rechtsprechung zu vereinheitlichen. Teilweise richtet die Rechtsprechung besonderes Augenmerk auf die Belegenheit der Betriebstätte und mißt der Trennung beider Bedingungen der Generalklausel wenig Bedeutung bei, teilweise wird jede Transaktion einzeln und unbeeinflußt von der Belegenheit der Betriebstätte untersucht[549]. Dabei werden die oben genannten Prüfungskriterien jedoch nicht vernachlässigt. Es mangelt vielmehr an ihrer Genauigkeit, um die Rechtsprechung in die eine oder andere Richtung zu lenken. Zwar deutet die Trennung beider Bedingungen in der Generalklausel des Art. 14 Abs. 1 IRO auf die separate Unter-

---

[545] *Flux / Smith* (1996), S. 146; *Halkyard / VanderWolk* (1993), S. 50.

[546] Vgl. *Halkyard / VanderWolk* (1993), S. 51.

[547] Vgl. bspw. Commissioner of Inland Revenue v Hang Seng Bank Ltd (Privy Council, Hong Kong, 1990).

[548] Commissioner of Inland Revenue v HK-TVB International Ltd (Privy Council, Hong Kong, 1992).

[549] Vgl. *Ernst & Young* (1996), S. 31ff.

suchung jeder einzelnen Transaktion hin, jedoch kann auch bei separater Untersuchung der Ort der Betriebstätte als Quelle der Einkünfte resultieren. Die Praxis geht zudem vielfach von der Belegenheit der Betriebstätte als Vermutung der Quelle der Einkünfte aus. Das Inland Revenue Department legt anhand dieses Kriteriums regelmäßig bereits die Steuerpflicht fest[550]. Um die wirksame Trennung beider Bedingungen gewährleisten zu können, sind vielmehr gewisse Klärungen bzgl. des Inhalts der zweiten Bedingung notwendig.

Genauere Erläuterungen des Inhalts der zweiten Bedingung wurden in Commissioner of Inland Revenue v Hang Seng Bank Ltd. (Privy Council, Hong Kong, 1990) gegeben. Ein grundsätzliches Problem besteht darin, daß Gewinn sich aus den zwei Komponenten Einnahmen und Ausgaben zusammensetzt. Regelmäßig wird die administrative Arbeit dort vollzogen, wo sich die Betriebstätte befindet, so daß dort auch Ausgaben anfallen. Selbst wenn diese Ausgaben nicht direkt zurechenbar sind, könnten sie dennoch als Gemeinkosten auf die einzelnen Transaktionen aufgeteilt werden, so daß zumindest ein Teil des Gewinns *einer Transaktion* unzweifelhaft am Ort der Betriebstätte entsteht. Diese Sichtweise könnte die Bedeutung der zweiten Bedingung stark relativieren. Obiges Urteil stellt dementsprechend klar, daß nur auf die Bruttoeinnahmen nach direkt zurechenbaren Einzelkosten abzustellen ist. Dies ermöglicht weiterhin die unverzerrte Untersuchung über die Quelle der Einkünfte aus einzelnen Transaktionen.

Ein weiteres Problem könnte in der Sichtweise liegen, daß der Ort, wo die Entscheidungen für einzelne Transaktionen getroffen werden, entscheidend für die Bestimmung der Einkunftsquelle ist. Hier würde es sich ebenfalls regelmäßig um den Ort, wo die Betriebstätte errichtet ist, handeln. Das obige Urteil lehnt dementsprechend die Relevanz dieses Kriteriums ab. Gleiches gilt auch für den Ort, wo das Kapital zur Durchführung der Transaktion gehalten wird.

Die Klarheit der Hang Seng Bank Entscheidung wurde relativiert durch die Entscheidung in Commissioner of Inland Revenue v HK-TVB International Ltd (Privy Council, Hong Kong, 1992)[551]: „... it can only be in rare cases that a taxpayer with a principal place of business in Hong Kong can earn profits which are not chargeable to profits tax under section 14 of the Inland Revenue Ordinance. Counsel were able to refer to three cases only in which the source of profits had been held not to be in the principal place of business of the taxpayer." Besondere Bedeutung kommt hier der Reichweite von „rare" zu. Da die drei „Ausnahmefälle" sich auf andere Einkünfte bezogen als der HK-TVB-

---

[550] *Halkyard / VanderWolk* (1993), S. 71.

[551] Siehe *Ernst & Young* (1996), S. 35f. für einen detaillierten Vergleich der zugrundeliegenden Sachverhalte.

Fall, welchem die Einkünfte einer Lizenzverwertungsgesellschaft zugrunde lagen, und die Ausnahmefälle in ihren Bereichen weithin akzeptierte Prinzipien hervorgebracht haben, ist „rare“ eventuell doch keine so einschränkende Bedeutung beizumessen[552]. Im folgenden soll zunächst auf diese Ausnahmefälle genauer eingegangen werden. Danach werden weitere Prinzipien zur Quelle von Einkünften vorgestellt.

Für Dienstleistungen entscheidend ist das Urteil in Commissioner of Inland Revenue v The Hong Kong & Whampoa Dock Co Ltd (Supreme Court, Hong Kong, 1960). Eine in Hong Kong „ansässige“ Schiffsbergungs- und Werftgesellschaft hatte den Auftrag, ein außerhalb Hong Kong gestrandetes Schiff flottzumachen und nach Hong Kong zu bringen. Da die Dienstleistungen, bis auf die letzten Meilen, die das Schiff innerhalb Hong Kongs geschleppt wurde, außerhalb Hong Kongs erbracht wurden, entstand keine Steuerpflicht in Hong Kong. Hierzu wurde der Operations-Test angewendet. Dem Vertragsschluß und dem Erhalt der Bezahlung wurde keine Entscheidungsrelevanz zugestanden. Diese Entscheidung wurde durch die nachfolgende im Hang-Seng-Bank-Fall gestützt, die ebenfalls kurz Bezug auf Dienstleistungen nimmt.

Für Handelstätigkeiten entscheidend sind die Urteile im indischen Fall CIT, Bombay v Chunilal B Mehta (Privy Council, Indien, 1938) sowie der Hang Seng Bank Fall. Für diese Zwecke reicht die Darstellung des letzteren. Hang Seng Bank kaufte zum Matchen von Devisenpositionen certificates of deposits und Anleihen in entsprechenden Devisen. Dazu beauftragte sie Korrespondenzbanken in London und Singapur. Kurz vor Laufzeitende wurden die Wertpapiere mit Gewinn verkauft. Entscheidungskriterium war die Tatsache, daß die Käufe und Verkäufe außerhalb Hong Kongs vollzogen („effected“) wurden[553].

Gewinne aus der Produktion und anschließendem Vertrieb werden, wenn die Produktion in Hong Kong stattfindet, vollständig in Hong Kong versteuert.

Die Quelle von Zinseinkünften wird regelmäßig durch den „Provision of Credit“-Test festgelegt[554]. Dieser wird in den Practice Notes als adäquater Test akzeptiert[555]. Dabei wird der Ort als Einkunftsquelle der Zinseinkünfte gesehen, wo der Kredit dem Darlehensnehmer zur Verfügung gestellt wird. Es liegt auf der Hand, daß durch die starre Anwendung eines solchen Tests die Steuerpflicht beliebig manipuliert werden kann. Der Test wird dementspre-

---

[552]So auch *Flux / Smith* (1996), S. 159.

[553]Siehe dazu genauer Abschn. 5ff. Departmental Interpretation & Practice Notes No. 21, 1992.

[554]Spezielle Regeln gelten allerdings für Finanzinstitute.

[555]Abschn. 14 Departmental Interpretation & Practice Notes No. 13.

chend vom IRD nicht konsistent durchgeführt. Im Falle von Lieferantenkrediten bspw. teilen die Zinseinkünfte das Schicksal der Handelsgewinne[556]. Teilweise wird vom IRD darauf abgestellt, ob der Darlehensnehmer eine Betriebstätte in Hong Kong hat[557].

Lizenzeinkünfte werden von Art. 15 Abs. 1 Buchst. a und b IRO erfaßt. Danach wird deren Quelle als unwiderlegbare Vermutung in Hong Kong gesehen, wenn die Lizenz in Hong Kong ausgeübt wird. Diese Vorschriften greifen aber nur, wenn nicht bereits nach Art. 14 Abs. 1 IRO eine Steuerpflicht besteht[558]. Dies ist wichtig, da dann ein anderer Tarif anzuwenden ist. Gemäß dem HK-TVB International Urteil wurde bei einer Lizenzverwertungsgesellschaft, die die Rechte aus Hong Kong erhielt, der Akt der Weiterverleihung der Rechte als die Aktivität, die zur Gewinnentstehung führte, identifiziert. Dieser fand statt in Hong Kong, da die Gesellschaft dort ihr Geschäft unterhielt und die administrativen Aufgaben erledigte. Damit wurde der Gewinn aus der Transaktion steuerpflichtig. Im Falle von Lizenzeinkünften erscheint es somit ratsam, den Ort der administrativen Leitung zu beachten.

Schließlich ist noch auf die Möglichkeit einzugehen, den Gewinn aus einzelnen Transaktionen in aus Hong Kong sowie nicht aus Hong Kong stammende Einkunftsteile aufzuteilen. Dies könnte eine Einigung in vielen Streitigkeiten bedeuten[559]. Die IRO eröffnet nicht explizit die Möglichkeit zur Aufteilung von Gewinnen in solche mit unterschiedlichen Quellen. Dagegen wurde die Möglichkeit zur Aufteilung zumindest indirekt im Hang-Seng-Bank-Urteil angesprochen. Australische Entscheidungen gehen hierauf explizit ein[560]. Auch die Practice Notes No. 21 geben Beispiele, wann eine Aufteilung nach Meinung des IRD möglich ist. Explizit genannt werden Einkünfte aus der Auftragsproduktion im Ausland für eine Firma aus Hong Kong gegen die Bereitstellung von Rohstoffen und Know-How durch die Firma aus Hong Kong sowie Einkünfte aus der Erbringung von Dienstleistungen in Hong Kong und anderswo[561]. Zur Aufteilung wird von einer Quote von 50% ausgegangen.

---

[556] *Ernst & Young* (1996), S. 58; *Flux / Smith* (1996), S. 164; *Halkyard / VanderWolk* (1993), S. 75.

[557] *Flux / Smith* (1996), S. 165.

[558] *Flux / Smith* (1996), S. 183; *Ernst & Young* (1996), S. 65; *Halkyard / VanderWolk* (1993), S. 73f.

[559] So auch *Halkyard* (1994), S. 226.

[560] Für eine detaillierte Analyse vgl. *Halkyard* (1994), S. 227ff.

[561] Abschn.11ff. und Abschn.17f. Departmental Interpretation & Practice Notes No. 21.

III. Bemessungsgrundlage

Nach der Erörterung der Kriterien, die zur prinzipiellen Steuerpflicht in Hong Kong führen, soll nun genauer auf die Bemessungsgrundlage („assessable profits") eingegangen werden.

Charakteristisch für die Ermittlung der Bemessungsgrundlage in Hong Kong ist, daß nicht von einem Betriebsvermögensvergleich im deutschen Sinne ausgegangen wird, der dann um nicht aus Hong Kong stammende Einkunftsteile bereinigt wird. Der Ermittlung des steuerpflichtigen Einkommens liegen nach der theoretischen Konzeption des Steuerrechts Hong Kongs keine den GoB entsprechenden Prinzipien zugrunde[562]. Es wird vielmehr nur von den in der IRO enthaltenen Prinzipien ausgegangen[563]. In der Praxis wird dennoch von dem mittels des Statement of Standard Accounting Practice (SSAP) erstellten Jahresabschluß ausgegangen, der an steuerspezifische Eigenheiten angepaßt wird[564].

Da die Profits Tax ausschließlich an Einkünften, nicht aber an der Substanz anknüpft, interessieren vorrangig Einnahmen und Ausgaben. Bewertungsfragen treten besonders bei der Anpassung des Wertes des Umlaufvermögens sowie bei der Ermittlung der Abschreibungen auf. Eine gesetzliche Definition für Einnahmen und Ausgaben existiert nicht. Ausgangspunkt ihrer Ermittlung sind somit Veränderungen des Zahlungsmittelbestandes, wobei jedoch bestimmte Veränderungen außer Acht bleiben. Für die Ermittlung der Einkünfte nach steuerlichen Vorschriften sind zusätzlich Realisationsgrundsätze zu beachten. Beachtbare Einnahmen entstehen erst dann, wenn die zugrundeliegenden Zahlungsströme einforderbar („receivable") geworden sind[565]. Ausgaben müssen dazu zahlbar („due and payable") geworden sein[566], was bspw. bei Zuweisungen zu Pensionsrückstellungen, auf die der Arbeitnehmer bereits ein Anrecht hat, der Fall ist[567]. Nach der Verwaltungsmeinung darf bei Langzeitprojekten der Gewinn erst bei Fertigstellung realisiert werden[568]. Solange die

[562]Dies wurde klargestellt in Commissioner of Inland Revenue v Lo & Lo (Privy Council, Hong Kong, 1984).

[563]Vgl. die Definition von „assessable profits" in Art. 2 Abs. 1 IRO, die außer dem Verweis auf Teil IV der IRO zur Bestimmung der „assessable profits" keine weiteren Erkenntnisse bringt.

[564]*Flux / Smith* (1996), S. 170; *Halkyard / VanderWolk* (1993), S. 86.

[565]*Flux / Smith* (1996), S. 172.

[566]*Flux / Smith* (1996), S. 196.

[567]Commissioner of Inland Revenue v Lo & Lo (Privy Council, Hong Kong, 1984).

[568]Departmental Interpretation and Practice Notes No. 1, Teil B.

Rechnungslegung konsistent ist, sind teilweise auch stufenweise Realisierungen möglich[569]. Ein Grundsatz der sachlichen Abgrenzung, d.h. der Zuordnung von Ausgaben zu den durch sie veranlaßten Einnahmen, wird in Hong Kong aufgrund der gesetzlichen Formulierung in Art. 16 Abs. 1 IRO verneint[570]: „shall be deducted all outgoings and expenses to the extent to which they are incurred during the basis period for that year of assessment by such person in the production of profits in respect of which he is chargeable to tax under this Part *for any period* ...“ (Hervorhebung durch den Verfasser).

Antizipationen sind prinzipiell nicht erlaubt[571]. Rückstellungen können dementsprechend nur selten steuerlich erfolgswirksam gebildet werden[572]. Im Falle von Umtauschgewinnen bzw. -verlusten wird jedoch in der Praxis auf eine Berichtigung der im handelsrechtlichen Jahresabschluß teilweise verwendeten Antizipationen aufgrund der u.U. komplexen Rekonstruktion der realen Vorgänge verzichtet[573].

Im folgenden soll auf beachtbare Einnahmen sowie Ausgaben genauer eingegangen werden. Anschließend werden Bewertungsfragen genauer untersucht, deren getrennte Behandlung aufgrund der theoretisch andersartigen Ermittlung der Bemessungsgrundlage in Hong Kong im Vergleich zu Deutschland gerechtfertigt erscheint.

1. Einnahmen

Prinzipiell sind alle Mehrungen des Geldvermögens steuerpflichtig. Nicht einzurechnen sind, wie bereits erwähnt, Einnahmen, deren Quelle außerhalb Hong Kongs liegt. Gleiches gilt für Dividendeneinkünfte[574]. Für Zwecke der Profits Tax ebenfalls unbeachtlich sind Gewinne aus dem Verkauf von Anlagevermögen („profits from the sale of capital assets“)[575]. Letztere Ausnahme soll im folgenden eingehender untersucht werden.

---

[569] Commissioner of Inland Revenue v Montana Lands Ltd (Supreme Court, Hong Kong, 1967); Departmental Interpretation and Practice Notes No. 1, Teil B, Nr. 22.

[570] Vgl. *Flux / Smith* (1996), S. 194; *Halkyard / VanderWolk* (1993), S. 127.

[571] *Flux / Smith* (1996), S. 172 mit Bezug auf die englische Entscheidung BSC Footwear v Ridgway (Inspector of Taxes) (House of Lords, England, 1972).

[572] *Flux / Smith* (1996), S. 197f.; Ausnahmen sind bspw. die bereits erwähnten Pensionsrückstellungen.

[573] *Flux / Smith* (1996), S. 172.

[574] Art. 26 Buchst. a IRO; vgl. auch *Flux / Smith* (1996), S. 175.

[575] Art. 14 Abs. 1 IRO (die Generalklausel). Verluste dürfen gleichfalls nicht berücksichtigt werden (Art. 17 Abs. 1 Buchst. c IRO).

Aufgrund der Unbeachtlichkeit von Gewinnen aus dem Verkauf von Anlagevermögen ist es zunächst essentiell, Anlagevermögen von Umlaufvermögen zu trennen. Die entscheidende Prüfungsformel wurde im schottischen Fall Californian Copper Syndicate v Harris (Court of Exchequer, Schottland, 1904) formuliert: „... is the sum of gain that has been made a mere enhancement of value by realizing a security, or is it a gain made in an operation of business in carrying out a scheme for profit making ?“.

Die Prüfungsformel führt zurück zur ersten Bedingung, die für die Begründung der Steuerpflicht notwendig ist[576]. Bei der Festlegung, ob es sich um „trade“ handelt, wurde der Absicht, Handel zu betreiben, große Bedeutung beigemessen. Dies gilt auch bei der Prüfung, ob es sich um steuerbare Einnahmen - nämlich steuerbare Einkünfte aus einer Handelstätigkeit oder nichtsteuerbare Einkünfte aus der Veräußerung von Anlagevermögen - handelt, so daß die dort zugrundegelegten Prinzipien Anwendung finden. Dem Steuerpflichtigen obliegt es, ausreichende Beweise für seine Absicht, nicht zu handeln sowie den Umstand des dennoch erfolgten Verkaufs zu liefern[577]. Protokolle von Vorstandstreffen können Beweiskraft haben[578]. Nach der Rechtsprechung kommt bei der Würdigung des Gesamtbildes dem - vollzogenen - Unternehmensgegenstand besondere Bedeutung zu: „The determining factor must be the nature of the trade in which the asset is employed“[579]. So ist es Gegenstand einer Versicherung, Schadensfälle zu begleichen. Alle Vermögensgegenstände der Versicherungsgesellschaft dienen allein diesem Zweck. Verkäufe von Grundbesitz, die zu Anlagezwecken gehalten werden, sind demgemäß steuerpflichtig[580]. Sie dienen nicht der Durchführung des Unternehmensgegenstands.

Obwohl gemäß dem Wortlaut der Generalklausel nur „profits from the sale of capital assets“ nicht steuerpflichtig sind, werden in der Praxis alle Kapitaleinkünfte („capital receipts“) als steuerfrei gesehen[581]. Kompensationszahlun-

---

[576]Vgl. *Halkyard / VanderWolk* (1993), S. 94.

[577]Vgl. *Southwood* (1996), S. 86 und (1997), S. 87 mit Bezug auf neuere Entscheidungen des Board of Review.

[578]Vgl. *Southwood* (1997), S. 87 mit Bezug auf eine Board-of-Review-Entscheidung. Zwar wurden dort die Protokolle akzeptiert, aber die wirtschaftliche Glaubwürdigkeit dieser wurde angezweifelt: die finanziellen Resourcen der Gesellschaft seien nicht ausreichend, um das in den Protokollen niedergeschriebene Umbauvorhaben mit anschließendem Halten als Langzeitinvestition durchzuführen.

[579]Golden Horse Shoe (New) Ltd v Thurgood (Court of Appeal, England, 1934).

[580]Commissioner of Inland Revenue v Sincere Insurance & Investment Co Ltd (Supreme Court, Hong Kong, 1973).

[581]*Ernst & Young* (1996), S. 90ff.

gen für den Verlust von Vermögensgegenständen bspw. werden dann als Kapitaleinkünfte gesehen, wenn sie für den Verlust von Anlagevermögen gezahlt werden[582]. Gewinne und Verluste aus Future- und Forward-Kontrakten werden als Kapitaleinkünfte gesehen, wenn sie dazu dienen, Anlagevermögen wie z.B. Langzeitinvestitionen oder langfristiges Fremdkapital zu hedgen[583].

2. *Ausgaben*

Gemäß Art. 16 Abs. 1 IRO müssen Ausgaben zur Erzielung von der Profits Tax unterliegenden Gewinnen vorgenommen werden, um steuerlich geltend gemacht werden zu können[584]. Die Regelung entspricht somit dem § 3c EStG. Dies schließt zunächst Ausgaben, die in Verbindung mit nicht aus Hong Kong stammenden Umsätzen getätigt werden, von der Abziehbarkeit aus.

Gleiches gilt nach dieser Regel für Ausgaben, die nach handelsrechtlicher Rechnungslegung zu Herstellungskosten führen würden („capital expenditure")[585]. Dies folgt bereits aus der Steuerfreiheit von Gewinnen aus Anlageverkäufen. Die entsprechende gesetzliche Regelung in Art. 17 Abs. 1 Buchst. c IRO hat insoweit nur klarstellenden Charakter. Die grundsätzliche Prüfungsformel stammt aus der englischen Entscheidung British Insulated and Helsby Cables v Atherton (House of Lords, England, 1926)[586]: „... when an expenditure is made, not only once and for all, but with a view to bringing into existence an asset or an advantage for the enduring benefit of a trade (or business, Anmerkung des Verfassers), I think that there is very good reason (in the absence of special circumstances leading to an opposite conclusion) for treating such an expenditure as properly attributable, not to revenue, but to capital." Besondere Bedeutung kommt hier dem Wort „enduring" zu, da alle Ausgaben i.d.R. zum Wohle der Gesellschaft vorgenommen werden. Dies wird vom IRD z.T. übersehen[587]. Laufende Pensionsrückstellungen werden nach dieser Prüfungsformel als steuerlich abziehbar gesehen, während die Zuweisung zum Zwecke

---

[582] *Ernst & Young* (1996), S. 90f.

[583] *Ernst & Young* (1996), S. 97f.

[584] Für die Wiedergabe des vollen Texts siehe Abschnitt 2.D.III.

[585] „Capital expenditure" umfaßt generell auch Abschreibungen. Diese sind jedoch gemäß Teil V der IRO explizit von der Bemessungsgrundlage abziehbar. Deshalb wurde hier nur auf Ausgaben, die nach handelsrechtlicher Rechnungslegung zu Herstellungskosten führen würden, abgestellt.

[586] Diese wird zitiert in *Flux / Smith* (1996), S. 198 sowie in der neueren Entscheidung Lawson (Inspector of Taxes) v Johnson Matthey plc (House of Lords, England, 1992).

[587] *Flux / Smith* (1996), S. 198.

der Schaffung eines Grundstocks für die Pensionszahlungen ein Vermögensgegenstand ist[588]. Währungsgewinne teilen normalerweise das Schicksal der Transaktion, der sie zugrunde liegen[589].

Neben der Möglichkeit, daß eine Abziehbarkeit von Ausgaben eher mit Blick auf die *Steuerbarkeit* der damit angestrebten Gewinne scheitert, kann die Abziehbarkeit auch deshalb versagt werden, weil in den *Ausgaben kein ausreichendes Motiv zur Gewinnerzielung* gesehen wird[590]. Eine solche Begründung bei der Versagung der Geltendmachung von Ausgaben wird allerdings selten sein, da Ausgaben regelmäßig mit Blick auf erstrebte Gewinne getätigt werden. So wurden in Commissioner of Inland Revenue v Swire Pacific Ltd (Court of Appeal, Hong Kong, 1979) Streikzahlungen zur Beendigung eines Streiks, der aufgrund eines angekündigten Mergers entstand, als steuerlich abziehbar anerkannt. Die Meinung der Vorinstanz, daß die Streikzahlungen ihren Ursprung im Willen hatten, die Vermögensgegenstände der Gesellschaft vor Beschädigung zu schützen sowie den Merger nicht zu gefährden, wurde scheinbar nicht beachtet. Unklar bleibt allerdings, ob der Court of Appeal die angegebenen Gründe der Vorinstanz nicht doch letztendlich als solche zur Erzielung von Gewinnen ansah und so zur steuerlichen Abziehbarkeit der Zahlungen gelangte. Dagegen wurde an anderer Stelle mit Blick auf einen fehlenden ausschließlichen Bezug zur Erzielung von Gewinnen aus dem Geschäft des Steuerpflichtigen der Verlust von Bankeinlagen eines Ingenieurbüros sowie von Anzahlungen an Kunden aufgrund des Zusammenbruchs des Schuldners versagt[591].

Erfaßt werden können auf jeden Fall Reduzierungen der Bemessungsgrundlage mittels Verrechnungspreisgestaltungen, da die überhöhten Ausgaben nicht mit Blick auf die Erzielung eines Gewinns bei der Gesellschaft vorgenommen wurden[592].

Ausgaben sind nur insoweit abziehbar („to the extent"), wie sie mit Blick auf die Erzielung steuerbarer Gewinne vorgenommen wurden. Bei einigen Ausgaben kann somit eine Aufteilung notwendig werden[593]. Die Aufteilung sollte vorgenommen werden „on such basis as is most appropriate to the acti-

---

[588] *Flux / Smith* (1996), S. 199.

[589] Siehe *Flux / Smith* (1996), S. 201ff. für eine detailliertere Diskussion.

[590] Vgl. *Ernst & Young* (1996), S. 136ff.

[591] *Southwood* (1996), S. 87 mit Bezug auf eine neuere Board-of-Review-Entscheidung und ihre Begründung.

[592] Vgl. *Halkyard / VanderWolk* (1993), S. 127.

[593] Vgl. *Ernst & Young* (1996), S. 138.

vities of the trade, profession or business"[594]. Genauere generelle Regeln existieren nicht. Auch die speziell auf Zinszahlungen für Kredite zur Finanzierung sowie auf administrative Kosten von Beteiligungen bzw. Beteiligungs-Portfolios abzielenden Regelungen sind kaum genauer[595]. Sie stellen vielmehr explizit klar, daß in diesen besonderen Fällen eine Aufteilung vorzunehmen ist. Die Practice Notes No. 3 bieten Hilfestellung insofern, als sie zum einen bei sowohl in Hong Kong wie auch außerhalb Hong Kongs vorgenommenen Handelsgeschäften eine Aufteilung nach den Umsätzen oder den Mengen (oder auch anderen passenden Methoden) vorschlagen. Zum anderen wird bei relativ kleinen Portfolios, zugunsten der Abziehbarkeit, eine Aufteilung der Verwaltungsgemeinkosten abgelehnt sowie bei größeren Portfolios eine Begrenzung des Abzugs von Verwaltungsgemeinkosten von 0.5% der Anschaffungskosten des Portfolios vorgegeben[596].

Neben der allgemeinen Regel zur Geltendmachung von Ausgaben enthält Art. 16 Abs. 1 IRO verschiedene explizit abziehbare Ausgaben, deren Nennung oftmals klarstellend ist. Z.T. begrenzen sie auch die Abziehbarkeit oder ermöglichen den sonst nicht vornehmbaren Abzug. Wichtigster Anwendungsfall ist die Abziehbarkeit von Zinsen und dem Darlehen zurechenbaren Ausgaben, da hier besondere Anforderungen gestellt werden[597]. Dies ist im Zusammenhang mit der Vorgehensweise bei der Feststellung der Quelle von Zinseinkünften zu sehen, die im wesentlichen auf dem „Provision of Credit"-Test basiert, der Manipulationen erleichtert (vgl. Abschnitt 2.D.II.2.). Handelt es sich beim Steuerpflichtigen nicht um eine Bank oder einen öffentlichen Versorgungsbetrieb, die Zinsen generell abziehen können, ist eine Abziehbarkeit möglich, wenn der Darlehensgeber die Zinseinkünfte in Hong Kong versteuern muß. Werden die Zinseinkünfte des Darlehensgebers nicht in Hong Kong versteuert, ist eine Abziehbarkeit nur in drei Fällen möglich:

1. wenn der Darlehensgeber eine Bank ist und das Darlehen nicht über eine Einlage, die von „verbundenen" Personen gemacht wurde, gesichert ist, oder wenn die auf die Einlage gezahlten Zinsen in Hong Kong zu versteuern sind; dies soll sogenannte „back-to-back"-Techniken vermeiden (zum Begriff vgl. Abschnitt 3.B.I.);

---

[594] Art. 2A Abs. 1 IRR.

[595] Siehe *Flux / Smith* (1996), S. 236ff. zu Art. 2B und 2C IRR.

[596] Abschn. 2 Buchst. b, d Departmental Interpretation & Practice Notes No. 3 bezieht sich hier auf „total costs of the investments and securities". Es könnte somit unklar sein, ob es sich um Anschaffungskosten handelt. Handelt die Gesellschaft mit den Anteilen - was zumindest Kurssteigerungen, nicht aber Dividenden steuerbar werden läßt - wird eine Grenze von 0.125% angegeben.

[597] Art. 16 Abs. 1 Buchst. a IRO; zu den Anforderungen siehe Art. 16 Abs. 2 IRO.

2. wenn das Darlehen ausschließlich zur Finanzierung von abschreibbaren Maschinen und Anlagen oder zum Kauf von Handelsware benutzt wird und der Darlehensgeber keine „verbundene“ Person ist;

3. wenn der Steuerpflichtige eine Körperschaft ist und das Darlehen verbrieft und handelbar ist[598]; die Zwischenschaltung einer ausländischen (Finanzierungs-) Gesellschaft schadet nicht, solange diese eine entsprechende Schuldverschreibung an einer vom Commissioner of Inland Revenue anerkannten Börse listet. Im letzteren Fall darf die Zinszahlung der Gesellschaft in Hong Kong maximal die Höhe derjenigen der (Finanzierungs-) Gesellschaft erreichen.

Zur Bestimmung von „verbundenen“ Personen wird im Falle von Körperschaften auf die Möglichkeit der Kontrolle durch eine der an der Transaktion beteiligten Gesellschaften über die andere oder einer dritten Gesellschaft über beide abgestellt[599].

Weitere explizit abziehbare Ausgaben sind Mieten für Grundstücke, die für Geschäftszwecke genutzt werden. Diese sind aber in ihrer Höhe begrenzt. Ausländische Steuern können nur in seltenen Fällen abgezogen werden, da die Besteuerung in Hong Kong nur an aus Hong Kong stammenden Einkünften ansetzt[600]. Eine Entscheidung des Board of Review könnte hier jedoch auf eine großzügigere Sichtweise hindeuten[601]. Dort waren Steuerzahlungen einer Reederei im Ausland als abziehbar erklärt worden, weil ansonsten das Geschäft nicht hätte weitergeführt werden können. Es ist allerdings unklar, ob diese Entscheidung Bestand haben wird[602]. Ebenfalls abziehbar sind Forderungsausfälle bzw. Dubiose, falls das IRD von der hohen Wahrscheinlichkeit des Ausfalls überzeugt ist[603]. Weitere Unterabsätze betreffen Reparaturausgaben, Kosten für die Ersetzung von Teilen, für die keine Abschreibung vorgesehen ist, Kosten für die Registrierung von Warenzeichen, Gebrauchsmustern, Patenten etc., Kosten für Forschung und Entwicklung sowie Kosten für technisches Training. Ebenfalls direkt abziehbar sind die Kosten für den Erwerb von Patentrechten sowie Know-How.

---

[598] Siehe *Flux / Smith* (1996), S. 210 für eine genauere Darstellung.

[599] Art. 16 Abs. 3 Buchst. b IRO.

[600] Vgl. *Halkyard / VanderWolk* (1993), S. 129.

[601] D 43 / 91 (Board of Review, Hong Kong, 1991).

[602] Vgl. *Flux / Smith* (1996), S. 211f.

[603] Vorab ist jedoch sicherzustellen, daß die Forderungen auch mit Hinblick auf eine Gewinnerzielung entstanden sind.

Gemäß Art. 17 Abs. 1 IRO sind bestimmte Ausgaben nicht abziehbar. Hierbei handelt es sich im wesentlichen um bereits genannte Ausgaben. Darüber hinaus wird die Vorschrift insbesondere für Pensionsrückstellungen relevant, die in ihrer Höhe begrenzt werden.

Verluste von Körperschaften können nach Art. 19C Abs. 4 IRO ohne zeitliche Begrenzung vorgetragen werden.

3. *Bewertungsfragen*

Bewertungsfragen treten im wesentlichen nur bei Handelsware sowie zu Zwecken der Berechnung von Abschreibungen auf.

Veränderungen im Wert der auf Lager liegenden Handelsware werden als Einnahmen bzw. Ausgaben steuerlich anerkannt. Quelle dieser Behandlung sind die Rechtsprechung sowie die Practice Notes No. 1[604]. Eine gesetzliche Grundlage existiert nicht[605]. Obergrenze der Bewertung der Ware sind die Anschaffungskosten ergänzt um die Anschaffungsnebenkosten[606]. Die Veränderungen werden i.d.R. mit Bezug auf den Marktwert nach Marketing-, Verkaufs-, Vertriebs- sowie gewissen Gemeinkosten berechnet[607]. Im Falle von Sammelbewertungen ist die LIFO-Methode nicht erlaubt[608].

Von besonderer Bedeutung sind die Regelungen über Abschreibungen. Prinzipiell ist zu unterscheiden zwischen Industriegebäuden („industrial buildings“), sonstigen Gebäuden („commercial buildings“), Maschinen und Anlagen sowie bestimmten immateriellen Vermögensgegenständen. Einen Überblick über die Abschreibungsraten gibt folgende *Tabelle 2*. Vorab zu beachten ist, daß die Vermögensgegenstände dem „trade ... or business“ dienen müssen, um Abschreibungen geltend machen zu können.

---

[604] Dabei sind englische Grundsätze übernommen worden. Dies erstaunt insbesondere deshalb, da in England, im Gegensatz zu Hong Kong, die handelsrechtliche Rechnungslegung offiziell als Basis für die Ermittlung der Bemessungsgrundage anerkannt ist (*Halkyard / VanderWolk* (1993), S. 106).

[605] *Ernst & Young* (1996), S. 113.

[606] Departmental Interpretation and Practice Notes No. 1, Teil A, Nr. 4f.; BSC Footwear v Ridgway (Inspector of Taxes) (House of Lords, England, 1972).

[607] Departmental Interpretation and Practice Notes No. 1, Teil A, Nr. 11f.

[608] *Flux / Smith* (1996), S. 229; *Ernst & Young* (1996), S. 117.

Tabelle 2: **Überblick über Abschreibungsraten in Hong Kong**

Kategorie	*Sofortabschreibung*	*Jährliche Abschreibung*
Industriegebäude[609]	20%	4%
Sonstige Gebäude[610]	0%	2%
Maschinen und Anlagen[611]	60%	10% / 20% / 30% geometrisch[612]
Maschinen und Anlagen für wissenschaftliche Zwecke[613]	100%	0%
Patentrechte und Rechte zur Verwertung von Know-How, falls erworben[614]	100%	0%

Die vorstehende *Tabelle 2* verdeutlicht, daß der Einordnung in die jeweilige Kategorie aufgrund stark divergierender Abschreibungsmöglichkeiten entscheidende Bedeutung zukommt. Bedeutsam sind deshalb die Definitionen der jeweiligen Kategorien.

Industriegebäude werden mittels einer Aufzählung definiert[615]. Diese umfaßt u.a. Gebäude, die als Mühle oder Fabrik dienen, im Zusammenhang mit Infrastrukturprojekten benutzt werden oder nur als Lagerhalle dienen. Im letzteren Fall muß der Gegenstand des Unternehmen das Lagern selbst sein[616].

Ein Gebäude, welches nicht als Industriegebäude - und nicht als Maschinen und Anlagen - qualifiziert wird, ist ein sonstiges Gebäude[617].

Maschinen und Anlagen werden gesetzlich nicht definiert, jedoch existiert eine umfangreiche Rechtsprechung zu diesem Thema. Die englische Entscheidung Yarmouth v France (High Court, England, 1887) gibt hier eine Definition vor: „... plant ... includes whatever apparatus is used by a business man for carrying on his business - not his stock-in-trade which he buys or makes for

[609]Art. 34 Abs. 1 und 2 IRO.

[610]Art. 36 IRO.

[611]Art. 37 IRO.

[612]Vgl. Art. 2 IRR; Anhang A, Departmental Interpretation & Practice Notes No. 7.

[613]Art. 16B Abs. 1 Buchst. b iVm. Art. 37 Abs. 1 IRO.

[614]Art. 16E Abs. 1 IRO.

[615]Art. 40 Abs. 1 IRO.

[616]Commissioner of Inland Revenue v Tai On Machinery (Supreme Court, Hong Kong, 1969); Teil A, Nr. 3 Departmental Interpretation and Practice Notes No. 2.

[617]*Ernst & Young* (1996), S. 250.

sale; but all goods and chattels, fixed or moveable, live or dead, which he keeps for permanent employment in his business".

Wesentlichster Streitpunkt ist die Abgrenzung von Maschinen und Anlagen zu Gebäuden. Aus obiger Definition sind dazu kaum brauchbare Schlüsse zu ziehen[618]. Vielmehr hat sich aus der Rechtsprechung die folgende Abgrenzung entwickelt: „... expenditure on plant and machinery may be identified and distinguished from expenditure on buildings in that the former relates to the 'tools' *with which* business is carried on whereas the latter is the 'environment' *in which* the business is carried on ..."[619]. Auf der Grundlage dieses Prinzips werden bspw. Schaufenster, Treppen, Bodenbeläge, Parkplätze und Restaurantschiffe nicht als Maschinen und Anlagen anerkannt. Anerkannt werden dagegen bspw. Bilder, Wandgemälde und Dekoration in einem Hotel, Software, Klimaanlagen sowie Aufzüge[620]. Kaianlagen werden gesetzlich nicht als Maschinen und Anlagen anerkannt[621]. Sie fallen unter die Kategorie Industriegebäude.

Das Anlagevermögen wird mit den Anschaffungskosten zuzüglich *direkt* mit der Anschaffung zusammenhängender Kosten bewertet[622]. Unter letztere fallen insbesondere Zinsen für ein Darlehen, welches zum ausschließlichen Zweck der Anschaffung aufgenommen wurde, Fracht- und Lieferkosten, Versicherungen und Zölle im Falle von Maschinen und Anlagen und Kosten im Zusammenhang mit der Untersuchung des Grundstücks im Falle der Errichtung von Gebäuden[623]. Kommissionen, Abrißkosten sowie Kosten, um Mieter zum Verlassen des Gebäudes zu veranlassen, sind bspw. nicht in die Anschaffungskosten einzurechnen[624]. Kosten betreffend die Veränderung von Gebäuden im Zusammenhang mit der Anschaffung von Maschinen und Anlagen sind jedoch den Maschinen und Anlagen zuzuordnen und damit ausnahms-

---

[618] A.A. wohl *Halkyard / VanderWolk* (1993), S. 165.

[619] *Flux / Smith* (1996), S. 330.

[620] Die Beispiele sind willkürlich gewählt. Für eine genauere Diskussion siehe Commissioner of Inland Revenue v Aberdeen Restaurant Enterprises Ltd (High Court, Hong Kong, 1988); *Flux / Smith* (1996), S. 328ff.; Anhänge B und C, Departmental Interpretation and Practice Notes No. 7.

[621] Art. 2 Abs. 3 IRR.

[622] *Flux / Smith* (1996), S. 316f. und 331f.

[623] Art. 40 Abs. 1 IRO; Teil A, Nr. 3 Departmental Interpretation and Practice Notes No. 7; BR 5 / 79 (Board of Review, Hong Kong, 1979).

[624] *Flux / Smith* (1996), S. 331; *Ernst & Young* (1996), S. 238 und 250; BR 5 / 79 (Board of Review, Hong Kong, 1979).

weise in die Anschaffungskosten einzurechnen[625]. Kosten für die Anschaffung des Grundstücks sind nicht ansetzbar[626].

Im Falle des Verkaufs von Anlagevermögen[627] muß der Verkäufer, mit der Ausnahme von sonstigen Gebäuden, die Differenz zwischen „steuerlichem Buchwert" und Verkaufspreis als Gewinn (sogenannte „balancing charge") bzw. Verlust (sogenannte „balancing allowance") in die Steuerbasis einrechnen[628]. Im Falle von Maschinen und Anlagen ist jedoch auf Antrag beim IRD eine Regelung analog zu § 6b EStG möglich, so daß die Steuerzahlung zeitlich gestreckt werden kann[629]. Höchstgrenze von steuerlichem Buchwert zuzüglich balancing charge sind jedoch die Anschaffungskosten. Dies bedeutet effektiv eine begrenzte Versteuerung von Gewinnen bzw. Geltendmachung von Verlusten beim Verkauf von Anlagevermögen. Der Käufer hat im Falle von Industriegebäuden für Zwecke der Abschreibungen vom historischen Wert abzüglich bisheriger Abschreibungen und einer eventuellen Balancing Allowance zuzüglich einer eventuellen Balancing Charge, auszugehen[630]. Er kann somit i.d.R. nicht von den Anschaffungskosten ausgehen. Im Falle sonstiger Gebäude führt der Käufer die bisher laufenden Abschreibungen weiter[631]. Eine Höchstgrenze für die Abschreibung existiert jedoch nicht, so daß auch über 100% des Ausgangswertes bei sonstigen Gebäuden „abgeschrieben" werden können[632]. Wurden Gebäude vor ihrer Benutzung verkauft, werden dem Käufer im Wege der Fiktion die Anschaffungskosten des Herstellers als eigene Anschaffungskosten gewertet. Handelt es sich bei dem Verkäufer um eine Bauträgergesellschaft, so zählt der Kaufpreis des ersten Käufers als Anschaffungskosten[633]. Bei Maschinen und Anlagen zählen die Anschaffungskosten inklusive erwähnter Nebenkosten als Abschreibungsbasis[634]. Außerordentliche Ab-

---

[625] Art. 40 Abs. 1 IRO.

[626] Art. 40 Abs. 3 IRO.

[627] Dies wird hier verstanden als Industriegebäude, sonstige Gebäude sowie Maschinen und Anlagen.

[628] Art. 35, 38 IRO.

[629] Art.39 IRO.

[630] Art. 34 Abs. 2 Buchst. b iVm. Art. 40 Abs. 1 IRO.

[631] Art. 36 IRO.

[632] *Ernst & Young* (1996), S. 250. Bei Industriegebäuden ist dies nicht möglich (Art. 34 Nr. 2 Buchst. c IRO).

[633] Art. 35B IRO. Dies gilt unabhängig davon, wieviele Verkäufe vor der erstmaligen Benutzung stattfanden.

[634] Art. 37 Abs. 1 IRO, der als Abschreibungsbasis allgemein „capital expenditure on the provision of machinery or plant" festlegt.

schreibungen können, außer bei sonstigen Gebäuden, im Falle der Zerstörung oder Unbrauchbarkeit vorgenommen werden. Der entsprechende „Vermögensgegenstand" darf dann nicht weiter benutzt werden[635].

Zur Erleichterung der Handhabung der Abschreibungen im Falle von Maschinen und Anlagen kann auf das sogenannte „Pooling"-Verfahren zurückgegriffen werden. Dabei sind die Maschinen und Anlagen anhand der Höhe ihrer jährlichen Abschreibungen zu ordnen. Der jeweilige Pool ist dann insgesamt abzuschreiben. Vorteile gegenüber dem normalen System ergeben sich durch die Behandlung von Abgängen. Diese sind mit dem Verkaufswert vom Gesamtwert des Pools abzuziehen[636]. Balancing charges entstehen somit erst, wenn der Gesamtwert des Pools kleiner Null wird. Dadurch wird die Versteuerung verzögert.

IV. Tarif

Der Steuersatz für die Profits Tax liegt im Veranlagungszeitraum 96 / 97 bei 16.5% im Falle von Körperschaften. Andere Steuersubjekte zahlen 15%[637]. Er ist unabhängig von der Höhe der Bemessungsgrundlage[638]. Die Bemessungsgrundlage von Lizenzeinkünften beträgt nur 10% der Einkünfte, falls sie nicht von einer „verbundenen Person" gezahlt werden[639].

---

[635]Art. 35 Abs. 1, 38 Abs. 1 IRO.

[636]Art. 39D Abs. 1 iVm Art. 39B Abs. 4 Buchst. e IRO.

[637]Die Steuersätze sind seit drei Jahren gleich geblieben (vgl. die Aufstellung bei *Ernst & Young* (1996), S. xxiii).

[638]Vgl. *Flux / Smith* (1996), S. 131.

[639]Art.21 IRO, der auch die Definition von „verbundener Person" enthält.

3. Kapitel

Steuerplanung im Verbund Tochtergesellschaft - Muttergesellschaft - Anteilseigner

Nach der Darstellung der Besteuerung der an der Investition beteiligten Steuersubjekte werden nun anhand ausgewählter Beispiele Steuerplanungsmöglichkeiten im Verbund Tochtergesellschaft - Muttergesellschaft - Anteilseigner aufgezeigt. Hierbei findet eine Beschränkung auf Investitionen in China (ohne Hong Kong) statt. Die bilanzpolitische Steuerplanung soll dabei keine Beachtung finden[640]. Es sei an dieser Stelle nur erwähnt, daß „Steuerbilanzpolitik" in China, aufgrund fehlender Wahlrechte, in den gesetzlich ungeregelten Bereichen oder aber durch Verhandlungen mit den zuständigen Behörden „betrieben" werden kann.

Die folgende Darstellung ausgewählter Beispiele der Steuerplanung soll auf relativ aggregiertem Niveau erfolgen. Auf bestimmte, für den Gesamteinblick allerdings unwichtige Details, wird nicht eingegangen. Zuvor soll das Ziel der Steuerplanung speziell in einem länderübergreifenden Verbund genauer untersucht und kritisch gewürdigt werden. Die Angabe von Rechts- oder Literaturquellen soll dann entfallen, wenn die entsprechende steuerliche Behandlung bereits in Kapitel 2 diskutiert worden ist.

A. Das Ziel der Steuerplanung im internationalen Verbund

Generelles Ziel der Steuerplanung ist es, durch Beeinflussung der Höhe und des zeitlichen Anfalls der Steuerzahlungen einen optimalen Beitrag zum Unternehmenswert zu leisten. Der Wert des Unternehmens bemißt sich nach den

---

[640]Hierbei geht es u.a. um die Ausnutzung von u.U. nicht explizit kodifizierten Wahlrechten im Bereich der Ansatz- , Gliederungs- und Bewertungsvorschriften (siehe dazu genauer *Rückle* (1983), S. 354ff.). Auch die Gründung von Gesellschaften kann ein Parameter der Steuerbilanzpolitik sein, da durch sie Grundlagen für bestimmte bilanzielle Handlungen geschaffen werden (dies sind „konstitutive" Entscheidungen der Steuerbilanzpolitik (*Rückle* (1983), S. 116ff.)). Unter Steuerbilanzpolitik wird hier nur das Ausnutzen oben erwähnter Wahlrechte verstanden.

Ausschüttungen und ihrem zeitlichen Anfall[641]. Während auf nationaler Ebene aufgrund des Zusammenhangs von Handels- und Steuerbilanz das Problem der Interdependenz von Steuerzahlungen und ausschüttungsfähigem Gewinn besteht[642], wird dies auf internationaler Ebene ergänzt um den Anfall der Steuerlast - und damit des ausschüttungsfähigen Gewinns - in verschiedenen Ländern. International wird somit oftmals zum Zwecke der Steueroptimierung mit dem notwendigen und möglichst spät rückgängig zu machenden Anfall des Gewinns im Ausland ein zweiter „Riegel" zwischen Anteilseigner und Gewinnentnahme geschoben[643].

Die Steuerplanung muß also gewährleisten, daß die Konzentration auf steuerliche Vorteile aufgrund einer Thesaurierung „am falschen Ort" nicht zur Undurchführbarkeit rentabler Projekte der Steuersubjekte im Verbund führt.

B. Beispiele der Steuerplanung im internationalen Verbund

Im folgenden sollen die Finanzierung der chinesischen Tochter, die Gestaltung von Verrechnungspreisen und die Errichtung chinesischer Holding- sowie die von Offshore-Gesellschaften als Steuerplanungsbeispiele betrachtet werden.

I. Eigen- oder Fremdfinanzierung

Die Frage nach der Finanzierung der Investition stellt sich zunächst unabhängig von Überlegungen bzgl. der Steuerplanung. Hier können wirtschaftliche Zwänge bereits eine unabänderliche Vorentscheidung herbeiführen. Steuerliche Faktoren können erst dann Beachtung finden, wenn zumindest in einem gewissen Rahmen Finanzierungsfreiheit besteht. Dies soll im folgenden angenommen werden. In jedem Fall ist den rechtlichen Finanzierungsgrenzen, die in den FFVO manifestiert sind, Rechnung zu tragen (siehe Abschnitt 1.B.II.).

---

[641] Vgl. dazu *Moxter* (1983), S. 79.

[642] Dies äußert sich in der Diskussion um die Steuerbarwertminmierung bzw. Nettokapitalwertmaximierung als Ziel der Steuerplanung. Darauf soll im folgenden nicht weiter eingegangen werden (siehe dazu *Rückle* (1983), S. 257ff.).

[643] Der erste „Riegel" ist der niedrige bilanzielle Gewinnausweis bei Verfolgung einer Steuerbarwertminimierungsstrategie, der tendenziell zu einer geringeren Ausschüttung führt.

Grundsätzlich besteht die Möglichkeit, die Tochtergesellschaft selbst mit Eigen- oder Fremdkapital auszustatten. Darunter sollen für die anschließende Diskussion Stammeinlagen bzw. festverzinsliche Darlehen verstanden werden. Die Einnahmen, deren steuerliche Wirkung zu untersuchen ist, sind somit Gewinnanteile und Zinsen. Zugleich kann sich ebenfalls die Frage nach der Refinanzierung der Muttergesellschaft stellen. Der Anteilseigner soll ausschließlich Eigenkapitalgeber sein.

Die Eigenkapitalausstattung der Tochtergesellschaft führt zur Nichtabzugsfähigkeit und damit Besteuerung der Gewinnanteile auf der Ebene der Tochter. Der Zufluß bei der deutschen Muttergesellschaft sowie der Wert der Beteiligung ist steuerfrei. Im Falle der Weiterausschüttung an den Anteilseigner kommt es zur Belastung mit dem vollen Gesamttarif des Anteilseigners, da die Dividenden in das EK01 eingeordnet worden sind. Letzteres dürfte aufgrund der Ausschüttungsreihenfolge des § 28 Abs. 3 KStG jedoch relativ selten der Fall sein. Wird die Stammeinlage bei der Muttergesellschaft fremdfinanziert, ergibt sich das oben erörterte Problem des wirtschaftlichen Zusammenhangs der Fremdkapitalzinsen und der steuerfreien Dividenden, die gegenwärtig zur Nichtabzugsfähigkeit der Zinsen bis zur Höhe der im gleichen Jahr zufließenden Dividenden führt. Probleme könnte hier auch die gegenwärtig unklare Lage bzgl. der Abzugsfähigkeit anderen, im Zusammenhang mit steuerfreien Dividenden gesehenen Aufwands bei der Muttergesellschaft bereiten (vgl. Abschnitt 2.B.II.2.b.). Die nichtabziehbaren Ausgaben vermindern zusätzlich auch noch das EK45[644], womit die darin enthaltene latente Steuerrückerstattung verlorengeht.

Die Fremdkapitalausstattung der Tochtergesellschaft führt zunächst zu in China abziehbaren Zinszahlungen, d.h. zum Schutz vor der chinesischen KSt auf diesen Teil des Ertrags. Allerdings unterliegen die Zinsen einer 10%igen Quellensteuer. Die Quellensteuer kann jedoch vermieden werden, falls das Darlehen durch die Hermes-Kreditversicherung gedeckt ist. Lassen sich sogenannte „back-to-back“-Arrangements mit der KfW oder der Deutschen Finanzierungsgesellschaft für Beteiligungen in Entwicklungsländern treffen, entfällt die Quellensteuer ebenfalls. „Back-to-back“-Finanzierung bezeichnet hier die Einlage der Kreditsumme bei einem zwischengeschalteten Institut, das wiederum die gesamte Summe gegen eine Gebühr an den geplanten Schuldner weiterreicht[645]. In der Endkalkulation muß die bei dieser Konstruktion anfallende Gebühr berücksichtigt werden. In Deutschland sind die Zinsen voll zu besteuern, angefallene Quellensteuer kann jedoch bis zum Anrech-

[644] § 31 Abs. 1 Nr. 4 KStG.

[645] Der Begriff „back-to-back“-Finanzierung wird nicht einheitlich verwendet (vgl. *Vogel* (1996), Art. 11, Rn. 43 mit Beispielen).

nungshöchstbetrag angerechnet werden. Das bei der Muttergesellschaft entstehende ausschüttungsfähige Eigenkapital ist dabei auf die entsprechenden EK-Teilbeträge (meist EK45 und EK30) aufzuteilen. Die Weiterausschüttung dieser Einnahmen, die aufgrund der Ausschüttungsreihenfolge des § 28 Abs. 3 KStG wahrscheinlicher als bei Dividendenzahlungen ist, verläuft ohne Besonderheiten. Die Zinsen unterliegen zusätzlich der GewESt[646]. Im Falle der Refinanzierung der Muttergesellschaft mit Fremdkapital ergeben sich keine Besonderheiten, da die Zinsen auf das an die Tochtergesellschaft weitergeleitete Darlehen der deutschen Besteuerung unterliegen[647].

Zusammenfassend erscheint die Eigenkapitalfinanzierung der Tochtergesellschaft auf der Ebene der Muttergesellschaft als die steuerlich bessere Lösung, da die Bruttoausschüttungen, anstatt mit deutscher KSt und GewSt, nur mit chinesischer KSt belastet sind, deren Tarif geringer ist[648]. Abhängig von der Lösung bzgl. des Abzugverbots für Aufwendungen im Zusammenhang mit den Dividendenzahlungen könnte sich ein anderes Ergebnis ergeben. Die Steuerwirkung des Abzugsverbot und die chinesische KSt müßten dazu die deutsche KSt und GewSt auf die Zinserträge übertreffen.

Ist mit einer Ausschüttung der Dividenden- bzw. Zinserträge an den Anteilseigner zu rechnen, unterliegen in einer Gesamtbetrachtung beide der vollen Steuerbelastung des Anteilseigners in Deutschland. Es kommt dann auf den Vergleich der GewSt auf die Zinserträge mit der chinesischen KSt auf die Bruttogewinnanteile und den steuerlichen Folgen des Abzugsverbots bei der Muttergesellschaft an. Die Schwelle zur Vorteilhaftigkeit der Fremdfinanzierung der Tochtergesellschaft liegt hier *wesentlich* niedriger und wird bei höheren Tarifen der chinesischen KSt bzw. im Falle der Fremd(re)finanzierung der Beteiligung bei der Muttergesellschaft mit großer Wahrscheinlichkeit überschritten.

---

[646]Die in China gezahlte Quellensteuer wird für Zwecke der GewSt nicht berücksichtigt (denkbar könnte hier nur ein Abzug von der Bemessungsgrundlage nach § 34c Abs. 2, 3 EStG sein; da diese Vorschrift aber nicht Teil der Gewinnermittlungsvorschriften gemäß § 7 GewStG ist, wird der Abzug für Zwecke der GewESt nicht berücksichtigt (*Twickel* (1997), § 7 GewStG, Rn. 41 und 165)) . Eine Kürzung des Gewerbeertrags um die Zinseinkünfte findet nicht statt.

[647]Die GewKapSt hat hier keinen Einfluß, da sie bei der Muttergesellschaft nicht anfällt (vgl. Abschnitt 2.B.II.2.b).

[648]Vgl. *Küsell* (1996), S. 59f. für weitere Aspekte, die bei der steuerlichen Planung der Finanzierung in China von Interesse sind.

II. Verrechnungspreisgestaltung

Durch die Gestaltung von Verrechnungspreisen soll eine Gewinnverlagerung stattfinden, die eine Besteuerung zu einem möglichst niedrigen Tarif gewährleistet. Geht es um Lieferungen zwischen der deutschen Muttergesellschaft und der chinesischen Tochtergesellschaft, erscheint eine Gewinnverlagerung nach China sinnvoll. Dabei sind jedoch die generellen Geschäftsrisiken in China zu beachten. Wird dieses Risiko als entsprechend hoch eingestuft, müssen die steuerlichen Überlegungen zurückstehen[649]. Ansonsten kann durch Verrechnung überhöhter Preise bei Lieferungen der Tochtergesellschaft an die Muttergesellschaft und zu niedriger Preise umgekehrt die gewünschte Gewinnverlagerung prinzipiell bewerkstelligt werden.

Gegen derartige Preisgestaltungen existieren Rechtsmittel, die der Finanzverwaltung eine Korrektur der Preise erlauben. Interesse daran hat im vorliegenden Fall nur die deutsche Finanzverwaltung. Es sind somit die deutschen Rechtsmittel zur Anpassung zu untersuchen. Dies sind die von der Rechtsprechung entwickelte verdeckte Einlage sowie die Korrekturvorschriften des § 1 AStG[650].

Eine verdeckte Einlage liegt vor, falls ein Gesellschafter einer Kapitalgesellschaft (aktivierbare) Vermögensvorteile außerhalb der gesellschaftsrechtlichen Einlagen zuwendet, die durch das Gesellschaftsverhältnis begründet sind[651]. Die Folge der Annahme einer verdeckten Einlage im betrachteten Fall ist die Erhöhung des Beteiligungsansatzes der chinesischen Tochtergesellschaft um den Differenzbetrag des Verrechnungspreises mit dem korrigierten Wert. Aufwand wird somit durch einen Aktivposten ersetzt und neutralisiert. § 1 AStG regelt die Korrektur von Preisen, die zwischen „nahestehenden Personen“ ausgehandelt wurden. Die Preise werden hier außerbilanziell angepaßt.

Der Unterschied zwischen beiden Rechtsmitteln liegt in der bilanzwirksamen Behandlung der verdeckten Einlage. Die Erhöhung des Bilanzansatzes kann durch Verkauf oder Teilwertabschreibung zu einem späteren Zeitpunkt aufwandswirksam werden. Bei der außerbilanziellen Korrektur ist dies nicht

---

[649] Dann kann auch entgegen der steuerlich optimalen Strategie gehandelt werden. Dies ist bspw. sinnvoll, wenn Gewinnausschüttungen aus irgendwelchen Gründen (z.B. Devisentauschprobleme) nicht hundertprozentig gewährleistet sind.

[650] Art. 9 DBA-China, der ebenfalls die Anpassung von Berechnungspreisen regelt, stellt keine Rechtsgrundlage für die Anpassung dar. Es bedarf dafür zwingend innerstaatlicher Regelungen (*Vogel* (1996), Art. 9, Rn. 7; *Schaumburg* (1993), S. 658 m.w.N.).

[651] *Schaumburg* (1993), S. 805.

möglich[652]. Damit tritt die Frage des Vorrangs bei gleichzeitig erfüllten Voraussetzungen beider Rechtsmittel in den Vordergrund. Die h.M. sieht hier einen Vorrang der verdeckten Einlage[653]. Die Unterschiede zwischen den Anwendungsvoraussetzungen liegen neben den einbezogenen Steuersubjekten insbesondere darin, daß die verdeckte Einlage nur bei aktivierbaren Vermögensvorteilen bzw. -nachteilen[654], § 1 AStG jedoch bei jeder inkorrekten Preisbildung greift[655]. Werden die Verrechnungspreise von Lieferungen angepaßt, ist somit das Rechtsinstitut der verdeckten Einlage anzuwenden[656].

Als Vergleichsmaßstab zur Korrektur der Verrechnungspreise dient generell ein Preis, wie er unter Fremden festgesetzt worden wäre. Läßt sich ein solcher nicht feststellen, werden andere Richtpreise gewählt, auf die jedoch nicht weiter eingegangen werden soll[657].

Problematisch im Falle von Korrekturen ist die entstehende und u.U. nicht vermeidbare Doppelbelastung. Verringert bspw. die deutsche Finanzverwaltung die Preise einer Lieferung der chinesischen Tochtergesellschaft an die deutsche Mutter, entsteht in Deutschland beim Weiterverkauf der Güter ein höherer Gewinn, von dem Teile (nämlich der durch die Verringerung entstandene Differenzbetrag) auch in China angefallen und versteuert worden sind. Dem Steuerpflichtigen bleibt dann nur das Verständigungsverfahren[658].

Ein eventuell aus der Verrechnungspreisgestaltung erzielter Vorteil kann später von der Tochtergesellschaft steuerfrei an die deutsche Muttergesellschaft ausgeschüttet werden, so daß der erzielte Steuervorteil problemlos bei der Muttergesellschaft vereinnahmt werden könnte.

Zusammenfassend läßt sich feststellen, daß die Verrechnungspreisgestaltung ein geeignetes Instrument zur Steuerplanung, jedoch verbunden mit einem hohen Risiko, ist. Dieses Risiko läßt sich aber auch bei der Verrechnung anhand scheinbar „fairer“ Preise nicht ganz ausschalten.

---

[652]Vgl. *Baumhoff* (1992), Rn. 217; BMF-Grundsätze 23.2.1983 - IV C 5 - S 1341 - 4 / 83, Abschn. 8.1.1. Buchst. c.

[653]Vgl. *Jacobs* (1995), S. 423f.; *Baumhoff* (1992), Rn. 220. A.A. *Jacobs* (1995), S. 424.

[654]Vgl. *Jacobs* (1995), S. 417; *Baumhoff* (1992), Rn. 204.

[655]Für weitere Unterschiede siehe *Baumhoff* (1992), Rn. 219.

[656]*Baumhoff* (1992), Rn. 203f. und 208.

[657]Dies gilt sowohl für die verdeckte Einlage wie auch die Anpassung nach § 1 AStG (vgl. für die verdeckte Einlage *Jacobs* (1995), S. 418; *Baumhoff* (1992), Rn. 205; für § 1 AStG: *Baumhoff* (1987), S. 498ff.; *Kussmaul* (1987), S. 685f.).

[658]Das DBA-China enthält, anders als OECD- und UN-MA (Art. 9 Abs. 2), keine Verpflichtung der Staaten zur Konsultation oder gar Lösung des Konflikts.

III. Chinesische Holdinggesellschaft

Hat ein Investor mehr als eine Tochtergesellschaft in China, könnte die Errichtung einer Landesholding in China erwogen werden. Neben den Vorteilen in Verwaltung, Management, Liquiditätsmanagement, beim Devisenausgleich und durch das einheitliche Unternehmensbild[659] bieten sich auch gewisse steuerliche Vorteile.

Durch die Gründung der Landesholding ist die Möglichkeit zur Abgabe konsolidierter Steuererklärungen möglich. Einbezogene Gesellschaften dürfen jedoch nur 100%ige Tochtergesellschaften sein (vgl. Abschnitt 2.B.I.2.b.). Dadurch wird ein direkter Verlustausgleich ermöglicht, woraus sich Zinseffekte ergeben können. Ein weiterer Vorteil ergibt sich insbesondere im Hinblick auf zukünftige Entwicklungen des chinesischen Steuerrechts. Mit dem Abbau der Investitionsanreize ist zu vermuten, daß die momentane Quellensteuerbefreiung für Dividenden aufgehoben wird. Dann bietet die Holding für geplante innerchinesische Reinvestitionen wie die Neugründung einer GmaK echten Schutz, da eine Anrechnung der chinesischen Quellensteuer in Deutschland nicht möglich wäre[660].

Die Zwischenschaltung der Landesholding zwischen die chinesischen Tochtergesellschaften und die deutsche Muttergesellschaft führt unter gewissen Umständen zu keiner Veränderung der laufenden Besteuerung des Verbundes. Beträgt die Beteiligung ausländischer Investoren der über die Landesholding gehaltenen Gesellschaften mindestens 25%, stehen ihnen, trotzdem sie durch eine *chinesische* Gesellschaft gehalten werden, alle Investitionsanreize auch weiterhin zur Verfügung[661]. Die Holding empfängt die Dividenden der Tochtergesellschaften steuerfrei. Die Steuerfreiheit der Dividenden der Holding in Deutschland ist gesichert, wenn die Beteiligung der Holding an den chinesischen Gesellschaften mehr als 25% beträgt[662]. Die Hinzurech-

---

[659]Vgl. *Yoost / Huang* (1995), S. 604f.; *Rapp / Liew* (1994), S. 17f.

[660]Hier besteht theoretisch auch die Möglichkeit, daß die Tochtergesellschaft selbst eine neue Gesellschaft gründet. Damit wird sie allerdings selbst zu einer Holding und muß dafür die unten genannten Bedingungen erfüllen. Es erscheint sinnvoller, *eine* zentrale Holding zu haben.

[661]Art. 10 HGVO. Wenn als Holding-Gesellschaft ein Joint Venture geplant ist, sollte vorab eine Bestätigung der zuständigen Behörden betreffend dieser Behandlung eingeholt werden, da ein im Januar 1995 erlassenes Rundschreiben der nationalen Steuerbehörde die Errichtung einer GA fordert (vgl. *Price Waterhouse* (Januar 1995)).

[662]Prot. 6 Buchst. b Unterabschn. bb DBA-China.

nungsbesteuerung nach AStG greift nicht, da es sich um eine Landesholding handelt[663].

Bei der Zwischenschaltung der Holding müssen gemäß der Praxis der chinesischen Steuerbehörden keine stillen Reserven aufgedeckt werden[664]. Für den späteren Verkauf der Anteile ändert sich die Besteuerung insofern, als die Quellensteuer in Höhe von 20% einer Besteuerung als laufendes Einkommen der Holding zum anzuwendenden KSt-Tarif weicht. Je nach Höhe des chinesischen KSt-Tarifs und des Anfalls von Ausgaben kann dies Vor- oder Nachteile haben.

Zur Errichtung einer chinesischen Landesholding in der Rechtsform einer GA müssen die folgenden Kriterien erfüllt sein[665]:

1. (1) der ausländische Investor (hier also die deutsche Muttergesellschaft) muß im Jahre vor der Beantragung zur Gründung der Holding eine Bilanzsumme[666] von mindestens 400 Mio US$ aufweisen können, bereits mehr als 10 Mio US$ als Stammeinlage in GmaK investiert und Genehmigungen für mindestens drei GmaK in China erhalten haben, oder (2) der ausländische Investor muß bereits mehr als 30 Mio US$ als Stammeinlage in mindestens zehn GmaK in China investiert haben;
2. das Stammkapital der Holding muß mindestens 30 Mio US$ betragen, die durch eine Devisenbareinlage zu leisten sind[667].

IV. Gesellschaften in Drittländern

Eine weitere Möglichkeit zur Steuerplanung ist die Errichtung von Gesellschaften in Drittländern. Diese Drittländer werden aufgrund bestimmter Charakteristika ausgewählt. Entscheidungskriterium kann u.a. die Existenz niedrig besteuerter Gesellschaftsformen, das Fehlen von Quellensteuern, das günstige DBA-Netzwerk des Landes oder das Fehlen bestimmter Mißbrauchsklauseln sein. Ziel kann es einerseits sein, der deutschen Steuer durch Verlagerung

---

[663] § 8 Abs. 2 AStG.

[664] *Lai / Lo / Kwan* (1996), S. 2.

[665] Vgl. Art. 2 HGVO. Im Falle eines Joint Ventures treten noch bestimmte Forderungen an den chinesischen Partner hinzu. Die Errichtung in Form einer AG ist nicht möglich (Art. 1 HGVO).

[666] Die Vorschrift spricht hier von „total assets". Es ist allerdings fraglich, ob zur Überprüfung der Forderung eine Art „Bilanzbereinigung" stattfindet, bei der Rechnungsabgrenzungsposten etc. aus der Bilanz entfernt werden.

[667] Art. 4 HGVO.

der Einkünfte ins niedriger besteuerte Ausland zu entgehen. Andererseits kann versucht werden, die Einkünfte auf einem steueroptimalen Weg nach Deutschland zu leiten (sogenanntes „Treaty Shopping"). Die Vorteilhaftigkeit der dazu gewählten Techniken ist anhand einer zweistufigen Prüfung zu untersuchen. Zunächst ist die prinzipielle Vorteilhaftigkeit der gewählten Gestaltung mit den Steuerfolgen ohne die Technik zu vergleichen. Sodann ist festzustellen, ob Mißbrauchsvorschriften die Vorteilhaftigkeit gefährden können.

Im folgenden werden bestimmte Typen von Gesellschaften vorgestellt und analysiert. Die zu untersuchenden Gesellschaftstypen sind Holding-, Finanzierungs-, Dienstleistungs- und Handelsgesellschaften. Versicherungsgesellschaften sind im Falle von Investitionen in China nutzlos, da sich GmaK nur bei chinesischen Versicherungsunternehmen versichern dürfen[668].

Ausländische Holdinggesellschaften können einerseits zur Verschiebung der Einkünfte zum Schutz vor der Besteuerung von Dividenden und Gewinnen aus Anteilsveräußerungen bei der Muttergesellschaft in Deutschland verwendet werden. Dazu werden Holdinggesellschaften im niedrig besteuernden Ausland gegründet. Andererseits können sie als Durchlaufgesellschaften die Quellensteuern reduzieren und die Anwendbarkeit von Schachtelprivilegien sichern. Die Holding muß dazu in einem Land gegründet werden, welches günstige DBA abgeschlossen hat.

Da Gewinnausschüttungen der GmaK der Muttergesellschaft steuerfrei zufließen und gemäß DBA-China das Schachtelprivileg in Deutschland greift, können ausländische Holdinggesellschaften in beiden Fällen keinerlei Vorteile bieten. Aus diesem Grunde ist die Zwischenschaltung einer Holding nicht sinnvoll. Eine Auseinandersetzung mit den Mißbrauchsvorschriften des deutschen Steuerrechts entfällt somit. Im Falle des Anteilsverkaufs fällt lediglich chinesische Quellensteuer an. Eine Reduzierung der Quellensteuer bei Verkauf des Anteils an der GmaK könnte jedoch nur durch die DBA mit Kuwait und der Schweiz erreicht werden, die als einzige China das Besteuerungsrecht entziehen[669]. Die Vorteilhaftigkeit dieser Holdingstandorte wird hier jedoch nicht weiter erörtert. Der Verkauf einer zwischengeschalteten Holding ist eine weitere Möglichkeit zur Umgehung der chinesischen Quellensteuer. Zu beachten ist aber, daß die Holding in einem Land errichtet werden müßte, welches keine Quellensteuer auf den Verkauf der Beteiligung erhebt und auch durchfließende Dividenden nicht besteuert, um diesbezüglich die steuerliche Position nicht zu verschlechtern. Zusätzlich müßte ein DBA des Holdinglandes mit Deutschland bestehen, um der deutschen Besteuerung der Dividenden und

---

[668] Art. 83 DVGAG; Art. 8 GJVG; Art. 18 VJVG.

[669] Art. 13 Abs. 4 DBA China-Kuwait; Art. 13 Abs. 5 DBA China-Schweiz. Vgl. *Rijntjes* (1995), S. 166.

Veräußerungsgewinne (nach § 8b Abs. 2 KStG oder DBA) entgehen zu können. Deutsche Mißbrauchsvorschriften greifen nicht, da, im Falle des direkten Haltens der ausländischen Holding, weder Dividendenzahlungen noch Anteilsveräußerungen in Deutschland steuerpflichtig wären. In Deutschland könnten somit keine Steuern gespart werden.

Finanzierungsgesellschaften sollen einen Schutz vor der Besteuerung von Zinseinnahmen bei der Muttergesellschaft aufgrund eines gewährten Darlehens an die Tochtergesellschaft bzw. eine Reduzierung der Quellensteuer im Ansässigkeitsstaat der Tochtergesellschaft gewährleisten. Da das DBA-China im Falle von Zinsen die Doppelbesteuerung durch Anrechnung vermeidet und der Anrechnungshöchstbetrag oftmals ausreicht, um die chinesische Quellensteuer auf Zinsen anrechnen zu können, wird letzteres Planungsziel oftmals gegenstandslos. Es wird deshalb hier nicht weiter verfolgt.

Mit der Errichtung und Eigenkapitalfinanzierung der Finanzierungsgesellschaft in einem Niedrigsteuerland könnte prinzipiell Schutz vor der deutschen Besteuerung der Zinseinkünfte erlangt werden. Durch die Zwischenschaltung könnte dann jedoch die volle chinesische Quellensteuer auf Zinsen in Höhe von 20% auf den Bruttobetrag anfallen. Holdingländer wie bspw. Zypern würden hier aufgrund eines DBA mit China (Quellensteuerbegrenzung 10%) Abhilfe schaffen. Die Wirksamkeit der Verlagerung der Einkünfte ins Ausland muß zusätzlich jedoch anhand der Hinzurechnungsbesteuerung nach §§ 7ff. AStG bzw. der allgemeinen Mißbrauchsnorm § 42 AO überprüft werden. § 42 AO geht den §§ 7ff. AStG logisch vor. Die Tatbestandsvoraussetzungen des § 42 AO verlangen jedoch neben dem Vorliegen rein passiver Einkünfte bei der Basisgesellschaft zusätzliche Kriterien, die auf einen Mißbrauch hindeuten[670]. Der BFH hat mit der Rechtsprechung zu Basisgesellschaften zahlreiche Anhaltspunkte für die Beurteilung bestimmter Fallgestaltungen hinsichtlich ihrer Mißbräuchlichkeit geliefert. Dazu sei auf die umfangreiche Literatur verwiesen[671]. Liegen keine zusätzlichen Kriterien vor, die auf einen Mißbrauch deuten könnten, kann dennoch die Hinzurechnungsbesteuerung greifen. Danach handelt es sich bei den Einkünften der Finanzierungsgesellschaft nicht um nach § 8 Abs. 1 AStG von der Hinzurechnungsbesteuerung befreite Einkünfte. Jedoch ist nach § 10 Abs. 5 AStG ein vorhandenes DBA auf den Hinzurechnungsbetrag anzuwenden, soweit es sich nicht um Zwischeneinkünfte mit Kapitalanlagecharakter handelt. Bei einer Gesellschaft, die ohne EK-Beteiligung Darlehen an Konzernunternehmen vergibt, werden Einkünfte mit Kapitalanlagecharakter regelmäßig vorliegen. Hält die zwischengeschaltete

---

[670]BFH 23.10.1991, I R 40 / 89, BStBl. II 1992, S. 1026 (1028); BFH 10.6.1992, I R 105 / 89, BStBl. II 1992, S. 1029 (1031).

[671]Vgl. bspw. *Luttermann* (1993), S.156ff.; *Rauer* (1983), S.2278.

Gesellschaft jedoch mindestens 10% der Anteile an der GmaK, kann die Ausnahmeregelung des § 10 Abs. 6 AStG umgangen werden, so daß DBA anwendbar bleiben[672]. Da der Hinzurechnungsbetrag als Einkünfte aus Kapitalvermögen gedeutet wird[673], greift hier regelmäßig das Schachtelprivileg und die Hinzurechnungsbesteuerung wird im Endeffekt nicht wirksam. Existiert kein DBA, werden Thesaurierungen der ausländischen Gesellschaft in Deutschland sofort steuerpflichtig. Bei der Zwischenschaltung von Holdinggesellschaften sind jedoch die bereits in Abschnitt 1.B.V. erwähnten nichtsteuerlichen Probleme zu beachten.

Mit Hilfe von ausländischen, durch die deutsche Muttergesellschaft gehaltenen Dienstleistungsgesellschaften kann über die Abzugsfähigkeit der Bezahlung der der chinesischen Tochtergesellschaft erbrachten Leistungen die Steuerbemessungsgrundlage in China verringert und das Leistungsentgelt im Drittland niedriger besteuert werden. Deutsche Mißbrauchsvorschriften greifen zunächst nicht, da die deutsche Besteuerung nicht berührt wird[674]. Außer den Vorschriften zur Verrechnungspreisgestaltung existieren in China keine derartigen Vorschriften[675]. Das einzige, allerdings schwerwiegende Problem, bei der Nutzung ausländischer Dienstleistungsgesellschaften ist die Gefahr der Begründung einer Betriebstätte in China, die nach innerchinesischem Recht an keinerlei zeitliche Mindestpräsenz in China gebunden ist[676] und somit *direkt* die chinesische Betriebstättenbesteuerung nach sich zieht. Besteht zwischen dem Drittland und China ein DBA, wird eine gewisse zeitliche Mindestpräsenz zur Begründung einer Betriebstätte vorausgesetzt. Entsprechend kann die Besteuerung in China vermieden werden. Gegenwärtig bieten sich hier bspw. Zypern sowie Mauritius als Drittländer an, da diese DBA mit China abgeschlossen haben, die als Zeitlimit, anstatt normalerweise sechs Monate, zwölf Monate vorschreiben[677]. Außerdem besitzen sie für Steuerplanungen relevante Gesellschaftsformen[678]. Fraglich ist sodann, ob die Einkünfte der Dienstleistungsgesellschaft im Drittland thesauriert oder ausgeschüttet werden

---

[672] § 10 Abs. 6 Nr. 2 AStG.

[673] § 10 Abs. 2 AStG.

[674] Dies gilt allerdings nur, wenn sich die Dienstleistungsgesellschaft nicht der deutschen Muttergesellschaft bedient, um wesentliche Teile der Dienstleistungen zu erbringen. Ansonsten greift die Hinzurechnungsbesteuerung (§ 8 Abs. 1 Nr. 5 Buchst. a AStG).

[675] *IBFD* (1993), China, Rn. 28.

[676] Art. 3 Abs. 2 DVGmaKAuStG.

[677] Art. 5 Abs. 3 DBA China-Zypern; *Price Waterhouse* (Oktober 1995).

[678] Vgl. *Ho* (1996), S. 1844f.; *Price Waterhouse* (Oktober 1995); *Demetriades* (1990), S. 17.

sollen. Im ersten Fall könnte die Hinzurechnungsbesteuerung aufgrund passiver Einkünfte aus einer Zwischengesellschaft greifen. Gelingt der Nachweis, daß die ausländische Gesellschaft „einen für das Bewirken derartiger Dienstleistungen eingerichteten Geschäftsbetrieb unter Teilnahme am allgemeinen wirtschaftlichen Verkehr unterhält", so kann die Hinzurechnungsbesteuerung vermieden werden[679]. Die Anwendbarkeit von § 42 AO ist wiederum anhand der Rechtsprechung zu Basisgesellschaften zu überprüfen. Im zweiten Fall kommt es entscheidend auf die Existenz eines DBA zwischen Drittstaat und Deutschland an, um die Steuerfreiheit von Ausschüttungen in Deutschland zu gewährleisten.

Mit Hilfe von durch die deutsche Muttergesellschaft gehaltenen Handelsgesellschaften in Drittländern wird versucht, über die Gestaltung von Verrechnungspreisen den Gewinn im niedriger besteuerten Ausland anfallen zu lassen. Deutsche Mißbrauchsvorschriften greifen zunächst wiederum nicht. Es sind dann die chinesischen Mißbrauchsvorschriften bzgl. der Verrechnungspreisgestaltung, die ähnlich den deutschen sind, zu beachten[680]. Wie im Fall der Dienstleistungsgesellschaften ist anschließend die Frage nach Thesaurierung oder Ausschüttung zu stellen. Insofern sei auf die dortigen Ausführungen verwiesen.

---

[679] § 8 Abs. 1 Nr. 5 Buchst. b AStG.

[680] Art. 13 GmaKAuStG; Art. 52ff. DVGmakAuStG; siehe auch *Yeung* (1994), S. 11f.

4. Kapitel

Messung von Steuerwirkungen anhand von Modellunternehmen im Verbund Tochtergesellschaft - Muttergesellschaft - Anteilseigner

Die vorangegangene Darstellung der Steuernormen gibt bereits - eine Kenntnis des deutschen Steuerrechts vorausgesetzt - erste Einblicke in die andersartigen Steuerfolgen der Beteiligung an chinesischen im Vergleich zur Beteiligung an deutschen Gesellschaften. Sind Entscheidungen über den Standort eines Unternehmens zu treffen, bedarf es jedoch oftmals quantitativer Aussagen über die zu erwartende Steuerbelastung.

Quantitative Aussagen sollen hier mit Hilfe einer computergestützten Veranlagungssimulation[681] von Modellunternehmen in China und Deutschland ermittelt werden. Bevor die Simulation vorgestellt und die Ergebnisse präsentiert werden, ist es unerläßlich, zunächst die theoretischen Grundlagen einer Ermittlung entscheidungsrelevanter Steuerbelastungskennzahlen zu diskutieren. Zugleich wird erörtert, was die gewählte Methode in diesem Zusammenhang zu leisten vermag. Zusammen mit ebenfalls durchgeführten Überlegungen hinsichtlich der Repräsentativität der Simulationsannahmen kann dann auf die Aussagekraft der Ergebnisse geschlossen werden.

---

[681]Hierbei geht es um die Simulation des Veranlagungsverfahrens des Finanzamtes. Ansonsten ist der Begriff selbsterklärend. Wesentliche Bedeutung erlangen jedoch die später (Abschnitt 4.B.) vorgestellten Simulationsannahmen. Im Zusammenhang mit der Veranlagungssimulation wird häufig auch die sogenannte „Teilsteuerrechnung“ (vgl. *Rose* (1990), S. 38ff.; *Siegel* (1982), S. 37ff.; *Kaefer* (1974), S. 32ff.; *Rose* (1973), S. 56ff.) erörtert. Sie unterscheidet sich von der Veranlagungssimulation dadurch, daß explizit Gesamtsteuersätze („Multifaktoren“) für „betriebswirtschaftlich“ relevante Teile (vgl. dazu die Kritik von *Schneider* (1990 [2]), S. 500f.) der Bemessungsgrundlage gebildet werden. Damit sollen insbesondere Sensitivitätsanalysen erleichtert werden. Heutzutage ist dies jedoch leicht über computergestützte Veranlagungssimulationen möglich, so daß die Teilsteuerrechnung an Bedeutung verloren hat und hier nicht weiter beachtet wird (zu einem detaillierteren Vergleich siehe *Scheffler* (1991)).

A. Ermittlung entscheidungsrelevanter Steuerbelastungskennzahlen

Zweckmäßigerweise ist der Ausgangspunkt der Diskussion die Definition des Meßobjekts „entscheidungsrelevante Steuerbelastung". Dem Wortlaut folgend, führt eine „Belastung" zur Minderung eines gegenwärtigen oder zukünftigen Beitrags zu einer Zielgröße. „Steuerbelastung" bezeichnet somit die als Differenz zwischen Vor- und Nachsteuerwerten ausgedrückte Minderung der Zielgröße durch die Erhebung von Steuern. Der Begriff „Steuern" soll durch die gesetzliche Definition des § 3 Abs. 1 AO inhaltlich bestimmt sein[682].

Die vorstehende Definition bietet erste Anhaltspunkte zur inhaltlichen Fixierung des Meßobjekts, ist aber noch zielorientiert auszufüllen, um ein klares Ermittlungsziel zu repräsentieren: Die entscheidungsrelevante Steuerbelastung wird gemessen durch eine Kennzahl, die die Grenzsteuerbelastung der entscheidungsrelevanten Zielgröße des Investors zu eben jener Zielgröße in Beziehung setzt. Die Kennzahl muß geeignet sein, die Ergebnisse mehrperiodischer Betrachtungen auszudrücken. Soweit möglich, sind neben der reinen Zahllast auch andere mit der Erhebung der Steuern einhergehende Be- und Entlastungen bei der Berechnung der Grenzsteuerbelastung einzubeziehen. Da sich zur Messung der entscheidungsrelevanten Steuerbelastung bisher keine einheitliche Vorgehensweise herauskristallisiert hat, die Ermittlung obiger Kennzahl also nicht standardisiert ist, müssen im folgenden die einzelnen Komponenten der vorstehenden Definition und ihre Meßbarkeit mittels einer Veranlagungssimulation genauer untersucht werden. Dies geschieht auf der Basis allgemeiner Zweckhaftigkeitsüberlegungen.

I. Mehrperiodizität

Mehrperiodische Betrachtungen sind notwendig, um die sich aufgrund der Zweischneidigkeit der Bilanz ergebenden intertemporalen Zusammenhänge der Bemessungsgrundlagen beachten zu können[683]. Diese können mit computergestützten Veranlagungssimulationen „relativ" leicht durchgeführt wer-

---

[682]Denkbar ist auch eine umfassendere Definition des Begriffs, die bspw. Sozialabgaben mit einbezieht. Eine solche Sichtweise würde an den folgenden Überlegungen nichts ändern. Sie muß nur, zum Zwecke der Vergleichbarkeit der Ergebnisse, explizit angegeben werden.

[683]Vgl. *Jacobs* (1991 [1]), S. 257; *Jacobs* (1991 [2]), S. 258; *Blumenberg* (1991), S. 856. Manchmal sind die zeitlichen Auswirkungen jedoch abschätzbar gering, so daß einperiodische Betrachtungen ausreichen (vgl. *Bone-Winkel* (1994), S. 87). In Spezialfällen ergeben sich auch keine zeitlichen Effekte (siehe dazu *Schreiber / Künne* (1996), S. 48).

den[684]. Einperiodische Betrachtungen sind, trotz ihrer häufigen Verwendung in der Praxis[685], abzulehnen[686]. Unklar ist allerdings, wie viele Perioden der Messung zugrundezulegen sind. Im Idealfall werden Steuerwirkungen über die Totalperiode gemessen, die jedoch regelmäßig nicht feststellbar ist. Ansonsten könnte man sich an einem Mindestzeitraum orientieren, in dem die zeitlichen Folgeeffekte steuerbilanzieller Normen mindestens einmal erfaßt werden. Denkbar wäre hier bspw. der Zeitraum zwischen Anschaffung und Ersatzinvestition eines Wirtschaftsgutes. In diesem Zeitraum wirken sich z.B. hohe Anfangsabschreibungen durch eventuell niedrigere Abschreibungen in den Folgeperioden sowie einen höheren Ertrag im Zeitpunkt der Ersatzinvestition aus[687]. Die später vorgestellten Simulationsergebnisse legen es nahe, einen möglichst langen Zeitraum zugrundezulegen.

II. Belastungskennzahl

Aufgrund der mehrperiodischen Betrachtung ergibt sich die Problematik, die Steuerbelastung in einer einzigen Kennzahl auszudrücken, die zudem noch die Belastung der Zielgröße des Investors widerspiegeln muß. Als Kennzahl bietet sich hier insbesondere die Belastung von (kaufkraftbereinigten) Renditen, gemessen als *(Vorsteuerrendite - Nachsteuerrendite) / Vorsteuerrendite*, an[688]. Die Wahl der Renditen bietet sich hier besonders an, da sie eine häufig

---

[684]Vgl. *Bone-Winkel* (1994), S. 107; *Blumenberg* (1991), S. 853. Es soll an dieser Stelle aber darauf hingewiesen werden, daß der Programmieraufwand erheblich sein kann. Dies wirkt sich insbesondere bei neuartigen Problemen aus.

[685]*Fischer* (1991), S. 225; in der Literatur sind deshalb auch viele derartige Vorgehensweisen zu finden (vgl. *Kempka* (1995), S. 5; *Hegenloh / Layer* (1995), S. 316f.; *Seidel et al.* (1989), S. 79f.; *Kempf / Starke* (1986), S. 2631f.; *Kleineidam / Scherrer* (1974), S. 113ff.). *Schöne* (1976), S. 400 sieht einperiodische Betrachtungen sogar als Notwendigkeit für die Praxis.

[686]Vgl. *Schreiber / Künne* (1996), S. 48; *Wesselbaum-Neugebauer* (1994), S. 176; *Jacobs* (1991 [1]), S. 257.

[687]Probleme könnten sich bei Langzeiteffekten wie Pensionsrückstellungen ergeben, die mit einer computergestützten Veranlagungssimulation aber prinzipiell lösbar sind. Im Falle von Steuerbelastungsvergleichen wird im Schrifttum die Wahl der Laufzeit selten begründet. *Jacobs* (1991 [2]) und *Leibfritz / Meurer* (1985) wählen zehn Jahre, *Schreiber / Künne* (1996) acht Jahre, *Schneider* (1992), S. 421ff. den Abschreibungszeitraum, da er die Barwerte von Abschreibungen in seinem Modell verwendet (hierin liegt zumindest eine implizite Begründung des Betrachtungszeitraums).

[688]Ebenso sind Endwerte (vgl. *Jacobs* (1991 [2]), S. 259, der allerdings keine relativen Größen ermittelt, sondern nur die absolute Differenz zum Zwecke des internatio-

verwendete, anschauliche Richtgröße für Investitionsentscheidungen darstellen.

Vor- und Nachsteuerrenditen lassen sich als interne Kalkulationszinsfüsse aus den bei der Veranlagungssimulation ermittelten Endwerten berechnen[689]. Die Simulation wird dazu einmal mit und einmal ohne Steuern durchgeführt. Um einer eindeutigen Interpretation zugänglich zu sein, bedarf es im Falle der Berechnung mittels Modellunternehmen regelmäßig der Liquidation am Laufzeitende, da nur dann die Rendite diejenige des Gesellschafters wird. Ohne Liquidation würde aus Sicht des Investors die Nachsteuerrendite der Tochtergesellschaft mit einer latenten Steuerlast verbunden sein, die unbedingt zu beachten wäre[690]. Zudem sichert die Liquidation die Ermittlung eines von rechtlichen Bewertungsnormen freien Endwerts.

III. Grenzsteuerbetrachtung

Die Berechnung von Grenzsteuern ist notwendig, um eine Vermischung mit Steuerwirkungen bereits realisierter Investitionen zu verhindern. Exakt definiert bedeutet Grenzsteuer die zusätzliche Steuer, die die aufgrund der Neuinvestition zusätzlich erzielten Einheiten der Zielgröße des Investors hervorrufen[691]. Durchschnittssteuer dagegen ist die durchschnittliche Steuer, die alle Zielgrößeneinheiten hervorrufen. *Mögliche* Beispiele für das Auseinanderfallen von Grenz- und Durchschnittssteuer sind die Beachtung von Freibeträgen, höhere Anfangsabschreibungen auf Neuinvestitionen sowie Progressionseffekte[692].

Von besonderer Bedeutung ist in diesem Zusammenhang die Bezugsgröße für die Grenz- bzw. Änderungsbetrachtung. Die Grenzsteuerbelastung auf die zuletzt investierte Einheit ist entscheidungsrelevant für die Höhe der Investitionssumme. Der Investor wird solange bereit sein, in das Projekt zu investieren, wie die von der Grenzsteuer beeinflußte Grenz(nachsteuer)rendite der

---

nalen Vergleichs benutzt) und Barwerte denkbar (vgl. *Leibfritz / Meurer* (1985), S. 131), auf die hier jedoch nicht weiter eingegangen werden soll.

[689]Zu dieser Vorgehensweise siehe *Schreiber / Künne* (1996), S. 47ff. *Schneider* (1992), S. 421 andererseits wählt die Rendite direkt.

[690]Im Falle der Vernachlässigung entstandener stiller Reserven und von Pflichtrücklagen genügt hier auch die Annahme einer über die Laufzeit verteilten oder am Laufzeitende vorgenommenen Vollausschüttung (zu dieser Vorgehensweise siehe *Schreiber / Künne* (1996), S. 52).

[691]Vgl. *Müller-Dott* (1990), S. 3; *Schneider* (1988), S. 329.

[692]Vgl. *Schneider* (1992), S. 419; *Fuest / Kroker* (1989), S. 262; *Fullerton* (1984), S. 28f. für das Steuerrecht der USA.

zuletzt investierten Einheit über der Alternativrendite nach Steuern liegt. Für Standortentscheidungen, verstanden als die Verlagerung ganzer Unternehmen, ist damit aber wenig gesagt. Hier interessiert, was der Einsatz der gesamten Investitionssumme am jeweiligen Standort an Steuerlast hervorruft[693]. Freibeträge sind entscheidungsrelevant, weil ihre Inanspruchnahme von der Wahl des Standortes abhängt[694]. Im Falle der Ausschüttung an die Muttergesellschaft bzw. den Anteilseigner kommt es jedoch zu einer Vermischung von Investitionswirkungen, so daß eine sorgfältige Unterscheidung zwischen Grenz- und Durchschnittssteuer notwendig wird. Eine so verstandene Grenzsteuerbelastung kann problemlos anhand der Veranlagung eines Modellunternehmens unter Beachtung von Ausschüttungen ermittelt werden. Dies darf aber nicht über die Problematik bei der Ermittlung der optimalen Investitionssumme hinwegtäuschen, für die die Grenzsteuerbelastung auf die zuletzt investierte Einheit von Interesse ist. Diese kann umgangen werden, wenn man natürliche Finanzierungsgrenzen unterstellt oder sich gedanklich auf ein national entscheidungsneutrales Steuerrecht bezieht[695].

---

[693]Die Konsequenz ist, daß die (durchschnittliche) Steuerbelastung der Tochtergesellschaft aus Sicht der Muttergesellschaft die Grenzsteuerbelastung der Investition ist. Andere Ergebnisse ergeben sich hingegen, wenn es darum geht, die Anreizverträglichkeit eines Steuerrechts für zusätzliche, nationale Investitionen eines bereits existierenden Unternehmens zu überprüfen. Dann ist die Belastung auf die zuletzt investierte Einheit zu messen. So könnte in diesem Rahmen untersucht werden, ob es für Chinesen günstiger ist, ihre Investitionen in China zu erweitern als für Deutsche in Deutschland. Die Messung der Steuerbelastung eines Modellunternehmens ist in diesem Fall der methodisch falsche Ansatz, da hier Steuerwirkungen verschiedenartiger (Teil-) Investitionen vermischt sind. Letzterer Untersuchungsrichtung entspringt wohl die Ablehnung der Veranlagungssimulation zur Messung von Grenzsteuern (*Wesselbaum-Neugebauer* (1994), S. 8 und S. 13ff., die den Begriff „Veranlagungssimulation" aber auch auf abstraktere Berechnungsmodelle ausdehnt; *Schneider* (1990 [1]), S. 537 und (1990 [2]), S. 501, der allerdings im Falle unternehmensinterner Daten - die Formulierungen sind hier nicht einheitlich - die Berechnung von Grenzsteuerbelastungen mittels der Veranlagungssimulation für möglich hält (*Schneider* (1992), S. 191) und seine Kritik somit offensichtlich nur auf die zugrundegelegten Daten statt die Methodik stützt). Aus diesem Grunde wurde hier die relevante Bezugsgröße explizit hervorgehoben.

[694]Werden von Kapitaleinsatz und Gewinn unabhängige Freibeträge beachtet, ergibt sich allerdings das Problem der Vergleichbarkeit der Ergebnisse bei unterschiedlichen Investitionen. Die Beachtung von Freibeträgen hat jedoch im zu untersuchenden Fall keinen besonderen Einfluß auf die Höhe der Steuerlast (vgl. die Ergebnisse in Abschnitt 4.B.III.).

[695]Dann würde ein Vergleich von Vorsteuergrenzrenditen ausreichen, da die Besteuerung dieses Ergebnis nicht beeinflußt. Entscheidungsneutral ist ein Steuerrecht, wenn es die Entscheidungen der Steuersubjekte nicht beeinflußt. Dies gilt bspw. dann, wenn

IV. Wirkungen der Steuererhebung

Zur Beurteilung der Rentabilitätswirkungen eines Steuerrechts bedarf es der Erfassung aller Steuerarten[696]. Die Belastung durch Steuern wird mit der alleinigen Beachtung der Zahllast jedoch nicht korrekt wiedergegeben. Einzubeziehen wären ebenso veränderte Preis / Mengen-Relationen, Compliance-Arbeit[697], Anpassungseffekte anderer Steuersubjekte[698], Steuervermeidungsstrategien und -kosten und schließlich auch geringere Staatsfunktionen[699]. Die quantitativen Auswirkungen dieser „Nebeneffekte" sind kaum, wenn überhaupt, korrekt erfaßbar.

Regelmäßig wird deshalb bei der Messung der Steuerbelastung nur eine direkte Subvention des Staates und ein zur Überwälzung und damit Nichtbeachtung der Steuern führender Preiseffekt - ohne korrespondierenden Mengeneffekt - in Höhe der zu zahlenden Verbrauchsteuern berücksichtigt[700]. Ansonsten bleibt das geänderte Umfeld folgenlos. Messungen der Steuerlast sind somit im wesentlichen Messungen der Steuerzahllast[701]. Falls zugrundegelegte Vorsteuerpläne die Effekte von Verbrauchsteuern bereits einbeziehen[702], wird die Problematik dieser Vorgehensweise teilweise entschärft. Für Veranlagungssimulationen ergeben sich hier keine Besonderheiten.

---

die Zielgröße des Steuersubjekts (proportional) besteuert wird (vgl. bspw. *Schneider* (1992), S. 206).

[696]Vgl. *Schneider* (1990 [2]), S. 498.

[697]Darunter sind die gesamten Maßnahmen des Steuerpflichtigen zur Zahlung der Steuer zu verstehen. *Bone-Winkel* (1994), S. 45 nennt dies „derivative" Steuerbelastung.

[698]*Schneider* (1992), S. 180f. bezeichnet dies als „marktbestimmte" Steuerlast.

[699]Vgl. *Schreiber / Künne* (1996), S. 50.

[700]Bei der anschließenden Simulation werden jedoch in China nicht-gegenrechenbare Vorsteuern und Zölle beachtet (vgl. Abschnitt 4.B.II.). Ceteris Paribus kann über Preiserhöhungen jeder Mittelabfluß aufgrund einer Steuerzahlung kompensiert werden. In der Realität ziehen Preiserhöhungen jedoch, vom Snobeffekt abgesehen, negative Mengenreaktionen nach sich, die die Gesamtrendite sinken lassen, so daß Entlastungswirkungen durch Überwälzung der Steuer auf Dritte eben nicht eintreten. Für gewinnmaximierende Unternehmen ist eine Überwälzung theoretisch sogar völlig unmöglich, da die Vorsteuerrendite aufgrund einer gesamtgewinnmaximierenden Preisfestsetzung erzielt wird (vgl. *Schneider* (1994), S. 61ff.). Jede Preiserhöhung muß dann über korrespondierende Mengeneffekte den Gewinn und damit die Gesamtrendite bereits vor Steuern mindern.

[701]Vgl. *Bone-Winkel* (1994), S. 43; *Fischer* (1991), S. 225.

[702]Dies ist in der Praxis nicht unüblich (*Bone-Winkel* (1994), S. 42f.; *Schöne* (1975), S. 103).

V. Verallgemeinerungsfähigkeit der Simulationsergebnisse

Zusammenfassend läßt sich feststellen, daß die gewählte Technik der Veranlagungssimulation die an eine Ermittlung für die Standortwahl entscheidungsrelevanter Steuerbelastungen gestellten Forderungen im vorstehenden Sinne erfüllt. Auch hier sind jedoch vereinfachende Annahmen notwendig, um Detailfragen lösen zu können. Dies sind der zugrundegelegte Betrachtungszeitraum, die gedankliche Fixierung der Investitionssumme sowie die Beschränkung auf die Messung der Steuerzahllast.

Abschließend bleibt zu klären, ob die auf *Modellunternehmen* zugeschnittene Simulation des Veranlagungsverfahrens zu verallgemeinerungsfähigen Ergebnissen führen kann. Hier bestehen allerdings gewichtige Bedenken. Diese zentrieren sich in der Frage nach der Verallgemeinerungsfähigkeit des zugrundegelegten Modellunternehmens, wobei der Begriff „*Modellunternehmen*" sämtliche besteuerungsrelevante Merkmale umfaßt[703]. Deutsche Durchschnittsunternehmen (auch branchenspezifisch) könnten bspw. aus Untersuchungen der Deutschen Bundesbank abgeleitet werden[704]. Veröffentlichte Jahresabschlußdaten enthalten jedoch nicht alle für die Besteuerung relevanten Informationen[705]. Zudem sind Investoren an der Steuerbelastung von Investitionen interessiert, die sie realisieren würden bzw. können. Dementsprechend müßten bei der Berechnung der Steuerbelastung von Investitionen in China bzw. Deutschland landestypische bzw. landesspezifische Charakteristika zugrundegelegt werden. Das jeweilige Steuerrecht wäre dann bei der Ermittlung der Steuerbelastung auf landesspezifische Investionen anzuwenden[706]. Umfangreichere Erhebungen zur Ableitung des gesuchten Datenmaterials für China liegen jedoch nicht vor.

---

[703]Neben den zugrundegelegten Bilanzdaten sind dies Annahmen über Unternehmensentwicklung, Ausschüttungspolitik, betrachtete Laufzeit, zugrundegelegte Inflationsraten, Zinssätze usw.

[704]Vgl. *Deutsche Bundesbank* (1995), S. 46ff.

[705]Siehe *Schneider* (1990 [2]), S. 501.

[706]Wenn sich Investoren an einem anderen Standort anderen Rahmenbedingungen ausgesetzt sehen, so sind diese Faktoren auch bei der Berechnung der Steuerlast einzubeziehen. Auf jeden Fall ist ein einheitliches Konzept zu wahren. Dies bedeutet, entweder völlig identische Rahmenbedingungen (auch identische Inflation; a.A. *Leibfritz / Meurer* (1985), S. 138f., die keine unterschiedlichen Inflationsraten zugrundelegen, da diese nicht steuersystembedingt seien) zu unterstellen, oder aber Anpassungen soweit wie möglich vorzunehmen. Unter Zugrundelegung identischer Rahmenbedingungen mißt man allerdings nicht die entscheidungsrelevante Steuerlast, sondern nur die Wirkung eines Steuerrechts.

Diese Situation zwingt aber nicht zu einer Verwendung abstrakterer, Teilprobleme ausklammernder Berechnungsmodelle, die ohne die Spezifizierung von Modellunternehmen auskommen. Ein solcher Schluß ist erst zulässig, wenn bewiesen werden kann, daß Abstraktion tatsächlich zu einer repräsentativeren Durchschnittsbildung führt[707]. Ein solcher Beweis steht aus.

Somit ist festzustellen, daß den Ergebnissen von Veranlagungssimulationen im Falle dem Modellunternehmen ähnlicher Unternehmen eine gewisse Repräsentativität zugebilligt werden kann[708], die ansonsten aber abzulehnen ist. In diesem Sinne sind die später vorgestellten Ergebnisse zu interpretieren. Verbesserungen ließen sich hier erzielen, wenn der Simulation, bei Kenntnis aller besteuerungsrelevanten Faktoren, repräsentative Unternehmen verschiedener Branchen zugrundegelegt würden.

B. Simulationsbeschreibung

Im folgenden sollen die Simulationsobjekte und -prämissen, die beachteten Steuern sowie die gefundenen Ergebnisse vorgestellt werden. Die relativ ausführliche Darstellung der Simulationsannahmen soll einerseits eine Meinungsbildung bzgl. der Verallgemeinerungsfähigkeit der Ergebnisse ermöglichen. Andererseits soll sie die Komplexität der Simulation der Geschäftstätigkeit eines Unternehmens verdeutlichen und Anregungen für ähnliche Untersuchungen geben.

I. Simulationsobjekte und -prämissen

Das Simulationsobjekt in Form eines Modellunternehmens wird aus den Erhebungen der Deutschen Bundesbank für das Jahr 1993 abgeleitet. Aufgrund nichtsteuerlicher Unterschiede von Investitionen in China und Deutschland, die auf Betriebs- und Kapitalkosten, die Inflationsrate, den in China nicht käuflichen Grund und Boden sowie, aufgrund der FFVO, die Kapitalstruktur zurückgeführt werden können, erscheint eine Gegenüberstellung standorttypischer Investitionen ratsam. Dazu wird das deutsche Modellunternehmen den veränderten Bedingungen angepaßt. Der Vorwurf mangelnder Objektivität dieser Vorgehensweise, der angesichts fehlender exakter Informationen insbesondere bzgl. der operativen Kosten erhoben werden könn-

---

[707] Vgl. *Blumenberg* (1991), S. 854.

[708] Vgl. *Blumenberg* (1991), S. 854.

te[709], ist mit Verweis auf die Ergebnisse der Simulation abzuschwächen, die andernfalls, aufgrund der gefundenen extrem geringen bzw. sogar negativen Nachsteuerrenditen, irrationales (Investitions-) Verhalten auf Seiten des Investors unterstellen würden[710].

Die Simulation wird sowohl mit identischen (*Methode 1*) als auch mit unterschiedlichen Modellunternehmen (*Methode 2*) in beiden Ländern durchgeführt. Bei der Simulation nach Methode 1 ist auch im Falle der Berechnungen für China die deutsche Inflation sowie nicht-abschreibbarer Grund und Boden zugrundezulegen. Jegliche Abweichung hiervon würde zu einem fragwürdigen Konzept führen, da dann die Berechnung konsequenterweise ohne Ausnahme an die jeweiligen landeseigenen Rahmenbedingungen angepaßt werden müßte und zu Methode 2 führen würde. Trotzdem im Falle der Methode 1 zur Quantifizierung der Steuervergünstigungen ein Vergleich von Endwerten genügt, werden hier zum Zwecke der Vergleichbarkeit mit Methode 2 ebenfalls Renditebelastungen berechnet. Die notwendigen Computerprogramme sind in Fortran geschrieben.

Der Simulationsablauf ist *Abbildung 1* zu entnehmen. Dicke Pfeile repräsentieren Ausschüttungen bzw. logische Verknüpfungen. Dünne Pfeile repräsentieren die Zuweisung von Modellvariablen zu den jeweiligen Simulationsstadien.

---

[709]Unterschiede bei den Kapitalkosten können mit einem Inflations- und Risikoaufschlag begründet werden. Die Inflationsrate läßt sich aus vorhandenen Schätzungen ableiten. Verfügbare Quellen bzgl. der operativen Kosten betreffen insbesondere die Personalkosten (*Schüller* (1993), S. 762: 500 bis 2500US$ pro Jahr; *Ernst & Young* (1994), S. 63: über 300 RMB monatlich bis 24900 RMB jährlich zuzüglich geldwerter Vorteile (Wechselkurs DM/RMB ca. 1/4.5)).

[710]Siehe dazu Abschnitt 4.B.III.

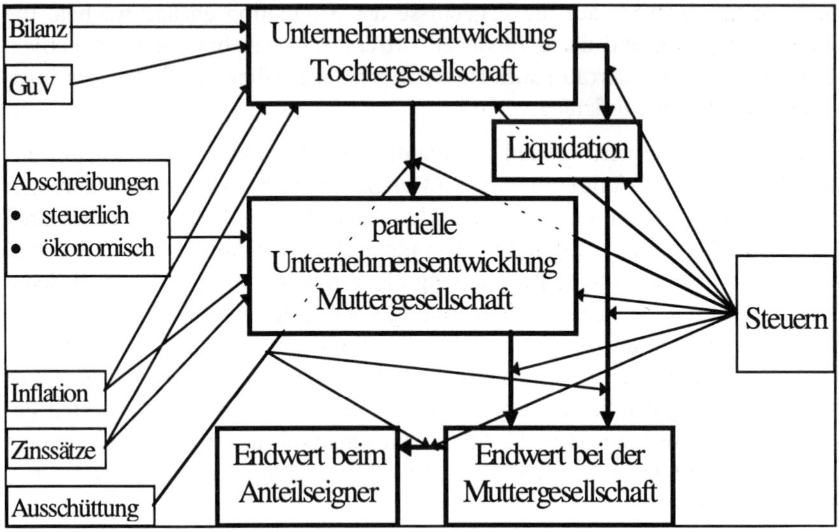

Abbildung 1: Simulationsablauf

In den folgenden Modellberechnungen wird davon ausgegangen, daß der Anteilseigner über die Muttergesellschaft eine Tochter(kapital)gesellschaft entweder in Deutschland oder China gründet und selbst nur Eigenkapital einlegt[711]. Fremdkapital wird von Dritten beigesteuert. Während der Laufzeit kommt es zu Ausschüttungen an die Muttergesellschaft. Am Ende des Betrachtungszeitraums von 20 Jahren wird die Tochtergesellschaft liquidiert und es kommt zur Endauskehrung an die Muttergesellschaft bzw. weiter an den Anteilseigner.

Aufgrund der Grenzbetrachtung müssen nur die Rahmendaten des chinesischen bzw. deutschen *Tochterunternehmens* vorgegeben werden[712]. Dies geschieht hier durch die Angabe von Eröffnungsbilanz und GuV des ersten Jahres sowie bestimmter Annahmen über die Unternehmensentwicklung.

Zwischen Steuer- und Handelsbilanz wird im folgenden nicht unterschieden. Es wurde eine 100%ige Tochtergesellschaft angenommen. Die Ergebnis-

[711]Die Wirkungsweise einer Gesellschafter-Fremdfinanzierung kann somit nicht genau untersucht werden (zu den grundsätzlichen Überlegungen siehe Abschnitt 3.B.I.).

[712]Bei der deutschen Muttergesellschaft sind nur die Effekte des Zuflusses des Tochtergewinns (bzw. der Beteiligung) zu beachten. Analoges gilt für den Anteilseigner.

se sind aber auch auf andere Beteiligungsquoten übertragbar. Folgende Unternehmensdaten liegen der Simulation zugrunde[713] (die geschätzten Anpassungen für China zum Zwecke der Methode 2 sind dabei kursiv gedruckt):

Tabelle 3: **DM-Eröffnungsbilanz in GE zu 100000 DM**[714]

Aktiva			*Passiva*		
ANLAGEVERMÖGEN		40	EIGENKAPITAL		50
Grundstücke / *Landnutzungsrechte*	5		FREMDKAPITAL		50
Gebäude	5		langfristig	12.5	
Anlagen	30		kurzfristig	37.5	
VORRÄTE		20			
SONSTIGES		40			
Forderungen	37.5				
Kasse	2.5				
Summe		100	Summe		100

[713]Dabei wurden die Daten für ein durchschnittliches Unternehmen im Jahre 1993 zugrundegelegt (siehe Deutsche Bundesbank (1995), S. 50). Es wurde nur das Ergebnis der normalen Geschäftstätigkeit beachtet. Da die Statistik keine detaillierten Angaben über Grundstücke, Gebäude und Anlagen enthält, wurden entsprechende Angaben geschätzt. Für Anlagen wurde dabei beachtet, daß in der Statistik schätzungsweise ein mittleres Alter (und damit ein für eine Neugründung zu geringer Wert) ausgewiesen wird. Rückstellungen werden hier als verzinsliches Fremdkapital wiedergegeben. Die Eigenkapitalquote wurde erhöht, da die angegebene Quote von rund 20% für Neugründungen zu gering erschien. Vorräte werden, falls nicht bei der Gründung eingelegt, direkt bar gekauft. Kurzfristige Forderungen und Verbindlichkeiten entstehen korrekterweise erst in den Folgeperioden. Zum Zwecke der Klarheit sollen sie jedoch bereits hier ausgewiesen werden.

[714]Die Spezifizierung der GE ist nur zur Anwendung des Freibetrags notwendig.

Tabelle 4: **DM-GuV des ersten Jahres in GE zu 100000 DM**

Aufwand	*Ertrag*
MATERIAL 96 (60% vom Umsatz; bewertet nach LIFO) PERSONAL 32 / *16* (20% vom Umsatz / *10% vom Umsatz*) ABSCHREIBUNGEN Gebäude: linear 25 / *20* Jahre Anlagen: geometrisch 30% bzw. 20%[715] bzw. linear 10 Jahre / *linear 10 Jahre* *Landnutzungsrechte: 50 Jahre* RÜCKSTELLUNGEN[716] 3.4 / *0* (2% vom Umsatz / *0%*) fallen nur in der ersten Periode an ZINS 10% / *17%* auf langfristiges FK[717] ÜBRIGER AUFWAND 20.8 / *25.6* (13% / *16%* vom Umsatz)	UMSATZ 160
Saldo: abhängig von den zugrundegelegten Abschreibungen	

Mit Ausnahme von Abschreibungen und Rückstellungen werden im wesentlichen alle Posten der GuV als sofort zahlungswirksam angesehen. Die Geldmittel aus Gewinnen stehen annahmegemäß am Jahresende voll zur Verfügung. Investitionsentscheidungen werden am Jahresende getroffen.

---

[715]Ein Übergang von der geometrischen zur linearen Abschreibung wurde generell nicht beachtet, ist aufgrund der später getroffenen Annahmen über Nutzungsdauern, Abschreibungsraten und Ersatzbeschaffungszeitpunkt aber auch nicht sinnvoll.

[716]Rückstellungen werden hier zur Verdeutlichung explizit ausgewiesen. Normalerweise wären sie unter den jeweiligen Aufwandskonten zu verbuchen.

[717]Zinsen auf kurzfristige Verbindlichkeiten gleichen sich annahmegemäß mit den Zinserträgen aus kurzfristigen Forderungen aus (siehe unten).

Wesentliches Element der Simulation ist die Wiederanlage des im Jahresverlauf erzielten Cash Flows[718], die die Unternehmensentwicklung der Tochtergesellschaft repräsentiert. Diese wird im folgenden vorgestellt.

Eröffnungsbilanz und GuV des ersten Jahres repräsentieren das „Ursprungsprojekt" des Unternehmens. Es wird jedes Jahr bis zum Ende der Laufzeit erneut durchgeführt, da es als rentabilitätsoptimales, aber nicht erweiterbares Projekt angenommen wird[719]. Unabhängig von der zugrundegelegten Ausschüttungsquote gilt es deshalb, zunächst das rentabilitätsoptimale Ursprungsprojekt in seiner Leistungsfähigkeit zu erhalten. Hier kann auf allgemeine Kapitalerhaltungsgrundsätze zurückgegriffen werden[720]. Im Idealfall ist eine Erfolgskapitalerhaltung zu gewährleisten, die den ökonomischen Gewinn[721] als Maximum der außerhalb des Projekts anlegbaren Investitionssumme folgert. Aufgrund der praktischen Probleme bei der Ermittlung der Ertragswerte soll hier jedoch eine Orientierung am Konzept der reproduktiven Nettosubstanzerhaltung stattfinden. Dieses ist charakterisiert durch die mengenmäßige Erhaltung des *durch Eigenkapital finanzierten Teils* der Aktiva[722]. Demnach gilt es, Mittel in Höhe des zu Wiederbeschaffungspreisen bewerteten Werteverzehrs von Anlagevermögen bzw. Abgangs von Umlaufvermögen der Ausschüttung vorzuenthalten, wenn die Vermögensgegenstände eigenfinanziert sind. Im Falle von Anlagevermögen muß neben der Neubewertung ebenfalls die steuerliche Abschreibung durch eine den Werteverzehr besser widerspiegelnde „richtige" Abschreibung ersetzt werden. Die Vor- und Nachteile dieser Methode werden hier nicht explizit diskutiert. Die unter Fortführungsprämissen theoretisch richtige Orientierung an der Erhaltung des Erfolgskapitals kann mit diesem Konzept jedoch nicht gewährleistet werden[723].

---

[718]Cash Flow wird hier verstanden als Gewinn per GuV zuzüglich der Aufwandspositionen für Abschreibungen und Rückstellungen.

[719]Untersucht wurde hier nur die Vorsteuerrentabilität. Siehe dazu Fn. 737.

[720]Für die simulationstechnische Umsetzung bedeutet dies folgendes: Zunächst wird anhand der Kapitalerhaltungsgrundsätze die Substanz des Ursprungsprojektes erhalten. Auf den verbleibenden Gewinn abzüglich des Gewinns aus langfristigen Mittelbindungen (siehe später) wird dann die Ausschüttungsquote angewendet.

[721]"Ökonomischer Gewinn" ist dabei die Differenz der Ertragswerte des Unternehmens am Periodenanfang und -ende (*Jacobs / Schreiber* (1979), S. 95; *Emmerich* (1976), S. 29).

[722]Vgl. *Pohlmann* (1994), S. 597; *Schildbach* (1993), Sp. 1893.

[723]Dies entspringt der Erkenntnis, daß die rein physische Erhaltung des Unternehmens nicht zugleich die Erhaltung der Leistungsfähigkeit garantiert. Ebenso bereitet die Feststellung von Wiederbeschaffungspreisen aufgrund technologischen Fortschritts u.U. erhebliche Probleme (vgl. *Pohlmann* (1994), S. 598; *Wöhe* (1992), S. 370ff.). Im Falle der Nettosubstanzerhaltung muß zudem vorausgesetzt werden, daß Fremdkapi-

Das Konzept der reproduktiven Nettosubstanzerhaltung erfordert zunächst eine Zuordnung von Verbindlichkeiten zu Vermögensgegenständen, da für die Werterhaltung fremdfinanzierter Vermögensgegenstände keine Rücklagen zu bilden sind. Im Falle von Ersatzbeschaffungen finanzieren die Fremdkapitalgeber annahmegemäß die gestiegenen Wiederbeschaffungskosten. Anschließend ist der Werteverzehr bzw. Verbrauch der eigenfinanzierten Vermögensgegenstände neu, d.h. zu Wiederbeschaffungspreisen, zu bewerten. Es wird eine allgemeine Preissteigerungsrate in Höhe von 3% in Deutschland und 10% in China angenommen[724].

Langfristiges Fremdkapital, das annahmegemäß während der Laufzeit nicht getilgt wird, wird den Bilanzpositionen Grund und Boden sowie Gebäuden zugeordnet[725]. Bei Gebäuden sowie den chinesischen Landnutzungsrechten unterbleibt deshalb eine Abschreibung zu Wiederbeschaffungskosten zur Ermittlung des Gewinns nach Substanzerhaltung, der im folgenden als „*modifizierter Gewinn*" bezeichnet werden soll[726]. Den Gebäuden wird allerdings eine Nutzungsdauer von 50 statt den von den steuerrechtlichen Vorschriften geforderten 20 bzw. 25 Jahren zugesprochen. Dadurch gelingt es, den hier angenommenen Subventionseffekt der steuerlichen Abschreibungen einzufangen und den Gewinn „realitätsnäher" zu bestimmen. Da Ersatzbeschaffungen während der Laufzeit annahmegemäß nicht stattfinden, werden die Fremdkapitalgeber auch nicht zur Finanzierung der Preissteigerungen herangezogen. Das langfristige Fremdkapital bleibt somit über die Laufzeit konstant.

Kurzfristige Verbindlichkeiten werden den kurzfristigen Forderungen zugeordnet. Hier findet annahmegemäß ein Ausgleich sowohl von Zinsaufwand und -ertrag wie auch der Steigerungen des Bestands an kurzfristigen Forderungen und Verbindlichkeiten über die Laufzeit hinweg statt. Entsprechende

---

talgeber gewillt sind, gestiegene Wiederbeschaffungspreise ebenfalls zu finanzieren. Außerdem bereitet die Zuordnung des Fremdkapitals zu den Aktiva normalerweise kaum willkürfrei lösbare Probleme.

[724]Alle Preisentwicklungen sollen genau der Inflationsrate folgen. Die Inflationsrate in China kann nicht genau angegeben werden, liegt aber mit großer Wahrscheinlichkeit deutlich über 10% (vgl. *Perkin* (1995), S. 4; *Biggs* (1994), S. 23). Da aber Maschinen, Material etc. oftmals in Devisen gekauft und entsprechende Devisenbestände auf Konten gehalten werden, kann nicht die volle Inflationsrate angesetzt werden. Dem ist mit dem Ansatz von 10% Rechnung getragen worden.

[725]Diese Zuordnung erscheint realistisch, da die Fremdkapitalgeber eine Besicherung ihrer Forderung mit möglichst werterhaltenden Vermögensgegenständen anstreben werden.

[726]Grund und Boden wird ohnehin nicht planmäßig abgeschrieben.

Zinsen und Bestandssteigerungen werden deshalb für Zwecke der Simulation nicht beachtet.

Anlagen und Vorräte werden durch Eigenkapital finanziert. Es muß deshalb überprüft werden, ob zu ihrer mengenmäßigen Erhaltung über die Laufzeit hinweg zusätzliche Rücklagen erforderlich sind.

Der Verbrauch von Anlagen wird steuerbilanziell zu historischen Werten bewertet. Aufgrund der Preissteigerungen wäre der durch die steuerbilanziellen Abschreibungen gedeckte und mit Blick auf eine spätere Ersatzinvestition nicht ausgeschüttete Zahlungsmittelbestand nicht ausreichend, um die in der Simulation nach fünf Jahren angenommene Ersatzbeschaffung der Anlagen zu finanzieren[727], falls die steuerbilanziellen Abschreibungsmethoden bzw. Abschreibungsparameter keine Vergünstigung gegenüber der „richtigen" Abschreibung darstellen[728]. Im ersten Fall wird die Bildung einer zweckgebundenen, den steuerbilanziellen Gewinn nach Steuern mindernden Rücklage in Höhe der Differenz der „richtigen" Abschreibungen zu Wiederbeschaffungspreisen zu den steuerbilanziellen Abschreibungen vorgenommen[729], so daß der modifizierte Gewinn unter den steuerbilanziellen sinkt[730]; im zweiten Fall

---

[727]Der Ersatzbeschaffungszeitpunkt wurde willkürlich gewählt. Überlegungen hinsichtlich der optimalen Nutzungsdauer wurden - mangels entsprechender Daten - nicht angestellt (vgl. bspw. *Adam* (1996), S. 180ff. für die grundsätzlichen Überlegungen).

[728]Hier fließt die Annahme ein, daß mit Ausnahme von Abschreibungen und Rückstellungen alle Posten der GuV als zahlungswirksam angenommen werden. Nur so „decken" die Abschreibungen einen ihrer Höhe entsprechenden, ausschüttungsbedingten Abfluß von Zahlungsmitteln. Die Wiederanlage dieser Mittel wird weiter unten behandelt.

[729]Würde der den steuerbilanziellen Abschreibungen entsprechende Cash Flow zwischenzeitlich zu einem Nachsteuerzinssatz über der Preissteigerungsrate angelegt, wäre eine Ersatzbeschaffung eventuell auch ohne zusätzliche Rücklagen möglich. Dies hängt im wesentlichen vom Zinssatz auf die Anlage und den Nachholabschreibungen (siehe unten) ab. Diese Möglichkeit wird hier aber nicht weiter verfolgt, obwohl die zweckgebundene Rücklage dadurch zu hoch ausgewiesen wird. Das sei aus Gründen der Vorsicht akzeptabel. Da die Rücklage bis zur Ersatzbeschaffung allerdings verzinslich angelegt wird (wenn auch niedriger verzinst als bei einer Bindung in das für die Wiederanlage des modifizierten Gewinns zur Verfügung stehende Langzeitprojekt - siehe unten), kann die simulationstechnisch bedingte Ertragsverschlechterung des Investors durch die zu hohe Rücklage gemildert werden.

[730]Simulationstechnisch werden hier „Fonds" eingerichtet, in denen der komplette, den gesamten Abschreibungen entsprechende Cash Flow streng zweckgebunden (d.h. nur für die Ersatzinvestition und eine zwischenzeitliche Mittelanlage) gesammelt wird. Ein solcher „Fonds" besteht dann aus unversteuerten, von Abschreibungen „gedeckten", Umsatzerlösen und der erwähnten Rücklage in Form versteuerter Einbehal-

kann der modifizierte Gewinn über den steuerbilanziellen Gewinn hinaus erhöht werden. Die „richtigen" Abschreibungen werden als Differenz der kumulierten Abschreibungen zu Wiederbeschaffungspreisen im Zeitpunkt t und derer im Zeitpunkt t-1 (also unter Beachtung der Nachholabschreibung[731]) ermittelt. Als „richtige" Abschreibung wird die lineare Abschreibung mit einer Nutzungsdauer von 10 Jahren angenommen. Dadurch gelingt es, den hier angenommenen Subventionseffekt der 20%- bzw. 30%igen geometrischen Abschreibung auf Anlagen zu beachten.

Vorräte werden annahmegemäß zu LIFO bewertet. In der letzten Aktion des Jahres wird das Lager wieder aufgefüllt, so daß mengenmäßig der gleiche Bestand wie am Jahresanfang vorliegt (Bestandsveränderungen treten also nicht auf). Damit werden eventuelle Preissteigerungen bis zum Wiederbeschaffungszeitpunkt der Vorräte durch die LIFO-Methode vollständig steuerbilanziell berücksichtigt. Die Notwendigkeit zur Bildung einer Neubewertungsrücklage entfällt[732], da der Periodenaufwand genau den aus den Umsatzerlösen zu befriedigenden Zahlungsmittelbedarf für die Wiederbeschaffung der Vorräte am Jahresende widerspiegelt.

Gestiegener Personal- und übriger Aufwand kann annahmegemäß durch die ebenfalls gestiegenen Absatzpreise bezahlt werden.

Der Cash Flow aus Abschreibungen zu Wiederbeschaffungspreisen, der vor der Ausschüttung und teilweise, durch die bilanziellen Abschreibungen, auch vor der Steuer geschützt ist, kann bis zum Ersatzbeschaffungszeitpunkt, der bei Anlagen nach 5 Jahren, bei Gebäuden und Landnutzungsrechten nicht vor Laufzeitende angenommen wird, zu 6% in Deutschland und 13% in China angelegt werden[733] (sogenannter „Lohmann-Ruchti-Effekt"[734]).

---

tungen zur Erhaltung der Substanz. Im Unternehmensentwicklungsfonds (vgl. Abschnitt 1.B.IV.) könnten nur letztere enthalten sein.

[731]Vgl. zu Begriff und Ermittlung *Jacobs / Schreiber* (1979), S. 127ff.; *Lewis / Pendrill* (1991), S. 479ff. (der englische Begriff hierfür ist „backlog depreciation").

[732]Bei der Annahme von FIFO würden Kassenbewegung und steuerbilanzielle Bewertung des verbrauchten Materials auseinanderfallen. Da letztere zu gering ausgewiesen würde, käme es zum Ausweis eines im Vergleich zur Kassenbewegung zu hohen Gewinns. Die Ausschüttung oder anderweitige Bindung des zu hoch ausgewiesenen Teils würde - falls die Reservekasse von 2.5 aus der Eröffnungsbilanz nicht genutzt werden soll - zu Lasten des für andere Zwecke gedachten Kassenbestands - also eines zweckgebundenen „Fonds" (siehe Fn. 730) erfolgen, was zu entsprechenden Defiziten führen würde.

[733]Die Verzinsung ist hier geringer als bei der Wiederanlage von Gewinnen, da die Kapitalbindung kürzer ist.

Die GuV-Posten Material-, Personal- und übriger Aufwand sowie die Umsatzerlöse erhöhen sich in Folge der Preissteigerung jedes Jahr um die Preissteigerungsrate.

Rückstellungen fallen nur in der ersten Periode an, da hier angenommen wird, daß sie fälschlicherweise gebildet wurden[735]. Die Auflösung im Folgejahr wird durch erneut falsche Rückstellungen kompensiert und erst im Liquidationszeitpunkt versteuert[736].

Der so ermittelte modifizierte Gewinn wird zu 50% ausgeschüttet, falls der bilanzielle Gewinn als Ausschüttungsbegrenzung dies zuläßt und kein Verlustvortrag existiert. Einstellungen in Pflichtrücklagen wurden nicht beachtet. Der andere Teil wird in neue Projekte mit einer Rentabilität von 10% in Deutschland bzw. 17% in China investiert[737], die zu einer Kapitalbindung über die Laufzeit führen, die nur durch hohe Verluste aufgelöst werden könnte. Somit steht dieser Gewinn dem Unternehmen über die Laufzeit hinweg nicht mehr zur Verfügung. Die Substanz dieser Projekte unterliegt annahmegemäß keinem jährlichen Verbrauch. Denkbar ist hier eine festverzinsliche Kapitalanlage. Verluste nach Kapitalerhaltung werden ausgeglichen durch die Aufnahme von Fremdkapital, welches sich nach obigem Zinssatz (Deutschland 10%, China 17%) verzinst.

Die Liquidationserlöse bei Liquidation der Tochtergesellschaft errechnen sich aus der Differenz der Buchwerte der Aktiva zu Werten nach Preissteigerung.

Die deutsche Muttergesellschaft investiert die empfangenen Ausschüttungen zu einer Vorsteuerrendite von 10%. Im Falle der chinesischen Tochterge-

---

[734]*Kern* (1993), Sp.1059f.; *Gablers Wirtschafts-Lexikon* (1988), Stichwort „Lohmann-Ruchti-Effekt".

[735]Für Zwecke der Substanzerhaltung werden sie deshalb auch nicht berücksichtigt.

[736]Damit wird der Möglichkeit zur Bildung von Rückstellungen in Deutschland Rechnung getragen, die in China steuerlich kaum möglich ist. Die Annahme falscher Rückstellungen wurde hier aus programmiertechnischen Gründen getroffen. Richtige Rückstellungen hätten im Endeffekt, bis auf die Versteuerung am Laufzeitende, die gleiche Wirkung, da sie i.d.R. nur einperiodische Zinseffekte bringen, die, kombiniert über die Laufzeit hinweg, dem einmaligen aber dauerhaften Zinsvorteil gleichen.

[737]Ein Vergleich mit der GuV des ersten Jahres zeigt hier die Rentabilitätsvorteile des Ursprungsprojekts: 160-96-32-3-0.1 (hier sind die „richtigen" Abschreibungen zu wählen)-1.25-20.8 = 6.85; dies entspricht einer Vorsteuerrendite von 6.85 / 50 = 13.7% im Falle der deutschen Tochtergesellschaft; für eine chinesische Tochtergesellschaft errechnen sich 34.35%.

sellschaft wird der Wechselkurs der Preissteigerung angepaßt, ansonsten aber als stabil angenommen[738].

Abschließend sollen die Grundannahmen nochmals zusammengefaßt werden:

Tabelle 5: **Simulationsannahmen**

Parameter	*Werte*
Laufzeit der Simulation	20 Jahre (z.T. variiert)
Inflation	Deutschland 3% / China 10%
Wiederanlageverzinsung bei der Tochtergesellschaft langfristig / kurzfristig	Deutschland 10% / 6% China 17% / 13%
Fremdkapitalzverzinsung bei der Tochtergesellschaft langfristig / kurzfristig	Deutschland 10% / 6% China 17% / 13%
Wiederanlageverzinsung bei der Muttergesellschaft	10%
Ersatzinvestitionszeitraum für Anlagen	5 Jahre (z.T. variiert)
„richtige" Nutzungsdauer Gebäude / Anlagen	50 Jahre / 10 Jahre
steuerliche Nutzungsdauer Gebäude / Anlagen	20 Jahre / 10 Jahre

II. Berücksichtigung der Steuern

Die berücksichtigten Steuern bei der Veranlagungssimulation der chinesischen bzw. deutschen Tochtergesellschaft sind den folgenden *Tabellen 6 und 7* zu entnehmen. In Deutschland wurde der Solidaritätszuschlag nicht berücksichtigt. Einheitswerte sollen den Bilanzansätzen entsprechen.

---

[738] Ein spezifischer Wechselkurs wurde der Simulation jedoch nicht zugrundegelegt. Vielmehr wurden die finanziellen Daten der Tochtergesellschaft in China direkt in DM ausgedrückt. Nur die Unterschiede aufgrund unterschiedlicher Preisentwicklungen wurden herausgerechnet.

Tabelle 6: **Berücksichtigung der Steuern bei der chinesischen Tochtergesellschaft**

Steuer / Tarif	*Bemessungsgrundlage*	*Besonderheiten / Simulationsannahmen*
Stempelsteuer[739] 0.05% auf EK 0.005% auf FK	registriertes Eigenkapital; langfristiges Fremdkapital	fällt zeitlich nur einmal an; jeder Vertrag ist zu stempeln - Annahme hier: zwei Darlehensverträge / beim Eigenkapital sind die Bücher zu stempeln, deshalb nur einfache Zahlung
Gebäudesteuer[740] 1.2%	Originalwert der Gebäude	fällt jährlich an;
Vorsteuer[741] 8%	Exportquote * Umsatz (siehe dazu Abschnitt 2.B.I.)	die Exportquote wurde bei der Simulation variabel gehalten
Zoll / Vorsteuer 25% + 17% + 17% von 25%	Bilanzansatz importierter Maschinen (die Tochtergesellschaft verwendet die Bareinlage der Muttergesellschaft zum Kauf deutscher Maschinen; der Kauf ist zollpflichtig)	der Belastung durch Zölle / Vorsteuer wird durch zusätzliche Aufnahme von langfristigem Fremdkapital Rechnung getragen; über jährliche Abschreibungen erfolgswirksam
KSt je nach Investitionsanreiz	Gewinn laut GuV (inklusive Ersatzinvestitions- und Liquidationserfolg) abzüglich obiger Steuern	neben den normalen Tarifanreizen je nach Region und Status, wurde auch der Reinvestitionsanreiz, der zur Tarifabsenkung auf 60% führt, berücksichtigt

[739] *Küsell* (1996), S. 60; *Deloitte Touche Tohmatsu* (August 1994), S. 5.

[740] Vgl. z.B. *Stucken* (1995), S. 74; *Moser / Zee* (1993), S. 105.

[741] Siehe Abschnitt 2.B.I.

Tabelle 7: **Berücksichtigung der Steuern bei der deutschen Tochtergesellschaft**

Steuer / Tarif	*Bemessungsgrundlage*	*Besonderheiten*
GrESt 3.5%	Einheitswert von Grund und Boden und Gebäuden	fällt nur bei Erwerb an; als Anschaffungsnebenkosten zu behandeln
GrSt 0.0035*250%	Einheitswert von Grund und Boden, geschätzt als Bilanzansatz	von der körperschaftsteuerlichen Bemessungsgrundlage abziehbar
GewKapSt 0.002*400%	Gewerbekapital, geschätzt als Wert des Eigenkapitals laut Bilanz am Anfang des Jahres (inklusive der Gewinne aus Wiederanlagen), zuzüglich 50% des 50000 DM übersteigenden langfristigen Fremdkapitals, abzüglich Grund und Boden	von der körperschaftsteuerlichen Bemessungsgrundlage abziehbar
GewESt 0.05*400% / (1+ 0.05*400%)	Gewinn laut GuV, zuzüglich 50% der Zinsen auf langfristiges Fremdkapital, abzüglich 1.2% des Bilanzansatzes von Grund und Boden	von der körperschaftsteuerlichen Bemessungsgrundlage abziehbar
KSt 45%	Gewinn laut GuV (inklusive der Gewinne aus Wiederanlagen) abzüglich angegebener Steuern	bei Ausschüttung des Gewinns ermäßigt sich der Tarif auf 30%

Beim Anteilseigner wurden Einkommensteuer (Tarif 53%) sowie Kirchensteuer (Tarif 9%) berücksichtigt. Der Solidaritätszuschlag wurde ebenfalls nicht beachtet.

III. Ergebnisse der Simulation

Die folgende Darstellung orientiert sich an den mittels der Methode 2 gefundenen Ergebnissen, die als theoretisch fundierter anzusehen sind. Im Anschluß werden die Ergebnisse denen der Methode 1 vergleichend gegenübergestellt.

Die Ergebnisse nach Methode 2 sind in den *Abbildungen 2* (für Deutschland) und *3* (für China) zusammengefaßt[742]. Die zur Berechnung der Belastung

---

[742]Es gelten folgende Abkürzungen: *geom.*: geometrisch; *prod.*: produzierend; *techn.*: technologisch fortschrittlich; *export.*: exportorientiert; *Vst.*: (Prozentsatz) nicht-

erforderlichen Vor- und Nachsteuerrenditen wurden als interne Renditen anhand von Endwerten in heutigen Kaufkrafteinheiten bei einem Einsatz in Höhe des Eigenkapitals ermittelt[743]. Die Vorsteuerrenditen bei 20jähriger Laufzeit betragen 9.89% für Deutschland und 13.18% für China[744].

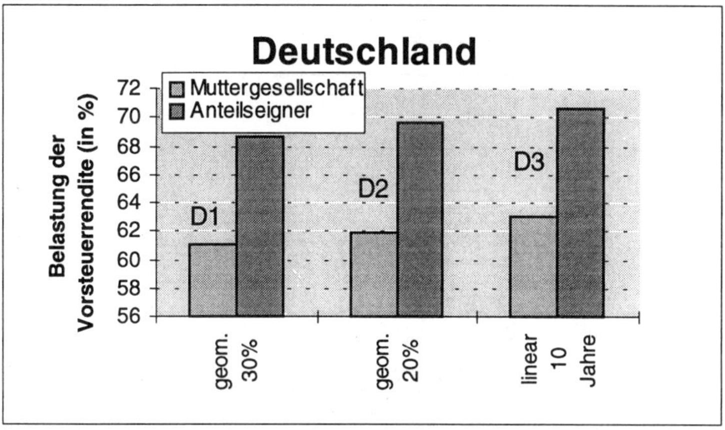

Abbildung 2: Relative Belastung der Vorsteuerrendite im Falle einer deutschen Tochtergesellschaft

gegenrechenbarer Vorsteuer auf Materialeinsatz; sonstige Prozentsätze beziehen sich auf den anzuwendenden Steuertarif.

743 Dazu werden sämtliche Endwerte um die deutsche Inflation bereinigt. Im Falle der Investition in China werden die in China erzielten Werte bei ihrer Ausschüttung bereits durch den Wechselkurs an die deutsche Inflation angepaßt, so daß dann nur noch um die deutsche Inflation zu bereinigen ist.

744 Aus der Unterschiedlichkeit der Renditen darf nicht schon auf eine Vorteilhaftigkeit des Standortes China geschlossen werden. Dazu bedarf es - neben der Betrachtung von Nachsteuerrenditen - einer Risikoanpassung der Renditen, die hier nicht vorgenommen wurde.

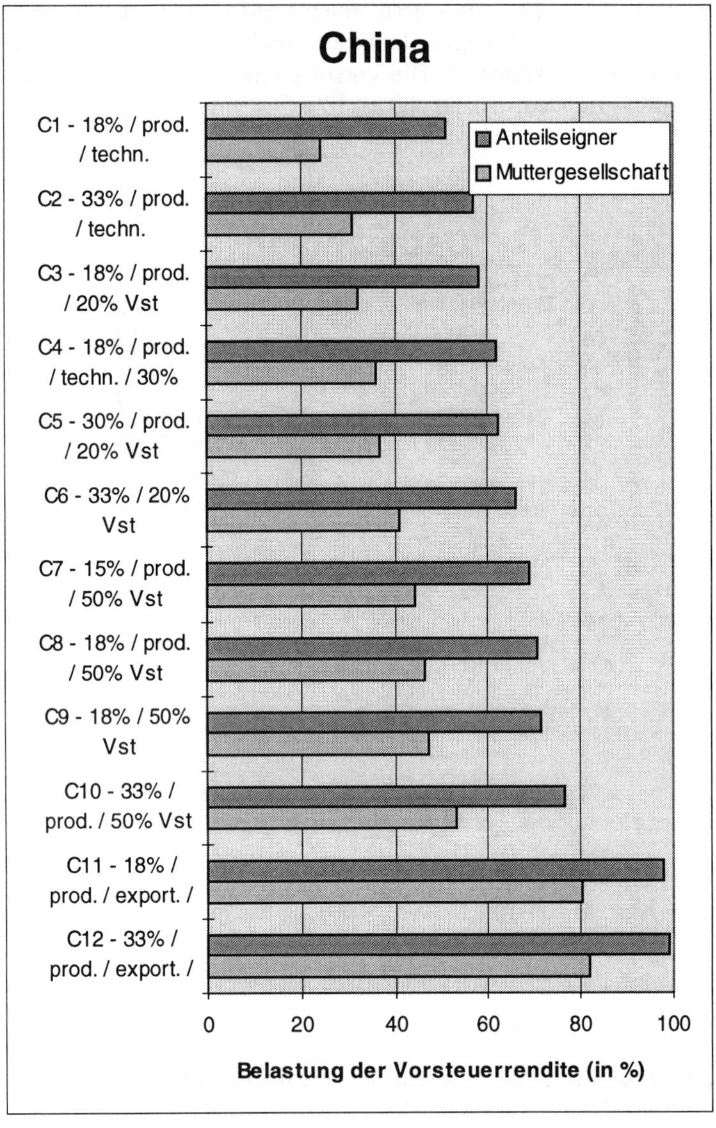

Abbildung 3: Relative Steuerbelastung der Vorsteuerrendite im Falle einer chinesischen Tochtergesellschaft

Aus Sicht der Muttergesellschaft zeigen die Ergebnisse, mit Ausnahme von C11 und C12, eine Vorteilhaftigkeit des Standortes China. Aus Sicht der Anteilseigner ist in der Hälfte der Fälle (C7 bis C12) Deutschland der bessere Standort.

Die im Vergleich zur Muttergesellschaft hohe Steuerbelastung des Anteilseigners im Falle der in China durchgeführten Investition spiegelt die Doppelbelastung mit Ertragsteuern wider. Sie ist jedoch nur unter der Annahme der Vollausschüttung aller verwendbaren EK-Teilbeträge bei der Muttergesellschaft logisch zwingend. Ansonsten ist jede Zuordnung eines verwendbaren EK-Teilbetrags bei der Ausschüttung von der Muttergesellschaft an den Anteilseigner anfechtbar. Gelten andere Teilbeträge als das EK01 als für die Ausschüttung verwendet, ist außerdem fraglich, ob die Steuerbelastung der *chinesischen Investition* beim Anteilseigner errechnet wurde. Die Aussage der Steuerbelastungskennzahl aus der Sicht des Anteilseigners ist dementsprechend zu relativieren. Eindeutiger ist die Steuerbelastung aus der Sicht der Muttergesellschaft. Die Muttergesellschaft wird, unterstützt durch die Ausschüttungsfiktion des § 28 Abs. 3 KStG, versuchen, die dem EK01 entsprechenden Teilbeträge für Reinvestitionen zu thesaurieren, um so eine höhere Steuerbelastung beim Anteilseigner zu vermeiden. Inwieweit die Investition in China steuerlich vorteilhaft für den Anteilseigner der Gesellschaft ist, kann anhand der Steuerbelastung der Muttergesellschaft allerdings nicht mehr exakt festgestellt werden. Trotz dieses Nachteils wird im folgenden nur noch die Steuerbelastung der Muttergesellschaft betrachtet.

Die Ergebnisse zeigen deutlich, daß die Steuerbelastung in China wesentlich vom Einsatz chinesischen Materials für die Exportproduktion abhängt. Wenn, wie bei der Simulation angenommen, die hierdurch entstehende Belastung durch nicht - gegenrechenbare Vorsteuer nicht übergewälzt werden kann, werden die Ertragsteuertarife in ihrer Bedeutung durch diesen Effekt verdrängt. Dies ist besonders problematisch, da diese Besteuerung nicht an einer gewinnäquivalenten Bruttogröße, sondern an Teilen des Umsatzes ansetzt. Dadurch kann das Unternehmen relativ leicht in die Verlustzone geraten.

Die einzige im Beispielfall für Deutschland angenommene steuerrechtliche Wahlmöglichkeit ist die Abschreibungsart, deren Einfluß auf die Steuerbelastung jedoch relativ gering ausfällt (siehe *Tabelle 10* für exakte Daten)[745]. Größere Effekte sind hier bei Inanspruchnahme einer Rücklage gemäß § 6b EStG zu erwarten.

---

[745]Auch Sensitivitätsanalysen bzgl. des Ersatzinvestitionszeitpunktes haben kaum Verschiebungen ergeben (bei einer Ersatzinvestition nach zwei Jahren bei der Muttergesellschaft: D1: 61.7%, D3: 63.3%; bei Annahme von zehn Jahren: D1: 61.2%, D3: 62.7%). Siehe auch *Schreiber / Künne* (1996), S. 56, deren Ergebnisse gleiche Proportionen - d.h. nur geringe Belastungsunterschiede bei Zugrundelegung der linearen bzw. degressiven Abschreibung - aufweisen. Ihre Berechnung erfolgte allerdings anhand eines zugrundegelegten Finanzplans und es wurde keine Inflation berücksichtigt (S. 50).

Die Berechnungen ohne Freibeträge, die vom Kapitaleinsatz abhängen und die Vergleichbarkeit stören könnten, führen zu keinen nennenswerten Unterschieden zu den Berechnungen mit Beachtung der Freibeträge[746]. Sensitivitätsanalysen bzgl. der Laufzeit ergeben folgende Ergebnisse (aus Sicht der Muttergesellschaft):

Tabelle 8: **Ergebnisse der Methode 2 bei Variation der Laufzeit (in %)**

Laufzeit in Jahren		*2*	*5*	*10*	*15*	*20*
Deutschland	*D1*	67.3	63.9	62	61.3	61
	D3	68.2	66	64.2	63.4	63
China[747]	*C1*	/	/	21.2	23	24.5
	C5	/	/	35.2	36.1	37
	C6	49.2	43.6	41.2	40.8	41.1
	C9	57.1	51.9	49	47.8	47.2
	C12	/	/	80.5	81.5	82.2

Die Ergebnisse zeigen, daß dem zugrundegelegten Betrachtungszeitraum eine nicht zu unterschätzende Bedeutung zukommt. Tendenziell kann beobachtet werden, daß sich die Ergebnisse bei einem längeren Betrachtungszeitraum stabilisieren. Deshalb wurde der Simulation ein Betrachtungszeitraum von 20 Jahren zugrundegelegt.

Sensitiviätsanalysen bzgl. der Ausschüttungsquote ergeben folgende Ergebnisse (aus Sicht der Muttergesellschaft):

Tabelle 9: **Ergebnisse der Methode 2 bei Variation der Ausschüttungsquote**[748]

(in %)	*C1*	*C6*	*C11*
Vollausschüttung	31.4	45.7	80.7
50% Ausschüttung	24.5	41.1	80.4
Vollthesaurierung	18.2	36.8	80.1

[746] Freibeträge fallen ohnehin nur noch bei der Gewerbekapitalsteuer an.

[747] Die Berechnung der Werte für China mit Laufzeiten kleiner 10 Jahren ist dann wenig repräsentativ, wenn das Unternehmen als „produzierend" eingestuft wird, da eine Liquidation vor Ablauf von 10 Jahren zur Zurückzahlung der Investitionsanreize führen würde (siehe Abschnitt 2.B.I.3.). Deshalb wurden hier die Werte teilweise ausgelassen.

[748] Es ist hier zu beachten, daß unabhängig von der gewählten Ausschüttungsprämisse die Tochtergesellschaft am Ende der Laufzeit liquidiert wird.

Die Ergebnisse im Falle einer deutschen Tochtergesellschaft ändern sich nicht, da Wiederanlageverzinsung und Versteuerung bei Muttergesellschaft und Tochtergesellschaft identisch sind[749]. Im Falle einer chinesischen Tochtergesellschaft ist der Unterschied hauptsächlich auf steuerliche Konsequenzen zurückzuführen, da die Differenz bei der Wiederanlageverzinsung zwischen Mutter- und Tochtergesellschaft genau der Differenz der Preissteigerungsraten entspricht. Die Ausschüttung der Tochtergesellschaft an die Muttergesellschaft wird aber gerade um diese Differenz der Preissteigerungsraten bereinigt, so daß die Differenz zwischen den Wiederanlageverzinsungen neutralisiert wird.

Die Thesaurierung in China ist die steuerlich günstigste Alternative. Insbesondere Risikoüberlegungen (vgl. Abschnitt 1.B.) könnten hier allerdings gegen die Thesaurierung sprechen. Die tatsächliche Behandlung hängt vom Einzelfall ab.

In der folgenden *Tabelle 10* sind Belastungskennzahlen nach Methode 1 und (teilweise) Methode 2 vergleichend gegenübergestellt. Die oberen Werte stehen für die Muttergesellschaft, die unteren Werte für den Anteilseigner.

Tabelle 10: **Vergleich der Ergebnisse von Methode 1 und Methode 2**

(in %)	*D1*	*D2*	*D3*	*C1*	*C2*	*C3*	*C4*	*C5*	*C6*
M1 End-	106.6	104.7	102.6	169.6	150	106	74.1	98.6	68.5
werte	92	90.5	88.8	95.1	86.2	64.1	48.7	60.5	92.9
M1 Rendi-	3.9	3.8	3.7	6.3	5.7	3.8	2	3.5	3.1
ten	3.1	3	2.9	3.3	2.8	1.3	/	1	0.7
M1 Bela-	61	62	63	36.3	42.6	61.3	79.9	65.1	68.5
stungen	68.7	70	70.5	67	72.1	87.4	/	90.3	92.9
M2 Bela-	61	62	63	24.5	31	32.2	36.2	36.9	41.2
stungen	68.7	70	70.5	51.2	56.9	58.2	61.7	62.3	66.1

Die Ergebnisse nach Methode 1 spiegeln im Falle geringer nicht-gegenrechenbarer Vorsteuer den bereits bei Methode 2 gefundenen *Trend* wider. In der Fallgestaltung C4 wirkt sich die angenommene Exportquote von 30% aufgrund der Definitivbelastung mit Vorsteuer aus. Hier verändert sich die Ergebnisreihenfolge im Vergleich zu Methode 2. Bei den Belastungskennzahlen im Falle von C7 bis C12 treten Steuerbelastungen von über 100% bereits bei der Muttergesellschaft auf, da Exportquoten von über 50% angenom-

[749]Die Identität der Wiederanlageverzinsung bei Mutter- und Tochtergesellschaft ist eine Simulationsannahme und muß mit der Realität nicht übereinstimmen (siehe Abschnitt 4.B.).

men wurden. Der Grund ist hier in der Verschiedenheit der gewählten Rahmendaten zu sehen. Das nach Methode 1 untersuchte (mit dem deutschen übereinstimmende) Beispielunternehmen gerät im Falle Chinas aufgrund des gegenüber Methode 2 geringeren Gewinns durch die nicht-gegenrechenbare Vorsteuer schneller in die Verlustzone. Es kommt sogar, gemessen in heutigen Kaufkrafteinheiten, zum Kapitalverlust oder die Nachsteuerrenditen sind so niedrig, daß sie mit hoher Wahrscheinlichkeit eine vom Markt vorgegebene Grenzrendite unterschreiten würden. Der Investor würde eine solche Investition nicht durchführen, da seine Opportunitätskosten zu hoch sind. Dementsprechend ist die theoretische Grundlage in Form der Methode 2 bei der Simulation vorzuziehen. Ergebnisse auf Grundlage der Methode 1 sind bereits aus diesem Grunde nicht entscheidungsrelevant. Grundlegender ist jedoch der schon oben (Abschnitt 4.A.V.) erwähnte, folgende Einwand: Drückt sich, wie hier angenommen, die „Entscheidungsrelevanz" der Belastungskennzahlen dadurch aus, daß diese auf - wie auch immer ermittelte - Vorsteuerrenditen angewendet werden können und so Nachsteuerrenditen liefern, auf deren Grundlage Entscheidungen getroffen werden sollen, so kann Methode 1 als theoretisches Konzept hier nur ungenauere Werte als Methode 2 liefern.

Abschließend soll nochmals auf die stark eingeschränkte Verallgemeinerungsfähigkeit der Ergebnisse hingewiesen werden, deren Ausmaß durch die detaillierte Vorstellung der Prämissen weiter verdeutlicht werden sollte. Sind interne Planungsdaten eines Unternehmens bekannt, so kann das Problem unter Zugrundelegung dieser Daten für das jeweilige Unternehmen zufriedenstellender gelöst werden. Der explizite Vergleich von Steuerbelastungen weicht dann jedoch einem Vergleich direkt entscheidungsrelevanter Nachsteuerrenditen.

Schlußbetrachtung

Die vorliegende Arbeit sollte die momentane steuerrechtliche Behandlung von Beteiligungen an GmaK - ergänzt um wesentliche nichtsteuerliche Aspekte - wiedergeben. Das Ergebnis des Zusammenwirkens der Vorschriften wurde mittels einer computergestützten Veranlagungssimulation in Steuerbelastungskennzahlen übersetzt und verdeutlicht.

Neben der Kenntnis der gegenwärtigen Besteuerungssituation sind jedoch Prognosen über die steuerrechtliche Entwicklung ein wesentlicher Bestandteil der Vorbereitung von Invesitionsentscheidungen. Hier lassen sich insbesondere zwei Bereiche nennen: Erstens erscheint ein Abbau der chinesischen Steueranreize in bisher begünstigten Regionen zugunsten des weniger entwickelten Hinterlands, einhergehend mit einem allgemeinen Abbau der Investitionsanreize, als relativ wahrscheinlich. Zweitens ist unklar, wie das Verhältnis der steuerrechtlichen zu den handelsrechtlichen Gewinnermittlungsvorschriften nach Erlaß der neuen Rechnungslegungsstandards sein wird[750]. Ergänzt um den sich aus der Rechtssicherheit ergebenden „unscharfen Bereich" ist die zukünftige Steuerbelastung damit nur schwer abzuschätzen. Zudem ist zu beachten, daß die Besteuerungsfolgen der Beteiligung an chinesischen Gesellschaften sowie die eingangs vorgestellten Beschränkungen und Risikopotentiale nur einen Ausschnitt der planungsrelevanten Aspekte darstellen. Zur Entscheidungsvorbereitung ist daher eine Vervollständigung der Informationssammlung um rein operative und kulturelle Aspekte notwendig. Ebenso könnte sich die Frage nach dem moralischen Aspekt der Investition stellen[751]. Diese Vervollständigung zu leisten muß das Ziel anderer Abhandlungen bleiben.

---

[750]Siehe z.B. *Harris* (1996) zu den geplanten Standards.

[751]Siehe z.B. *Schüller* (1996), S. 590f. über die „Tibet-Erklärung" des Deutschen Bundestages; *Schüller* (1993), S. 444f. über den angekündigten Rückzug von Levi Strauss aus China.

Anhang

Tabelle A 1

Charakteristika der Rechtsformen[1]

Charakteristika der Rechtsform	*GJV*	*VJV*	*GA*	*AG mit GmaK-Status*
juristische Person	ja (Art. 2 DVGJVG)	wahlweise (Art. 2 VJVG; Art. 4 DVVJVG)	wahlweise (Art. 8 GAG)	ja (Art. 3 GesG)
Haftung der Gesellschafter	beschränkt (Art. 19 DVGJVG; Art. 4 GJVG)[2]	• als juristische Person: beschränkt, aber der Gesellschaftsvertrag kann eine andere Regelung vorsehen (Art. 14 DVVJVG) • andernfalls: unbeschränkt, aber siehe Abschnitt 1.A zu Unklarheiten	• prinzipiell beschränkt[3] • mit behördlicher Genehmigung in „andere Haftungsformen" umwandelbar[4]	beschränkt (Art. 3 GesG)
Mindestkapital	nicht gefordert[5]	nicht gefordert	nicht gefordert[6]	30 Mio RMB[7]
Mindestkapitalanteil ausländischer Gesellschafter	mindestens 25% (Art. 4 Abs. 2 GJVG)	mindestens 25%[8] (Art. 18 Abs. 3 DVVJVG)	100% (Art. 2 GAG)	25% am Grundkapital[9]
Kapitalerhöhung	möglich (Art. 24 DVGJVG)	möglich (Art. 24 DVGJVG)	möglich (Art. 23 DVGAG)	möglich

Charakteristika der Rechtsform	*GJV*	*VJV*	*GA*	*AG mit GmaK-Status*
Kapitalherabsetzung	• normalerweise nicht möglich (Art. 22 DVGJVG) • möglich, falls „wirklich" notwendig und genehmigt (KHVO)	• möglich, falls „wirklich" notwendig (Art. 16 Abs. 2 DVVJVG) • „unechte" Kapitalherabsetzung durch frühzeitigen Abzug der Stammeinlage möglich (siehe Abschnitt 1.A.)	• normalerweise nicht möglich (Art. 22 DVGAG) • möglich, falls „wirklich" notwendig und genehmigt (KHVO)	• möglich, durch Einziehung eigener Aktien (Art. 149 GesG) • möglich, falls „wirklich" notwendig und genehmigt (KHVO)
Sachgründung	möglich (Art. 5 GJVG; Art. 25 DVGJVG)[10]	möglich (Art. 8 VJVG; Art. 18 DVVJVG)[11]	möglich (Art. 26 DVGAG)	möglich (Art. 80 GesG)
Höchstanteil immaterieller Vermögensgegenstände bei Sachgründung	nicht vorgeschrieben, aber „nicht zu hoch"[12]	nicht vorgeschrieben, aber „nicht zu hoch" (siehe GJV)	20% (Art. 28 DVGAG)	20% (Art. 80 GesG)
Gewinnverteilung	nach Kapitalanteilen[13]	nach vertraglicher Vereinbarung (Art. 22 VJVG)[14]	entfällt	nach Aktien (Art. 4 GesG)
Verkauf von Anteilen	• alle Partner des GJV und die Behörde, die das GJV genehmigt hat, müssen zustimmen (Art. 23 DVGJVG) • Partner hat Vorkaufsrecht (Art. 23 DVGJVG)	alle Partner des VJV und die Behörde, die VJV genehmigt hat, müssen zustimmen (Art. 10 VJVG; Art. 23 DVVJVG)	• Genehmigung der SAIC notwendig[15] • ohne Rechtsformwechsel Verkauf nur an Ausländer möglich	• keine Genehmigung • Gründer müssen Aktien mindestens drei Jahre halten (Art. 147 GesG)

(Fortsetzung)

(Fortsetzung Tabelle A.1)

Charakteristika der Rechtsform	*GJV*	*VJV*	*GA*	*AG mit GmaK-Status*
Angabe fester Laufzeit im Gesellschaftsvertrag	je nach Unternehmensgegenstand[16]	ja (Art. 25 VJVG)	ja (Art. 20 GAG; Art. 73 DVGAG)	nein
vorgeschriebene Höchstlaufzeit	je nach Unternehmensgegenstand[17]	keine	keine[18]	nein
höchstes Organ	• Verwaltungsrat (Board of Directors) mit mindestens drei Mitgliedern[19] • Vorsitzender und Stellvertreter sind von verschiedenen Partnern zu wählen (Art. 6 GJVG)	• bei juristischer Person: Verwaltungsrat oder gemeinsames Leitungsorgan (Art. 24 DVVJVG) • sonst: „gemeinsames Leitungsorgan“ (Art. 53 DVVJVG) • in beiden Fällen: Vorsitzender und Stellvertreter sind von verschiedenen Partnern zu wählen (Art. 12 VJVG; Art. 26 DVVJVG)	keine Vorschriften[20]	• Hauptversammlung (Art. 102 GesG) • jede Aktie hat ein Stimmrecht (Art. 106 GesG / Art. 8 AGmaKGVO)
andere Organe	• Manager und Stellvertreter für operatives Tagesgeschäft (Art. 38ff. DVGJVG) • unter bestimmten Umständen kann das gesamte GJV verpachtet werden (VPGJVVO)	• Manager oder externes Management (Art. 12 VJVG; Art. 35 DVVJVG) • unter bestimmten Umständen kann das gesamte VJV verpachtet werden (VPGJVVO)[21]	keine Vorschriften	• Verwaltungsrat für grobe Geschäftsplanung (Art. 112 GesG) und Manager für das operative Tagesgeschäft (Art. 119 GesG) • Aufsichtsrat ist zu bestellen (Art. 124 GesG)

Charakteristika der Rechtsform	*GJV*	*VJV*	*GA*	*AG mit GmaK-Status*
Geltung der Fremdfinanzierungsverordnung (FFVO)	ja (Art. 1 FFVO)	• prinzipiell ja (Art. 6 FFVO) • Probleme entstehen jedoch bei einem VJV mit unbeschränkter Haftung (vgl. Abschnitt 1.B.II.)	ja (Art. 6 FFVO)	ja (über Art. 3 AGmaKGVO gilt die FFVO analog; ebenso müßte die Satzung dann die sonst nicht geforderte Investitionssumme spezifizieren[22])
Häufigkeit der Aufstellung / Vorlage von Abschlüssen (Bilanz und GuV).	• monatlich für Investoren (Art. 56 GmaKBVO) • viertel- / ganzjährlich an Finanzamt, Büro für Finanzen, Investoren etc. (Art. 72 GmaKBVO) • jährlich an Behörde, die GJV genehmigt hat (einschließlich Bericht über Finanzlage) (Art. 72 GmaKBVO; Kapitel IV GmaKKR)	analog GJV	analog GJV	analog GJV

(Fortsetzung)

(Fortsetzung Tabelle A.1)

Charakteristika der Rechtsform	*GJV*	*VJV*	*GA*	*AG mit GmaK-Status*
Vorteile der Rechtsform	• relativ leichte Gründung, insbesondere bei Orientierung an Standardverträgen • Beziehungen, Erfahrungen, Geschäftseinrichtungen des chinesischen Partners nutzbar	• Flexibilität durch vielfältige Gestaltungsformen • Beziehungen, Erfahrungen, Geschäftseinrichtungen des chinesischen Partners nutzbar • u.U. entfällt eine mühsame Bewertung der Einlagen (siehe Abschnitt 1.A.)	• leichter Schutz von Rechten • mehr Flexibilität durch Managementfreiheit • leichtere Gründung, da keine mühsamen Verhandlungen mit dem chinesischen Partner	• gesteigerte Liquidität • leichtere Realisierung der Investition
Nachteile der Rechtsform	• kaum Gestaltungsmöglichkeiten • eingeschränkte Flexibilität durch Konsensbildung mit Partner	• eingeschränkte Flexibilität durch Konsensbildung mit Partner	• Beziehungen, Erfahrungen und Geschäftseinrichtungen des chinesischen Partners fehlen • Betätigungsrestriktionen	• hohes aufzubringendes Kapital • komplexer Gründungsprozeß

(Anmerkungen siehe nächste Seite)

Anmerkungen zu Tabelle A.1

[1]Durch Art. 18 S. 2 GesG sind GJV, VJV und GA (theoretisch) verpflichtet, ergänzenden Regelungen des GesG zu folgen (vgl. auch *Finder* (1994), S. 18; *Torbert* (1994), S. 163; *Xin / Brown* (1994), S. 265; *Wang, F.* (1994), S. 7, der sich auf die RGVO bezieht; *Enci / Kilian* (1994), S. 405. A.A. ist *Yuen* (1994), S. 55, die GA nicht als Regelungsgegenstand des GesG sieht, über GJV und VJV jedoch keine Aussagen macht. *Coopers & Lybrand* (Mai 1994), S. 2 lehnen eine Anwendbarkeit des GesG auf GJV, VJV und GA mit dem Verweis auf „the spirit of the law" ab; unklar sind sich *Stricker* (1994), S. 649 und *Wolff* (1994), S. 745). Vgl. Abschnitt 1.A. für zusätzlich zu beachtende Vorschriften, die aufgrund der noch bestehenden Unklarheiten nicht mit in diese *Tabelle* eingearbeitet wurden.

[2]Trotz relativ eindeutiger gesetzlicher Formulierungen wird im Gesellschaftsvertrag die beschränkte Haftung oftmals sicherheitshalber erneut festgelegt (*Hickman / Clemens* (1991), S. 17).

[3]Es ist allerdings fraglich, ob es tatsächlich die Intention des Gesetzgebers war, daß auch ein als nicht - juristische Person gegründetes GA zunächst beschränkt haften soll.

[4]Art. 19 DVGAG. Was genau mit „anderen Haftungsformen" gemeint ist, bleibt unklar (*o.V.* (1992), S. 35). Denkbar erscheint hier insbesondere persönliche Haftung der Gesellschafter (*Lewis* (1994), S. 340; *Heuser* (1992), S. 544).

[5]*Cheung* (1995), S. 2; allerdings wird lokal eine solche Forderung vielfach erhoben (vgl. *Ernst & Young* (1994), S. 54).

[6]Dies wird allerdings ein wesentliches Entscheidungskriterium bei der Genehmigungserteilung sein.

[7]Art. 7 AGmaKGVO. Die Regelungen vor Erlaß der AGmaKGVO waren analog (Art. 12 MAGS; Art. 41 SAGVO 1992).

[8]Für juristische Personen, siehe Art. 18 Abs. 3 DVVJVG; ansonsten, siehe EDVVJVG. Im letzteren Fall bleibt jedoch unklar, wie die 25% errechnet werden sollen, da ein Kapitalkonzept bei diesen VJV nicht existiert (vgl. *Cohen* (1996), S. 12).

[9]Art. 7 AGmaKGVO. Die Regelungen vor Erlaß der AGmaKGVO waren analog (Art. 45 SAGVO 1992). Bei einer Börsennotierung kann durch die Unterteilung in A-Aktien, die nicht von Ausländern gehalten werden können, und B-Aktien, für die umgekehrtes gilt (Art. 29 MAGS; Art. 43 SAGVO 1992), die 25% Quote leicht festgestellt werden. Beide Aktiengattungen sind gleichwertig mit dem einzigen Unterschied, daß Handel von sowie Ausschüttungen auf B-Aktien in Devisen erfolgen (vgl. *Yeo* (1995), S. 22; *Wardley James Capel Limited* (1993), S. 12; *o.V.* (1993), S. 57; *Yang* (1993), S. 83; *Arthur Andersen* (1993), S. 217; *Stricker* (1992), S. 731).

[10]Eingelegte Technologie bzw. immaterielle Vermögensgegenstände müssen jedoch fortschrittlich bzw. in China dringend benötigt sein (Art. 27 und 28 DVGJVG).

[11]Die Sacheinlagen müssen gewissen Anforderungen genügen (vgl. Art. 27 und 28 DVGJVG). Der chinesische Partner kann beim VJV, im Gegensatz zum GJV, natürliche Ressourcen und Arbeitskraft als Einlage einbringen (*Moser* / *Zee* (1993), S. 18).

[12]Die Einlage immaterieller Vermögensgegenstände wird normalerweise von den Behörden nicht gerne gesehen. In einigen Regionen werden Begrenzungen entsprechend denen bei der GA gesetzt (*Li* (1996 [1]), S. 289). Der Angabe einer 20% - Begrenzung bei *Deamer* (1996), S. 11 und *Arkoosh* (1996), S. 359 kann in so allgemeiner Form allerdings nicht gefolgt werden.

[13]Art. 4 Abs. 3 und Art. 7 GJVG; Art. 87 Nr.3 DVGJVG.

[14]Der Gewinnanteil des ausländischen Investors darf jedoch nur dann größer als sein Anteil am registrierten Eigenkapital sein, wenn der Joint - Venture - Vertrag bei Auflösung bzw. Beendigung der Gesellschaft alle Sachanlagen dem chinesischen Partner zuspricht (Art. 44 Abs. 1 Nr.1 DVVJVG). Dies wird als „unechte" Kapitalherabsetzung gesehen. Flexiblere Gewinnverteilungen sind auch im deutschen Recht möglich (*Sudhoff* / *Sudhoff* (1992), S. 381).

[15]*Deamer* (1996), S. 11; vgl. auch *Arkoosh* (1996), S. 361.

[16]Art. 12 GJVG; Art. 2 LGJVVO. Angaben werden gefordert für Dienstleistungsunternehmen, Bauträger und im Falle der Ausbeutung von Bodenschätzen (Art. 3 LGJVVO). Generell werden unbegrenzte Laufzeiten nur selten genehmigt (*Tetz* (1995), S. 557; *Lauffs* / *Bohnet* (1994), S. 737).

[17]Falls die Angabe fester Laufzeiten vorgeschrieben ist, gilt: generell weniger als 30 Jahre; falls vom Staat gefördert: 50 Jahre (LGJVDVO; Art. 100 DVGJVG). Bei beabsichtigter Verlängerung muß dann sechs Monate vor Laufzeitende ein Antrag bei der zuständigen Behörde gestellt werden, über den innerhalb eines Monats zu entscheiden ist (Art. 12 GJVG).

[18]Vgl. *Curley* / *Fortunato* (1995), S. 1254; *Heuser* (1986), S. 425.

[19]Art. 33f. DVGJVG.

[20]Vgl. *Heuser* (1986), S. 424.

[21]Die VPGJVVO gelten analog für VJV (vgl. *Lewis* (1994), S. 89).

[22]Im Falle, daß die Investitionssumme nicht zu spezifizieren ist, könnte sich die FFVO auf den aktuellen Kapitalbestand (registriertes Eigenkapitel + Fremdkapital) beziehen. Fraglich wäre dann bspw., wie bei Ausgabe der Aktien über dem Nennwert der übersteigende Teil zu behandeln wäre.

Tabelle A.2

Mindestverhältnis von registriertem Eigenkapital zu genehmigter Investitionssumme und minimales registriertes Eigenkapital gemäß Art. 3 FFVO

genehmigte Investitionssumme in US$	*minimales Eigenkapital / Investitionssumme-Verhältnis, muß kumulativ mit minimalem Eigenkapital vorliegen*	*minimales Eigenkapital in US$, muß kumulativ mit Eigenkapital / Investitionssumme-Verhältnis vorliegen*
< 3Mio US$	70%	70% der Investitionssumme
3-10 Mio US$	50%	2.1 Mio US$
10-30 Mio US$	40%	5 Mio US$
> 30 Mio US$	33.33%	12 Mio US$

Tabelle A.3

Methoden zur Erzielung eines Devisenausgleichs

Methode	*Rechtsgrundlage sowie Genehmigungs- oder Mitteilungspflicht*	*Bemerkungen*
Devisendarlehen der Bank von China	• Möglichkeit aus Art. 6 BoCVO • Grundkapital muß voll eingezahlt sein (Art. 7 Nr. 2 BoCVO) • Exportunternehmen, technologisch fortschrittliche Unternehmen und andere geförderte Unternehmen haben Vorrang (Art. 3 DVBoCVO) • Registrierung bei Devisenkontrollbehörde; keine Genehmigung notwendig[1]	• kaum genutzt für Devisenausgleich[2] • sinnvoll nur bei erwarteten Deviseneinnahmen für Zinsen und Tilgung; daher eher kurzfristige Lösung
Devisendarlehen von ausländischen Banken	• Möglichkeit aus Art. 8 Abs. 3 GJVG; Art. 78 DVGJVG; Art. 17 VJVG; Art. 3 ÜaDVO • Registrierung bei Devisenkontrollbehörde (Art. 5 Abs. 1 ÜaDVO) • keine Genehmigung der Devisenkontrollbehörde notwendig[3]	• kaum genutzt für Devisenausgleich[4] • wichtig für Quellensteuerbefreiung nach Art. 11 Abs. 3 Nr. b DBA-China
Devisendarlehen von ausländischen Unternehmen	• Möglichkeit zu folgern aus Art. 3 ÜaDVO • Registrierung bei Devisenkontrollbehörde (Art. 5 Abs. 1 ÜaDVO) • keine Genehmigungspflicht[5]	wichtig für Gesellschafterfremdfinanzierung sowie Verrechnungspreisgestaltung
Ausgabe von Schuldverschreibungen	• Möglichkeit aus Art. 159ff. GesG • genehmigungspflichtig durch den Staatsrat	hoher Eigenkapitaleinsatz gefordert (Art. 161 GesG)
Ausgabe von Aktien	• Möglichkeit aus Art. 129ff. GesG	siehe Beurteilung der AG in *Tabelle A.1 im Anhang (Zeilen „Vorteile / Nachteile der Rechtsform")*

Methode	*Rechtsgrundlage sowie Genehmigungs- oder Mitteilungspflicht*	*Bemerkungen*
Export mit RMB gekaufter chinesischer Produkte	• Möglichkeit aus Art. 6 DAVO und cPVO • Genehmigung des chinesischen Handelsministeriums notwendig (Art. 3 cPVO)	• selten genutzt[6] • rechtliche Probleme, da i.d.R. außerhalb des Unternehmensgegenstandes[7] • Behörden sind nicht hilfreich bei Beeinflußung chinesischer Hersteller, Deviseneinnahmen zugunsten eines GmaK aufzugeben[8] • für Produkte bestehen meist keine Vertriebsstrukturen[9]
Reinvestition von RMB Gewinnen in devisenerwirtschaftende Projekte	• Möglichkeit für Joint Venture aus Art. 10 DAVO; für alle GmaK zu folgern aus Art. 10 GmaKAuStG • genehmigungspflichtig (Art. 10 DAVO) • normalerweise müssen Devisen zur Kapitalgründung verwendet werden[10]	• kaum genutzt zum Devisenausgleich[11] • schwer, chinesischen Partner für RMB-Investitionen zu finden[12] • Langzeitlösung zum Devisenausgleich[13] • Steuerrückerstattungen von 40 bzw. 100% (Art. 10 GmaKAuStG; Art. 81 Abs. 1 DVGmaKAuStG) • Möglichkeit, mit RMB GmaK zu gründen
Verkauf von Produkten, die sonst importiert werden müßten, gegen Devisen in China	• nur für Joint Ventures (Art. 5 DAVO); • chinesische Importeure müssen Importersatzprodukten von GmaK Vorrang geben (JVPIEVO) • GmaK und Produkt müssen bestimmte Voraussetzungen erfüllen (Art. 3 JVPIEVO) • genehmigungspflichtig; Importersatzabsicht bereits in Eignungsstudie des GmaK einbinden (Art. 4 JVPIEVO) • Verkauf gegen Devisen in China ist normalerweise verboten (Art. 6 DKVO; Art. 7 ARDK[14])	• schwierig anzuwenden wegen vieler Nebenbedingungen[15] • bereits in frühem Stadium planen

(Fortsetzung)

(Fortsetzung Tabelle A.3)

Methode	*Rechtsgrundlage sowie Genehmigungs- oder Mitteilungspflicht*	*Bemerkungen*
Export selbstproduzierter Güter	wird explizit gefördert (siehe Abschnitt 2.B.3.)	problemloseste Methode
Tausch gegen RMB	siehe Abschnitt 1.B.III.2.	siehe Abschnitt 1.B.III.2.

Anmerkungen zu Tabelle A.3

[1]*Wäscher / Schmitt* (1994), S. 869.

[2]*Wäscher / Schmitt* (1994), S. 869.

[3]*O.V.* (1994 [2]), S. 70; *CCH International* (1996), 31-430; *Yong* (1994), S. 142.

[4]*Wäscher / Schmitt* (1994), S. 869.

[5]*CCH International* (1996), 31-430.

[6]*Wäscher / Schmitt* (1994), S. 867.

[7]*Lewis* (1994), S. 175; *Wäscher / Schmitt* (1994), S. 867.

[8]*Lewis* (1994), S. 175; *Yu* (1994), S. 105; dadurch, daß chinesische Gesellschaften ohne Auslandsbeteiligung Deviseneinkommen i.d.R. gegen RMB eintauschen müssen, könnte hier in Zukunft eine Linderung zu verzeichnen sein (DVKZVO).

[9]*Lewis* (1994), S. 175.

[10]*Cheung* (1995), S. 13; vgl. Art. 26 GAG.

[11]Vgl. *Wäscher / Schmitt* (1994), S. 869.

[12]*Yu* (1994), S. 104. Ein Vorteil für den chinesischen Partner wären allerdings Steuervergünstigungen, wenn der ausländische Kapitalanteil größer 25% ist (*Fai* (1995), S. 11).

[13]*Lewis* (1994), S. 177.

[14]Eine Ausnahme bilden jedoch Leasing - Gesellschaften mit ausländischer Beteiligung (*Wang, Y.* (19.02.1994), S. 1).

[15]*Lewis* (1994), S. 172.

Tabelle A.4

Steueranreize für rechtsfähige GmaK[1]

1. Steueranreize nach Regionen und Unternehmensstatus

Region	*Unternehmensstatus bzw. Qualifikationskriterien*	*Tarif*
SWZ / WTEZ	produzierend	15%[2]
AS	produzierend	24%[3]
AS / KWZ	• produzierend und 1. technologie- und wissensintensive Projekte oder 2. Investitionssumme größer 30 Mio US$ oder mit langer Rückzahlungsdauer oder 3. Energie-, Kommunikations- und Hafenprojekte • GJV, die Hafen- und Kaianlagen bauen • Flughafen-, Hafen-, Eisenbahn-, Autobahn-, Kraftwerk- und andere Energie- und Verkehrsprojekte	15%[4]
GPS	produzierend	15%[5]
HNTE / EEHP	Hoch- oder Neutechnologie-GmaK	15%[6]
überall	produzierend mit einer Mindestlaufzeit von 10 Jahren, außer Ausbeutung natürlicher Ressourcen wie Erdöl, Erdgas, seltene Metalle und Edelmetalle	beginnend mit dem ersten Jahr, in dem Gewinn gemacht wird: • 0% für 2 Jahre • Hälfte des Tarifs für folgende 3 Jahre[7]
unterentwickelte Gegenden	alle GmaK - abhängig von einer entsprechenden Genehmigung	nach Ablauf des Zeitraums, in dem keine Steuer erhoben bzw. die Steuer reduziert wird: 15-30% Reduzierung für weitere 10 Jahre[8]
überall	Land- und Forstwirtschaft und Tierzucht abhängig von einer entsprechenden Genehmigung	analog oben[9]

(Fortsetzung)

(Fortsetzung Tabelle A.4)

Region	*Unternehmensstatus bzw. Qualifikationskriterien*	*Tarif*
überall	GJV, die Hafen- und Kaianlagen bauen, mit einer Mindestlaufzeit von 15 Jahren - abhängig von einer entsprechenden Genehmigung	beginnend mit dem ersten Jahr, in dem Gewinn gemacht wird: • 0% für 5 Jahre • Hälfte des Tarifs für folgende 5 Jahre[10]
SWZ in Hainan	Flughafen-, Hafen-, Kai-, Eisenbahn-, Autobahn-, Kraftwerk-, Kohleminen-, Wasseraufbereitungs- und andere Infrastrukturprojekte sowie landwirtschaftliche Entwicklungsprojekte mit einer Mindestlaufzeit von 15 Jahren - abhängig von einer entsprechenden Genehmigung	analog oben[11]
GPS	Flughafen-, Hafen-, Eisenbahn-, Autobahn-, Kraftwerk- und andere Energie- und Verkehrsprojekte mit einer Mindestlaufzeit von 15 Jahren - abhängig von einer entsprechenden Genehmigung	analog oben[12]
SWZ	Dienstleistungsunternehmen mit einem Mindestkapital größer 5 Mio US$ und einer Mindestlaufzeit von 10 Jahren - abhängig von einer entsprechenden Genehmigung	beginnend mit dem ersten Jahr, in dem Gewinn gemacht wird: • 0% im ersten Jahr • Hälfte des Tarifs für folgende 2 Jahre[13]
SWZ	ausländische Banken, Joint-Venture-Banken und andere Finanzinstitute mit mind. 10 Mio US$ Kapital und mind. 10 Jahren Laufzeit	15% generell; mit entsprechender Genehmigung: beginnend mit dem ersten Jahr, in dem Gewinn gemacht wird: • 0% im ersten Jahr • Hälfte des Tarifs für folgende 2 Jahre (also 7.5%)[14]
HNTE	Hoch- oder Neutechnologie-GmaK in der Form des GJV mit einer Mindestlaufzeit von 10 Jahren - abhängig von einer entsprechenden Genehmigung	analog oben[15]
Peking	Unternehmen die Energie-, Verkehrswesen-, Hafen-, Kai- und andere geförderte Projekte durchführen	15%[16]
Peking	produzierend	24%[17]

Region	*Unternehmensstatus bzw. Qualifikationskriterien*	*Tarif*
überall	exportorientierte GmaK	nach Ablauf des Zeitraums, in dem keine Steuer erhoben bzw. die Steuer reduziert wird : Hälfte des Tarifs, aber mindestens 10%[18], wenn nicht die Ermäßigung für technologisch fortschrittliche Unternehmen angewendet wird[19].
überall	technologisch fortschrittliche GmaK	nach Ablauf des Zeitraums, in dem keine Steuer erhoben bzw. die Steuer reduziert wird: Hälfte des Tarifs für 3 Jahre, aber mindestens 10%[20], wenn nicht die Ermäßigung für exportorientierte GmaK angewendet wird[21]

2. Steueranreize abhängig von der Gewinnverwendung

Region	*Qualifikationskriterien*	*Tarif*
überall	alle GmaK - bei direkter Wiederanlage des Gewinnanteils durch Kapitalerhöhung aus Gesellschaftsmitteln (d.h. keine vorherige Ausschüttung) oder Neugründung einer anderen GmaK mit einer Mindestlaufzeit von 5 Jahren durch ausgeschüttete und direkt wieder investierte Gewinne - abhängig von einem innerhalb eines Jahres nach der Reinvestition gestellten Antrags und seiner Genehmigung	Steuerrückzahlung in Höhe: reinvestierter Gewinn[22] / (100% - nationaler und lokaler Steuersatz des Unternehmens ohne Steuerrückzahlung) * nationaler und lokaler Steuersatz des Unternehmens ohne Steuerrückzahlung * X, mit X = 100% für Reinvestition in exportorientierte oder technologisch fortschrittliche GmaK[23], 40% sonst[24]
SWZ in Hainan	alle GmaK bei direkter Wiederanlage des Gewinnanteils durch Kapitalerhöhung aus Gesellschaftsmitteln (d.h. keine vorherige Ausschüttung) oder Neugründung einer anderen GmaK mit einer Mindestlaufzeit von 5 Jahren in der SWZ Hainan - abhängig von einem innerhalb eines Jahres nach der Reinvestition gestellten Antrags und seiner Genehmigung	Steuerrückzahlung in Höhe: reinvestierter Gewinn[25] / (100% - nationaler und lokaler Steuersatz des Unternehemens ohne Steuerrückzahlung) * nationaler und lokaler Steuersatz des Unternehmens ohne Steuerrückzahlung * 100%[26]

(Abkürzungen, Erläuterungen, Anmerkungen siehe nächste Seite)

Abkürzungen zu Tabelle A.4

SWZ	Sonderwirtschaftszone
WTEZ	Wirtschafts- und technische Entwicklungszone
KWZ	offene Küstenwirtschaftszone
AS	alte Stadtgebiete von Städten, wo die Sonderwirtschaftszonen oder Wirtschafts- und technischen Entwicklungszonen belegen sind
GPS	neues Gebiet Pudong in Shanghai
EEHP	neue Entwicklungs-und Experimentier-Hochtechnologiezone in Peking
HNTE	Hoch-und Neutechnologie-Entwicklungszone

Erläuterungen zu Tabelle A.4

„*Mindestlaufzeit*" bezieht sich generell auf den Zeitraum vom Beginn bis zur Beendigung der operativen Aktivitäten[27]. Es kommt somit nicht auf rechtliche, sondern wirtschaftliche Merkmale an.

„*Beginnend mit dem ersten Jahr, in dem Gewinn gemacht wird*" bezieht sich auf das Jahr nach dem tatsächlichen Beginn der wirtschaftlichen Aktivitäten, in dem nach Gegenrechnung aller Verlustvorträge ein Gewinn ausgewiesen wird. Insoweit wird auf die Bemessungsgrundlage als Indiz zurückgegriffen. Verluste nach diesem Zeitraum sind unbeachtlich[28]. Liegt der Beginn der wirtschaftlichen Tätigkeiten in der Jahresmitte und wird am Jahresende ein Gewinn ausgewiesen, hat das GmaK ein Wahlrecht, den Beginn der Förderungsperiode auf das folgende Jahr, in dem Gewinn ausgewiesen wird, zu verschieben[29].

„*Nach Ablauf des Zeitraums, in dem keine Steuer erhoben bzw. die Steuer reduziert wird*" betrifft die Vergünstigungen, die zunächst einige Jahre von der Steuer freistellen und dann den Steuertarif prozentual ermäßigen, nicht jedoch die Vorschriften, die eine festen Steuersatz angeben.

Anmerkungen zu Tabelle A.4

[1]Je nach Region können noch andere legitime, d.h. von den Zentralbehörden genehmigte, Steueranreize existieren. Insofern kann hier kein Anspruch auf Vollständigkeit gestellt werden.

[2]Art. 7 Abs. 1 GmaKAuStG.

[3]Art. 7 Abs. 2 GmaKAuStG.

[4]Art. 7 Abs. 3 GmaKAuStG iVm. Art. 73 Nr. 1, 2, 4 DVGmaKAuStG.

[5]Art. 7 Abs. 3 GmaKAuStG iVm. Art. 73 Nr. 4 DVGmaKAuStG.

[6]Art. 7 Abs. 3 GmaKAuStG iVm. Art. 73 Nr. 5 DVGmaKAuStG.

[7]Art. 8 GmaKAuStG und Art. 78 DVGmaKAuStG.

[8]Art. 8 Abs. 3 GmaKAuStG.

[9]Art. 8 Abs. 3 GmaKAuStG.

[10]Art. 8 GmaKAuStG iVm. Art. 75 Nr. 1 DVGmaKAuStG.

[11]Art. 8 GmaKAuStG iVm. Art. 75 Nr. 2 DVGmaKAuStG.

[12]Art. 8 GmaKAuStG iVm. Art. 75 Nr. 3 DVGmaKAuStG.

[13]Art. 8 GmaKAuStG iVm. Art. 75 Nr. 4 DVGmaKAuStG.

[14]Art. 8 GmaKAuStG iVm. Art. 75 Nr. 5 DVGmaKAuStG.

[15]Art. 7 Abs. 3 GmaKAuStG iVm. Art. 73 Nr. 3 DVGmaKAuStG und Art. 8 Abs. 2 GmaKAuStG iVm. Art. 75 Nr. 5 DVGmaKAuStG.

[16]R Nr.304 / 1995.

[17]R Nr.304 / 1995.

[18]Art. 8 Abs. 2 GmaKAuStG iVm. Art. 75 Nr. 7 DVGmaKAuStG.

[19]Vgl. Abschnitt 5 KDVGmaKAuStG; *Stucken* (1995), S. 434.

[20]Art. 8 Abs. 2 GmaKAuStG iVm. Art. 75 Abs. 8 DVGmaKAuStG und Abschnitt 15 KDVGmaKAuStG.

[21]Vgl. Abschnitt 5 KDVGmaKAuStG; *Stucken* (1995), S. 434.

[22]Liquidationsgewinne fallen nicht hierunter. Wenn der Investor das Jahr, in dem der reinvestierte Gewinn erwirtschaftet wurde, nicht angeben kann, wendet die Steuerbehörde eine Art FIFO - Methode zur Feststellung der Zugehörigkeit des reinvestierten Gewinns an (Abschnitt 2, 3 RFB). Entsprechend sollte ein solcher Nachweis durch den Investor geführt werden, da die Förderung nur für den direkt reinvestierten Gewinn gilt. Wie ein solcher Nachweis auszusehen hat, ist allerdings unklar.

[23]Verliert das Unternehmen innerhalb von 3 Jahren nach der Reinvestition bzw. dem Beginn der wirtschaftlichen Aktivitäten zu irgendeiner Zeit den Status als exportorientiertes oder technologisch fortschrittliches Unternehmen, müssen 60% der Steuerrückzahlung an die Steuerbehörden abgeführt werden (Art. 81 Abs. 3 DVGmaKAuStG iVm. Abschnitt 4 RFB).

[24]Art. 10 GmaKAuStG iVm. Art. 80, 81 und 82 DVGmaKAuStG.

[25]Vgl. Fn. 22.

[26]Art. 10 GmaKAuStG iVm. Art. 81, 82 DVGmaKAuStG.

[27]Art. 74 DVGmaKAuStG.

[28]Art. 76 DVGmaKAuStG.

[29]Art. 77 DVGmaKAuStG.

Tabelle A.5

Kriterien zur Qualifikation als exportorientiertes bzw. technologisch fortschrittliches Unternehmen[1]

exportorientierte Unternehmen	*technologisch fortschrittliche Unternehmen*
• Produktion materieller Produkte • Werte der jährlichen Ausfuhren betragen mindestens 50% der Werte der Produktion dieses Jahres[2] (allerdings werden wichtige Steueranreize erst ab einer Exportquote von 70% gewährt[3]) • Erwirtschaftung eines Devisenüberschusses[4]	• gehört staatlich geförderter Industrie an oder ist ein staatlich gefördertes Projekt • benutzt international fortschrittliche, geeignete Technologie und Ausrüstung • produziert neue oder den chinesischen Produkten überlegene Produkte und ersetzt somit Einfuhren bzw. kann Devisen erwirtschaften

Anmerkungen zu Tabelle A.5

[1]Vgl. die QBETUVO sowie Art. 2 IFB.

[2]Exporte aus zum Jahreswechsel vorhandenen Lagerbeständen werden mit in die Jahresausfuhren gerechnet. Unklar bleibt, wie eine über den Jahreswechsel andauernde Produktion zu behandeln ist. In jedem Fall ergeben sich hier Gestaltungsspielräume, die der ausländische Investor zu seinen Gunsten nutzen kann.

[3]Art. 8 IFB.

[4]Gewinnausschüttungen zählen als Abfluß (Art. 2 Abs. 2 Nr. 1 IFB). Der Jahresanfangsbestand an Devisen wird zum Zwecke dieser Kalkulation vernachlässigt.

Tabelle A. 6

Vergleich der Einkunftsartendefinition nach chinesischem Recht und nach DBA-China

Einkunftsarten	*Definition nach chinesischem Recht / nach DBA-China*
Gewinnanteile	**China**: Einnahmen aus Aktien, anderen Anteilsrechten und nicht schuldrechtlichen Beziehungen[1]; **DBA**: Einkünfte aus Aktien, Kuxen, Gründeranteilen oder anderen Rechten - ausgenommen Forderungen - mit Gewinnbeteiligungen sowie aus sonstigen Gesellschaftsanteilen stammende Einkünfte, die nach dem Recht des Staates, in dem die ausschüttende Gesellschaft ansässig ist, den Einkünften aus Aktien steuerlich gleichgestellt sind; explizit: Einkünfte aus stiller Beteiligung und Ausschüttungen aus Anteilen an einem Investmentvermögen
Zinsen	**China**: Einnahmen aus Spareinlagen, Darlehen, Schuldverschreibungen, geleisteten Anzahlungen und gewährten Stundungen[2]; Kommissionen und Gebühren in Verbindung mit der Darlehenshingabe[3]; **DBA**: Einkünfte aus Forderungen jeder Art - auch wenn sie mit Grundstücken besichert sind oder eine Beteiligung am Gewinn des Schuldners beinhalten - sowie aus verschiedenen Anleihen; Einkünfte aus partiarischen Darlehen sind ebenfalls als Zinsen zu behandeln[4]
Miet- / Pachtzins	**China**: als Einkunftskategorie enthalten, aber nicht näher definiert; **DBA**: keine explizite Einkunftskategorie vorhanden, aber: Entgelte für die Benutzung gewerblicher, kaufmännischer oder wissenschaftlicher Ausrüstungen, d.h. Mobilien-Leasing, sind als Lizenzgebühren zu behandeln; sonstige Fälle wie z.B. Einkünfte aus unbeweglichem Vermögen sind hier kaum relevant[5]
Lizenzgebühren	**China**: Gebühren für die Überlassung von Patentrechten, Technologie (= technischem Wissen), Warenzeichen, Urheberrechten oder anderen ähnlichen Rechten[6]; ebenso Gebühren für Muster, Daten, technische Dienstleistungen und Training im Zusammenhang mit der Überlassung von Technologie[7]; **DBA**: Gebühren für verschiedene Urheberrechte, Patente, Marken, Muster, Modelle, Pläne, geheime Formeln und Verfahren oder für die Benutzung oder das Recht auf Benutzung gewerblicher, kaufmännischer oder wissenschaftlicher Ausrüstungen oder für die Mitteilung gewerblicher, kaufmännischer oder wissenschaftlicher Erfahrungen
Kapitalgewinne	**beide**: Gewinne aus der Veräußerung von Vermögen, insbesondere auch von Anteilsrechten an GmaK[8]

(Anmerkungen siehe nächste Seite)

Anmerkungen zu Tabelle A.6

[1]Art. 60 GmaKAuStG.

[2]Art. 6 Abs. 2 Nr. 2 DVGmaKAuStG.

[3]*Price Waterhouse* (1995), S. 126.

[4]Nach *Korn / Debatin* (1996), China, Art. 10 DBA-China, Nr. 2 Buchst. b werden diese als Dividenden behandelt. Dem kann nicht gefolgt werden, da das DBA ausdrücklich „Forderungen mit Gewinnbeteiligung" nicht als Dividenden betrachtet (Art. 10 Abs. 3 DBA-China). Die chinesischen Behörden werden partiarische Darlehen auch kaum als Dividenden versteuern, da Dividenden als nicht aus schuldrechtlichen Beziehungen entstandene Einkünfte angesehen werden.

[5]Die deutsche Muttergesellschaft müßte dazu bspw. ein chinesisches Landnutzungsrecht an die Tochter in China verpachten.

[6]Art. 6 Abs. 2 Nr. 4 DVGmaKAuStG.

[7]Vgl. *Moser / Zee* (1993), S. 170; *Li* (1995), S. 1902f., die sich auf verschiedene weitere Erlasse bezieht; *Nelson* (1991 [1]), S. 611.

[8]Art. 6 Abs. 2 Nr. 5 DVGmaKAuStG; Abschnitt 1 Nr. 3 AVDEStB; Art. 13 DBA-China.

Verzeichnis der Gesetze, Gerichtsentscheidungen und Verwaltungsanweisungen

Chinesische Rechtsquellen und Verwaltungsanweisungen (VA)

Die folgenden deutschen Übersetzungen sollen nur die deutschen Abkürzungen erklären. Auf eine genaue Übersetzung des englischen Titels wurde bewußt kein Wert gelegt, da weder die deutschen noch die englischen Bezeichnungen für diese Gesetze standardisiert sind.

AGmaKGVO: Vorläufige Verordnung betreffend Angelegenheiten der Gründung von Aktiengesellschaften mit ausländischer Kapitalbeteiligung vom 10.1.1995 - Provisional Regulations on Several Issues Concerning the Establishment of Foreign Invested Companies Limited by Shares, MOFTEC (*China Law & Practice* (11.8.1995), S. 52ff.).

AnAGB (VA): Bedingungen betreffend die Satzung von im Ausland notierten AGs vom 19.9.1994 - The Articles of Association of Companies Seeking a Listing Outside the PRC Prerequisite Clauses, Securities Office of State Council and State Commission for Restructuring the Economic Systems (*China Law & Practice* (8.5.1995), S. 19ff.).

ARDK (VA): Ankündigung der Volksbank Chinas betreffend die weitere Reform des Devisenkontrollsystems vom 28.12.1993 - Announcement of the People's Bank of China concerning Further Reform of the Foreign Exchange Control System (*CCH International* (1995), Nr. 8-716).

AVDEStB (VA): Bekanntmachung der nationalen Steuerbehörde betreffend die Besteuerung des Einkommens aus der Veräußerung von Anteilscheinen und Dividenden empfangen von GmaK, Auslandsunternehmen und Ausländern vom 21.7.1993 - Notice concerning Taxation of Income from Stock (Share Right) Transactions and Dividends Received by Foreign Investment Enterprises, Foreign Enterprises and Foreign Nationals, (*CCH International* (1995), Nr. 32-706).

BG: Buchführungsgesetz vom 21.1.1985, geändert am 29.12.1993 - Accounting Law (*CCH International* (1995), Nr. 35-510).

BGBVO: Verordnung des Staatsrates betreffend die Besteuerung von Gewinnen aus der Veräußerung von Grund und Boden vom 26.11.1993 - Land Value Added Tax Tentative Regulations (*China Law & Practice* (31.1.1994), S. 50ff.).

BLGmaKVO: Verordnung betreffend die Liquidation von GmaK in Peking von 1992 - Measures for Liquidation of Enterprises with Foreign Investment in Beijing (*Johnson Stokes & Master* (1993 [1]), S. 31ff.).

BoCVO: Verordnung der Bank von China betreffend Darlehen für GmaK vom 24.4.1987 - Measures of the Bank of China on Loans for Foreign Investment Enterprises, approved by State Council (*CCH International* (1995), Nr. 8-702).

BS: Buchführungsstandards für alle Unternehmen vom 16.11.1992 - Enterprise Accounting Standards (*Wei / Chow / Cooper* (1994), S. 59ff.).

BSVVO: Verordnung des Staatsrates betreffend die Bewertung von staatlichem Vermögen vom 16.11.1991 - Administration of State Asset Valuation Procedures (*China Law & Practice* (23.1.1992), S. 22ff.).

CAO: Gesetz betreffend die Verwaltung der Steuererhebung vom 4.9.1992 - Law to Administer the Levying and Collection of Taxes (*CCH International* (1995), Nr. 30-545).

cPVO: Verordnung betreffend Kauf und Verkauf chinesischer Produkte durch GmaK zur Erlangung eines Devisenausgleichs vom 1.3.1989 - Regulations of the State Administration of Exchange Control Concerning the Charging of Foreign Currency by Enterprises with Foreign Investment (*CCH International* (1995), Nr. 8-672).

DAVO: Verordnung des Staatsrats über den Ausgleich von Deviseneinnahmen und -ausgaben von Joint Ventures vom 15.1.1986 - Regulations of the State Council Concerning the Balance of Foreign Exchange Income and Expenditure by Sino-Foreign Joint Equity Ventures (*CCH International* (1995), Nr. 6-590).

DBAIR (VA): Rundschreiben betreffend die Interpretation bestimmter Artikel von Doppelbesteuerungsabkommen vom 10.9.1986 - Circular concerning the Interpretation of Certain Articles in the DTAs (inoffizielle Übersetzung).

DKVO: Devisenkontrollverordnung des Staatsrates vom 1.4.1996 - Foreign Exchange Control Regulations (*China Law & Practice* (Nr. 3 1996), S. 37ff.).

VBGBVO: Durchführungsverordnung zur BGBVO vom 27.1.1995 - Land Value Added Tax Tentative Regulations Implementing Rules, Ministry of Finance (*China Law & Practice* (31.3.1995), S. 23ff.).

DVBoCVO (VA): Durchführungsverordnung zur BoCVO vom 20.10.1988 - Detailed Rules for Implementing the Measures of the Bank of China on Loans for Foreign Investment Enterprises (Provisional) (*CCH International* (1995), Nr. 8-700).

DVGAG: Durchführungsverordnung zum GAG vom 12.12.1990 - Detailed Rules for the Implementation of the Law of the People's Republic of China on Sole Foreign Investment Enterprises, MOFERT, approved by State Council (*CCH International* (1995), Nr. 13-507).

DVGJVG: Durchführungsverordnung des Staatsrats zum GJVG vom 20.9.1983, zuletzt geändert am 15.1.1986 und 21.12.1987 - Regulations for the Implementation of the Law of the People's Republic of China on Joint Ventures Using Chinese and Foreign Investment (*Münzel* (1989), S. 163ff.).

DVGmaKAuStG: Durchführungsverordnung zum GmaKAuStG vom 30.6.1991 - Detailed Rules for the Implementation of the Income Tax Law for Enterprises with Foreign Investment and Foreign Enterprises (*Heuser / Mond / Sablotny* (1993), S. 46ff.).

DVKZVO: Verordnung über Devisenverkauf, -kauf und -zahlung vom 20.6. 1996 - Regulations for the Administration of the Settlement, Sale and Payment of Foreign Exchange (wie zusammengefaßt in *Baker & McKenzie* (1996 [1]), S. 1ff.).

DVVJVG: Durchführungsverordnung zum VJVG vom 4.9.1995 - Sino-foreign Cooperative Joint Venture Law Implementing Rules, MOFTEC (*China Law & Practice* (1.11.1995), S. 18ff.).

EDVKZVO (VA): Erläuterungen zur DVKZVO - Explanations on Relevant Issues Concerning the Regulations for the Administration of Settlement, Sale and Payment of Foreign Exchange, Policy and Regulations Department of the SAEC (wie zusammengefaßt in *Baker & McKenzie* (1996 [6]), S. 3ff.).

EDVVJVG (VA): Erläuterungen zur DVVJVG vom 22.10.1996 - Explana-tions Concerning Implementation of Several Articles of the Detailed Implementing Rules for the Law of the People's Republic of China on Chinese-foreign Cooperative Joint Ventures, MOFTEC (wie zusammengefaßt in *Baker & McKenzie* (1996 [5]), S. 1).

FFVO: Vorläufige Verordnung für GJV zum Verhältnis von registriertem Kapital zur Investitionssumme (Fremdfinanzierungsverordnung) vom 1.3.1987 - Provisional Regulations of the State Administration for Industry and Commerce on the Ratio between the Registered Capital and Total Investment of Sino-foreign Joint Equity Enterprises (*CCH International* (1995), Nr. 6-554).

FVR: Allgemeine Finanzverwaltungsregeln für alle Unternehmen vom 30.11. 1992 - General Financial Principles of Enterprises, Ministry of Finance (*CCH International* (1995), Nr. 35-545).

GAG: Gesetz über ganzheitlich im Auslandsbesitz befindliche Gesellschaften vom 12.4.1986 - Law of the People's Republic of China Concerning Enterprises with Sole Foreign Investment (*Münzel* (1989), S. 208ff.).

GesG: Gesellschaftsgesetz vom 29.12.1993 - Company Law (*CCH International* (1995), Nr. 13-518).

GJVG: Gleichheits-Joint-Venture Gesetz vom 1.7.1979, zuletzt geändert am 4.4.1990 - Law of the People's Republic of China on Sino-foreign Joint Equity Enterprises (*Münzel* (1989), S. 158ff.).

GmaKAuStG: GmaK- und Auslandsunternehmen-Steuergesetz vom 9.4.1991 - Income Tax Law for Enterprises with Foreign Investment and Foreign Enterprises (*Heuser / Mond / Sablotny* (1993), S. 42ff.).

GmaKBVO: Buchführungsverordnung für GmaK vom 24.6.1992 - Accounting Regulations for Enterprises with Foreign Investment, Ministry of Finance (*China Law & Practice* (10.12.1992), S. 20ff.).

GmaKFVR: Finanzverwaltungsregeln für GmaK vom 24.6.1992 - Regulations on Financial Administration of Foreign Investment Enterprises, Ministry of Finance (*CCH International* (1995), Nr. 35-550).

GmaKKR (VA): Kontenrahmen für industrielle GmaK vom 25.5.1992 - Classifications of Accounts and Accounting Statements for Foreign Investment Industrial Enterprises, Ministry of Finance (*CCH International* (1995), Nr. 35-540).

GOG: Gerichtsorganisationsgesetz (wie angegeben in *Süss* (1989), S. 788).

HGVO: Verordnung betreffend die Errichtung von Holding-Gesellschaften vom 4.4.1995 - Establishment of Companies With an Investment Nature by Foreign Investors Tentative Provisions, MOFTEC (*China Law & Practice* (11.8.1995), S. 45ff.).

IFB: Bestimmungen des Staatsrates zur Ermunterung ausländischer Firmen zu Investitionen vom 11.10.1986 (*Münzel* (1986), S. 946ff.).

IVG: Gesetz über Verträge zwischen inländischen Vertragspartnern vom 13.12.1981, zuletzt geändert am 2.9.1993 - Economic Contract Law (*CCH International* (1995), Nr. 5-500).

JVPIEVO (VA): Verordnung betreffend Joint-Venture-Produkte als Importersatz vom 19.10.1987 - Sino-Foreign Joint Venture and Cooperative Joint Venture Products Import Substitution Procedures, State Planning Commission (wie zusammengefaßt in *Lewis* (1994), S. 171 und *CCH International* (1996), 31-660).

KDVGmaKAuStG (VA): Klarstellungen der nationalen Steuerbehörde betreffend die DVGmaKAuStG vom 15.10.1991 - Circular of the State Administration for Taxation Clarifying Certain Questions Concerning the Implementation of the PRC Income Tax Law for Enterprises with Foreign Investment and Foreign Enterprises (*Arthur Andersen* (1991), S. 26-30).

KHVO (VA): Verordnung betreffend die Kapitalherabsetzung von GmaK vom 25.5.1995 - Notice on Relevant Regulations and Procedures Concerning Adjustment of the Total Amount of Investment and Registered Capital by Foreign Investment Enterprises, MOFTEC and SAIC (wie zusammengefaßt in *Baker & McKenzie* (1996 [3]), S. 5f.).

LGJVDVO (VA): Durchführungsverordnung zur LGJVVO vom 26.6.1991 - Notice on Problems Concerning Implementation of the Provisional Regulations on the Duration of Sino-foreign Joint Equity Enterprises (wie zusammengefaßt in *Lee* (1995), S. 13f.).

LGJVVO: Vorläufige Verordnung über die Laufzeit von GJV vom 22.10.1990 - Provisional Regulations on the Duration of Sino-foreign Joint Equity Enterprises, approved by State Council, MOFERT (*CCH International* (1995), Nr. 6-502).

QBETUVO: Verordnung betreffend die Qualifizierung und Bestätigung von Unternehmen als Exportunternehmen und technologisch fortschrittliche Unternehmen vom 3.12.1996 - Implementing Measures for Confirmation and Examination of Export-oriented Enterprises and Technologically Advanced Enterprises with Foreign Investment, MOFTEC (wie zusammengefaßt in *Baker & McKenzie* (1997 [3]), S. 4ff.).

PUGVSGmaKRili (VA): Richtlinien betreffend die Prinzipien zur Untersuchung und Genehmigung von Verträgen und Satzungen von GmaK des Außenhandelsministeriums veröffentlicht am 5.10.1993 - Contracts and Articles of Association of Foreign

Investment Enterprises Examination and Approval Principles and Items of Examination, MOFERT (*China Law & Practice* (28.2.1995), S. 41ff.).

R Nr. 304 / 1995 (VA): Rundschreiben der staatlichen Steuerbehörde vom 7.6.1995 (*Arthur Andersen* (Juni 1995)).

RFB (VA): Bekanntmachung der nationalen Steuerbehörde betreffend verschiedene Fragen über die Steuerrückerstattung für Gewinne die ausländische Investoren in GmaK reinvestiert haben, vom 15.6.1993 - Notice concerning Several Questions on Tax Refunds for Funds Reinvested by Foreign Investors in Foreign Investment Enterprises (*CCH International* (1995), Nr. 32-702).

RFSKSSWZVO: Verordnung des Staatsrats betreffend Reduzierung und Freistellung von der Steuer in den 14 Küstenstädten und den Sonderwirtschaftszonen vom 15.11.1984 - Provisional Regulations on Reduction and Exemption of Enterprise Income Tax and Consolidated Industrial and Commercial Tax for the 14 Coastal Cities and the Special Economic Zones (*CCH International* (1995), Nr. 70-845).

RFZVO: Verordnung des Finanzministeriums betreffend die Reduzierung und Freistellung von Einkommensteuer auf Zinseinkünfte von Auslandsunternehmen in China vom 1.1.1983 - Provisional Regulations Regarding the Reduction and Exemption of Income Tax Relating to Interest Earned by Foreign Businesses from China, Ministry of Finance (*CCH International* (1995), Nr. 32-600).

RGVO: Verordnung des Staatsrats über die Registrierung von Gesellschaften vom 24.6.1994 - Administrative Rules of the People's Republic of China Governing the Registration of Companies (*CCH International* (1995), Nr. 13-568).

RUG: Resolution zur Unterstützung der Gesetzesinterpretation von 1981 - Resolution on Strengthening the Work of Interpretation of Laws (wie angegeben in *Chen* (1992), S. 95).

SAGVO 1992: Vorläufige Verordnung über AGs der Sonderwirtschaftszone Shenzhen vom 18.3.1992 - Provisional Regulations of Shenzhen Municipality on Companies Limited by Shares (entkräftet durch SAGVO 1993) (*CCH International* (1995), Nr. 73-571).

SAGVO 1993: Verordnung über AGs der Sonderwirtschaftszone Shenzhen vom 26.4.1993 - Regulations on Companies Limited by Shares in Shenzhen Special Economic Zone (*Johnson Stokes & Master* (1993 [2]), S. 5ff.).

SGmbHVO: Verordnung der Sonderwirtschaftszone Shenzhen betreffend GmbH vom 1.7.1993 - Regulations Concerning Limited Liability Companies in the Shenzhen Special Economic Zone (*CCH International* (1995), Nr. 73-551).

SRjPVO: Verordnung betreffend die Steuerung der Registrierung der juristischen Unternehmenspersonen vom 13.5.1988 (*Münzel* (1989), S. 34ff.).

ÜaDVO: Verordnung betreffend die Überwachung ausländischer Darlehen vom 27.8.1987 - Provisional Measures of the State Administration of Exchange Control on the Monitoring of External Debt, approved by State Council (*CCH International* (1995), Nr. 8-706).

UStVO: Verordnung des Staatsrats betreffend die Umsatzsteuer vom 13.12.1993 - Value Added Tax Tentative Provisions (*China Law & Practice* (31.1.1994), S. 30ff.).

Verfassung der VR China 1982 (*Wang* (1992), S. 375ff.).

VGBG: Gesetz betreffend die Verwaltung von Grund und Boden vom 25.6.1986, zuletzt geändert am 29.12.1988 - Law on Land Management, nationaler Volkskongreß (*CCH-International* (1995), 14-715).

VhRStRB (VA): Bekanntmachung der nationalen Steuerbehörde betreffend das Verhältnis von handelsrechtlicher Rechnungslegung und Steuerrecht vom 11.8.1993 - Notice concerning the Relationship between Financial Accounting Systems and Foreign Taxation Rules for Foreign Investment Enterprises (*CCH International* (1995), Nr. 35-826).

VGG: Volksgerichtsgesetz von 1979 - Organic Law of the People's Courts (wie angegeben in *Chen* (1992), S. 118f.).

VJVG: Vertrags-Joint-Venture Gesetz vom 13.4.1988 - Law of the People's Republic of China on Sino-Foreign Co-operative Enterprises (*Münzel* (1989), S. 197ff.).

VPGJVVO: Verordnung betreffend die Verpachtung von GJV vom 13.9.1990 - Regulations on Contracted Operation of Sino-foreign Joint Ventures, MOFERT and SAIC (wie zusammengefaßt in *Lewis* (1994), S. 89ff.).

VRFZB (VA): Bekanntmachung der nationalen Steuerbehörde betreffend die Verlängerung der RFZVO vom 19.11.1990 - Notice on a Further Extension of the Income Tax Reduction Period for Interest and Rental Earned in China by Foreign Businesses (*CCH International* (1995), Nr. 32-605).

ZGB: Zivilgesetzbuch vom 12.4.1986 - General Principles of Civil Code (auszugsweise in *Münzel* (1989), S. 7ff.).

ZKGJVVO: Verordnung über die Zeichnung des Kapitals durch die Gesellschafter des GJV vom 30.12.1987 - Certain Regulations on the Subscription of Capital by the Parties to Sino-foreign Joint Equity Enterprises, MOFERT and SAIC, approved by State Council (*CCH International* (1995), Nr. 6-556).

Gesetze Hong Kongs

IRO: Inland Revenue Ordinance vom 3.5.1947 (Chapter 112, Laws of Hong Kong).

IRR: Inland Revenue Rules vom 22.8.1947 (Chapter 112, Laws of Hong Kong).

Gerichtsentscheidungen - Hong Kong (England, Hong Kong, Indien, Malaysia, Schottland)

Entscheidungen	*Fundstelle bei Halkyard / VanderWolk (1993), Seite*
American Leaf Blending Co Sdn Bhd v DGIR (Privy Council, Malaysia, 1978)	37
BR 5 / 79 (Board of Review, Hong Kong, 1979)	156
BSC Footwear v Ridgway (Inspector of Taxes) (House of Lords, England, 1972)	106ff.
Californian Copper Syndicate v Harris (Court of Exchequer, Schottland, 1904)	13
CIR v Aberdeen Restaurant Enterprises Ltd (High Court, Hong Kong, 1988)	152f. und 160ff.
CIR v Hang Seng Bank Ltd (Privy Council, Hong Kong, 1990)	52f. und 68ff. und 79
CIR v HK-TVB International Ltd (Privy Council, Hong Kong, 1992)	53f. und 71ff.
CIR v The Hong Kong & Whampoa Dock Co Ltd (Supreme Court, Hong Kong, 1960)	54f. und 78f.
CIR v Korean Syndicate Ltd (Court of Appeal, England, 1921)	37f.

Entscheidungen	*Fundstelle bei Halkyard / VanderWolk (1993), Seite*
CIR v Lo & Lo (Privy Council, Hong Kong, 1984)	120ff.
CIR v Montana Lands Ltd (Supreme Court, Hong Kong, 1967)	105
CIR v Sincere Insurance & Investment Co Ltd (Supreme Court, Hong Kong, 1973)	90ff.
CIR v Swire Pacific Ltd (Court of Appeal, Hong Kong, 1979)	125f. und 130f.
CIT, Bombay v Chunilal B Mehta (Privy Council, Indien, 1938)	67f.
D 16 / 88 (Board of Review, Hong Kong, 1988)	31f.
D 43 / 9 (Board of Review, Hong Kong, 1991)	128f.
Golden Horse Shoe (New) Ltd v Thurgood (Court of Appeal, England, 1934)	89f.
Johnston v Heath (High Court, England, 1970)	17f.
Kowloon Stock Exchange Ltd v CIR (Privy Council, Hong Kong, 1984)	14
Lawson (Inspector of Taxes) v Johnson Matthey plc (House of Lords, England, 1992)	131
Pickford v Quirke (Court of Appeal, England, 1927)	18f.
Rutledge v IRC (Court of Session, Schottland, 1929)	16f.
Simmons v IRC (House of Lords, England, 1980)	14
Yarmouth v France (High Court, England, 1887)	159f.

Entscheidung	*Fundstelle*
CIR v Bartica Investment Ltd (High Court, Hong Kong, 1996)	Olesnicky (1997)

Verwaltungsschreiben des IRD (Hong Kong) Departmental Interpretation & Practice Notes

Nr	*Bezeichnung*	*Fundstelle bei Flux / Smith (1996)* Anhang	Seite
1	Part A: Valuation of Stock-in-Trade and Work-in-Progress Part B: Ascertainment of Profit and the Valuation of Work-in-Progress	1	481ff.
2	Part A: Industrial Buildings Allowances Part B: Rebuilding Allowances - Commercial Buildings	2	493ff.
3	Apportionment of Expenses	3	505f.
7	Machinery or Plant - Depreciation Allowances	7	529ff.
13	The Taxation of Interest Received and the Deductibility of Interest Paid	13	587ff.
21	Locality of Profits	21	673ff.

Deutsche Gesetze

AktG: Aktiengesetz vom 6.9.1965 (BGBl. I, S. 1089), zuletzt geändert durch Art. 6 Gesetz zur Bereinigung des Umwandlungsrechts vom 28.10.1994 (BGBl. I, S. 3210), berichtigt 1995 (BGBl. I, S. 428).

AO: Abgabenordnung vom 16.3.1976 (BGBl. I, S. 613, berichtigt BGBl. 1977 I, S. 269), zuletzt geändert durch Art. 18 Jahressteuergesetz 1997 vom 20.12.1997 (BGBl. I, S. 2074).

AStG: Gesetz über die Besteuerung bei Auslandsbeziehungen vom 8.9.1972 (BGBl. I, S. 1713), zuletzt geändert durch Art. 12 Jahressteuergesetz 1997 vom 20.12.1997 (BGBl. I, S. 2071).

BGB: Bürgerliches Gesetzbuch vom 18.8.1896 (RGBl. S. 195), zuletzt geändert durch das Gesetz vom 25.9.1996 (BGBl. I, S. 1476).

BewG: Bewertungsgesetz i.d.F. vom 1.2.1991 (BGBl. I, S. 231), zuletzt geändert durch Art. 1 Jahressteuergesetz 1997 vom 20.12.1997 (BGBl. I, S. 2049).

EStG: Einkommensteuergesetz vom 7.9.1990 (BGBl. I, S. 1899), zuletzt geändert durch Art. 8 Jahressteuergesetz 1997 vom 20.12.1996 (BGBl. I, S. 2063).

GewStG: Gewerbesteuergesetz vom 21.3.1991 (BGBl. I, S. 815), zuletzt geändert durch Art. 13 Jahressteuergesetz 1997 vom 20.12.1996 (BGBl. I, S. 2073).

GG: Grundgesetz für die Bundesrepublik Deutschland vom 23.5.1949 (BGBl. I, S. 1), zuletzt geändert durch das Gesetz zur Änderung des Grundgesetzes vom 3.11.1995 (BGBl. I, S. 1492).

GmbHG: Gesetz betreffend die Gesellschaften mit beschränkter Haftung vom 20.4.1892 (RGBl. S. 477) in der Fassung der Bekanntmachung vom 20.5.1898 (RGBl. S. 846), zuletzt geändert durch Art. 4 Gesetz zur Bereinigung des Umwandlungsrechts vom 28.10.1994 (BGBl. I, S. 3210), berichtigt 1995 (BGBl. I, S. 428).

GrEStG: Grunderwerbsteuergesetz vom 17.12.1982 (BGBl. I, S. 1777), zuletzt geändert durch Art. 7 Jahressteuergesetz 1997 vom 20.12.1996 (BGBl. I, S. 2062).

GrStG: Grundsteuergesetz vom 7.8.1973 (BGBl. I, S. 965), zuletzt geändert durch Art. 12, Abs. 43 Postneuordnungsgesetz vom 14.9.1994 (BGBl. I, S. 2325 und 2389).

HGB: Handelsgesetzbuch vom 10.5.1897 (RGBl. S. 219) zuletzt geändert durch Art. 40 Einführungsgesetz zur Insolvenzordnung vom 5.10.1994 (BGBl. I, S. 2911) und Art. 3 Gesetz zur Bereinigung des Umwandlungsrechts vom 28.10.1994 (BGBl. I, S. 3210), berichtigt 1995 (BGBl. I, S. 428).

KStG: Körperschaftsteuergesetz vom 11.3.1991 (BGBl. I, S. 639), zuletzt geändert durch Art. 10 Jahressteuergesetz 1997 vom 20.12.1996 (BGBl. I, S. 2072).

StandOG 1993: Standortsicherungsgesetz vom 13.9.1993 (BGBl. I, S. 1569).

Urteilsverzeichnis Deutschland

Datum	*Aktenzeichen*	*Fundstelle*
Bundesfinanzhof		
25.10.1966	I 26 / 64	BStBl. III 1967, S. 92ff.
21.4.1971	I R 97 / 68	BStBl. II 1971, S. 694ff.
6.11.1980	IV R 182 / 77	BStBl. II 1981, S. 220ff.
3.2.1988	I R 134 / 84	BStBl. II 1988, S. 588ff.
14.12.1988	I R 148 / 87	BStBl. II 1989, S. 319ff.
30.5.1990	I R 179 / 86	BStBl. II 1990, S. 907ff.

(Fortsetzung)

Datum	*Aktenzeichen*	*Fundstelle*
27.2.1991	I R 15 / 89	BStBl. II 1991, S. 444ff.
23.10.1991	I R 40 / 89	BStBl. II 1992, S. 1026ff.
10.6.1992	I R 105 / 89	BStBl. II 1992, S. 1029ff.
16.3.1994	I R 42 / 93	BStBl. II 1994, S. 799ff.
8.3.1995	II R 10 / 92	DB 1995, S. 1376ff.
29.5.1996	I R 167 / 94	FR 1996, S. 594ff.
29.5.1996	I R 21 / 95	RIW 1996, S. 705ff.
29.5.1996	I R 15 / 94	RIW 1996, S. 708ff.

Finanzgericht Baden-Württemberg

8.4.1991	3 V 27 / 90	IStR 1992, S. 73f.

Finanzgericht Hessen

11.10.1994	4 K 4306 / 86	EFG 1995, S. 317ff.

Deutsche Verwaltungsanweisungen

Datum	*Aktenzeichen*	*Fundstelle*

BMF

19.3.1976	IV C 6 - S 1301 - Spanien - 20 / 75	RIW 1976, S. 305f.
23.2.1983	IV C 5 - S 1341 - 4 / 83	BStBl 1983 I, S. 218ff.
2.1.1997	IV C 5 - S 1300 - 185 / 96	RIW 1997, S. 174ff.
20.1.1997	IV C 5 - S 1300 - 176 / 96	IStR 1997, S. 90f.

Finanzministerium NRW

8.9.1983	S 1301 - Spanien 6 - V B 5	RIW 1983, S. 797f.

OFD Frankfurt / M.

29.8.1995	S 2293 A - 73 - St II 2a	DB 1995, S. 2245

OFD Freiburg

24.2.1995	S 1301 A - St 32 2 / 109	IStR 1995, S. 190f

Datum	*Aktenzeichen*	*Fundstelle*
OFD Stuttgart		
24.2.1995	S 2293 A - 66 - St 32	IStR 1995, S. 190f.
OFD Karlsruhe		
24.2.1995	S 1301 B - 56 / 93 - St 231	IStR 1995, S. 190f.

Richtlinien

KStR in der Fassung vom 15.12.1995 (BStBl. I Sondernummer 1 / 96, S. 2).

Sonstige Rechtsquellen

DBA China-Deutschland vom 10.6.1985 (BGBl. 1986 II, S. 446ff.).

DBA China-Kuwait vom 25.12.1989 (*IBFD* (1993)).

DBA China-Mauritius vom 4.5.1995 (wie zusammengefaßt in *Price Waterhouse* (Oktober 1995)).

DBA China-Schweiz vom 6.7.1990 (*IBFD* (1993)).

DBA China-Zypern vom 25.10.1990 (*IBFD* (1993)).

ISA: Abkommen zwischen der Bundesrepublik Deutschland und der Volksrepublik China über die Förderung und den gegenseitigen Schutz von Kapitalanlagen vom 07.10.1983 (BGBl. II 1985, S. 30ff.).

WÜRV: Wiener Übereinkunft über das Recht der Verträge vom 23.5.1969 (BStBl. II 1985, S. 926ff.).

Literaturverzeichnis

Adam, Dietrich (1996): Investitionscontrolling, München / Wien 1996.

Arkoosh, James M. (1996): Partnering in the People's Republic of China, in: Tax Notes International, Vol. 12, 29.1.1996, S. 357 - 364.

Arthur Andersen (Juni 1995): PRC Tax Flash-Beijing - Tax Preferences with Reference to Coastal Open Cities, Rundschreiben, Juni 1995, unveröffentlicht.

- (1993): Asia / Pacific Capital Markets - A Vision of Change, London 1993.

- (1991): Income Tax Law of the People's Republic of China for Enterprises with Foreign Investment and Foreign Enterprises, Hong Kong 1991.

Baetge, Jörg / Fey, Dirk / Weber Claus-P. (1995) (Bearb.), Kommentierung zu § 243 HGB; in: Küting, Karlheinz / Weber, Claus-P.(Hrsg.): Handbuch der Rechnungslegung - Kommentar zur Bilanzierung und Prüfung, Bd. Ia, 4. grundlegend überarb. und wesentlich erw. Aufl., Stuttgart 1995.

Baker & McKenzie (1997 [1]): Introduction of Joint Annual Inspection, in China Legal Developments Bulletin, Vol. 4 (1997), Nr. 2, S. 1 - 3.

- (1997 [2]): Export Tax Rebates, in: China Legal Developments Bulletin, Vol. 4 (1997), Nr. 4, S. 10.

- (1997 [3]): Confirmation and Examination of Export-oriented Enterprises and Technologically Advanced Enterprises, in: China Legal Developments Bulletin, Vol. 4 (1997), Nr. 5, S. 4 - 6.

- (1996 [1]): New National Foreign Exchange Regulations, in: China Legal Developments Bulletin, Vol. 3 (1996), Nr. 7, S. 1 - 3.

- (1996 [2]): Adjustment to Import Duties and VAT, in: China Legal Developments Bulletin, Vol. 3 (1996), Nr. 4, S. 1 - 2.

- (1996 [3]): Adjustment of Registered Capital and Total Investment, in: China Legal Developments Bulletin, Vol. 3 (1996), Nr. 4, S. 5 - 6.

- (1996 [4]): Approval of Foreign Investment Projects, in: China Legal Developments Bulletin, Vol. 3 (1996), Nr. 8, S. 4.

- (1996 [5]): Cooperative Joint Venture Rules Clarification, in: China Legal Developments Bulletin, Vol. 3 (1996), Nr. 10, S. 1.

- (1996 [6]): SAEC Explanations, in: China Legal Developments Bulletin, Vol. 3 (1996), Nr. 7, S. 3 - 6.

- (1996 [7]): Foreign Exchange Reform for FIEs, in: China Legal Developments Bulletin, Vol. 3 (1996), Nr. 5, S. 1 - 2.

- (1996 [8]): Liquidation of FIEs, in: China Legal Developments Bulletin, Vol. 3 (1996), Nr. 8, S. 1 - 3.

- (1995): China Tax Scene, in: International Tax Review, Vol. 23 (1995), Nr. 5, S. 260 - 265.

- (1994 [1]): Enterprise Income Tax, in: China Legal Developments Bulletin, Vol. 1 (1994), Nr. 1, S. 11.

- (1994 [2]): Chinese-Foreign Joint Stock Companies, in: China Legal Developments Bulletin, Vol. 1 (1994), Nr. 1, S. 16 - 17.

Bang, Elizabeth (1996): New regulations liberalise forex management, in: China Law & Practice, Vol. 10 (1996), Nr. 3, S. 35 - 36.

Barale, Lucille A. / *Jones*, Thomas E. (1994): Getting Strict with Foreign Exchange, in: The China Business Review, Vol. 21 (1994), Nr. 5, S. 52 - 56.

- (1990): Wholly Foreign Owned Enterprises - Changing Policy, Changing Attitudes, in: The China Business Review, Vol. 17 (1990), Nr. 1, S. 30 - 35.

Bath, Vivienne (1993): Introducing the 'Limited Company', in: The China Business Review, Vol. 20 (1993), Nr. 1, S. 50 - 54.

Baumhoff, Hubertus (1992): Einkunftsabgrenzung bei international verbundenen Unternehmen, in: Mössner, Jörg M. (Hrsg.): Steuerrecht international tätiger Unternehmen: Handbuch der Besteuerung von Auslandsaktivitäten inländischer Unternehmen und von Inlandsaktivitäten ausländischer Unternehmen, Köln 1992, S. 258 - 374.

- (1987): Neuere Kriterien zur Bestimmung angemessener Verrechnungspreise im internationalen Konzern, in: DStR, 25. Jg. (1987), S. 497 - 500.

Bayer, Hermann-W. (1981): Das Völkerrecht in der Rechtssprechung des Bundesfinanzhofs, in: StuW, 58. Jg. (1981), S. 61 - 75.

Becker, Bert (1996): Auf dem Weg nach China, in: Die politische Meinung, 41. Jg. (1996), Nr. 318, S. 25 - 30.

Becker, Helmut (1993): Gewinnabgrenzung zwischen Stammhaus und ausländischer Betriebsstätte - Eine Entgegnung zu den Thesen von Beiser, in: IWB, Fach 2, Vorschau und Standpunkte, 11.1.1993, Loseblattsammlung, S. 623 - 626 (Stand 23.4.1997).

- (1989 [1]): Die Besteuerung von Betriebsstätten, in: DB, 42. Jg. (1989), S. 10 - 16.

- (1989 [2]): The determination of income of a permanent establishment or branch, in: International Tax Review, 17. Jg. (1989), Nr. 1, S. 12 - 15.

Bierlaagh, Hubert M.M. (1992): Permanent Establishments, the Separate Enterprise Fiction: Is It a Fact?, in: International Tax Review, 20. Jg. (1992), Nr. 3, S. 156 - 160.

Biggs, Barton (1994), Interview in: Barron's, 30.5.1994, S. 20 - 24.

Blaisdell, David (1993): Forms of Investment, in: Bayfield, Paul (Hrsg.): The China Investor, Hong Kong 1993, S. 3 - 9.

Blumenberg, Jens (1991): Zur Vergleichbarkeit der Steuerbelastungen von deutschen und US-amerikanischen Kapitalgesellschaften - Zugleich Erweiterung zu Otto H. Jacobs in DStR 1991, 257, in: DStR, 29. Jg. (1991), S. 852 - 857.

Bone-Winkel, Thomas J. (1994): Internationale betriebswirtschaftliche Steuerbelastungsvergleiche - Stand, Methoden, Entwicklungsmöglichkeiten, Bielefeld 1994.

Breuninger, Gottfried E. (1995): Abschied vom Betriebsausgabenabzug bei DBA-Schachtelbeteiligung?, in: FR, 77.Jg (1995), S. 561 - 568.

Burkhardt, Hans-Martin (1984): Das deutsch-chinesische Investitionsschutzabkommen, in: RIW, 30. Jg. (1984), S. 28 - 33.

Burmester, Gabriele (1995): Internationale Wertungskonflikte und internationales Steuergefälle als Standortfaktoren, in: Peemöller, Volker H. / Uecker, Peter (Hrsg.): Standort Deutschland - Grundsatzfragen und aktuelle Perspektiven für die Besteuerung, die Prüfung und das Controlling, FS für Anton Heigl, Berlin 1995, S. 149 - 166.

Byres, Marshall H. (1987): TPI Country Survey - China, in: Tax Planning International Review, Vol. 14 (1987), Nr. 10, S. 22 - 23.

CCH International (1996) (Hrsg.): China Business Law Guide, North Ryde, NSW, Loseblattsammlung, (Stand November 1996).

- (1995) (Hrsg.): China Laws for Foreign Business, North Ryde, NSW, Loseblattsammlung, (Stand August 1995).

Chen, Albert H.-y. (1993): An Introduction to the Legal System of the People's Republic of China, 3.Aufl., Singapore / Malaysia / Hong Kong 1993.

Chen, Jackie / *Chiu*, Diago / *Newell*, Phil (1997): Goodbye to An Area: Mixed Emotions as Hong Kong Changes Flags, in: Sinorama, Vol. 22 (1997), Nr. 7, S. 14 - 25.

Cheung, Edward W.Y. (1995): The Choice of Foreign Investment Vehicles, in: Seminar Notes, Asia Law & Practice Seminar 'Negotiating and Drafting PRC Joint Venture Contracts & Ancillary Documents, Mai 1995.

Cho, Stella / *Chan*, Samuel Y.s. (1995): The Real Property Gains Tax in China - Issues and Implications to Foreign Investors, in: The Hong Kong Accountant, Vol. 6 (1995), Nr. 2, S. 42 - 48.

Cho, Stella / *Lam*, Isabella S.-K. (1994): Foreign Entities Operating in China: Income Tax Perspective, in: The Hong Kong Accountant, Vol. 5 (1994), Nr. 6, S. 82 - 89.

Clifford, Mark L. / *Roberts*, Dexter / *Engardio*, Pete (1997): How You Can Win in China, in: Business Week (European Edition), ohne Jg., 26.5.1997, S. 40 - 44.

Coenenberg, Adolf G. u.a. (1997): Jahresabschluß und Jahresabschlußanalyse - Betriebswirtschaftliche, handels- und steuerrechtliche Grundlagen, 16. überarb. und erw. Aufl., Landsberg / Lech 1997.

Cohen, Jerome A. (1996): Cooperative Joint Ventures in China: Still a Puzzle, in: East Asian Executive Reports, Vol. 18 (1996), Nr. 3, S. 9 - 15.

- (1988): The Long-Awaited Cooperative Venture Law, in: The China Business Review, Vol. 15 (1988), Nr. 4, S. 14 - 17.

Coopers & Lybrand (Oktober 1995): PRC Tax Update, Rundschreiben, Oktober 1995, unveröffentlicht.

- (1994): Tax Primer: Corporate Investment into the People's Republic of China, ohne Ort, 1994.

- (Dezember 1994): PRC Tax Update - Definition of Production Enterprise, Rundschreiben, Dezember 1994, unveröffentlicht.

- (Mai 1994): The New PRC Company Law: Implications for Foreign Investors, Rundschreiben, Mai 1994, unveröffentlicht.

Crossman, John / *Toder*, Jeff (1993): China - Shanghai, in: Euromoney - Guide to World Equities, ohne Jg., Sonderheft, Mai 1993.

Curley, Stephen C. / *Fortunato*, Darren R. (1995): Tax Considerations for Investors in China: A Preliminary Look, in: Tax Notes International, Vol. 10, 3.4.1995, S. 1251 - 1274.

Czernich, Dietmar (1995): Die Vollstreckung fremder Urteile und Schiedssprüche in der VR China, in: RIW, 41. Jg. (1995), S. 650 - 651.

Deamer, Deidra D. (1996): Comparison of Key Features of Equity, Wholly Foreign-Owned and Cooperative Ventures in China, in: East Asian Executive Reports, Vol. 18 (1996), Nr. 2, S. 10 - 16.

Debatin, Helmut (1989): Subjektiver Schutz unter Doppelbesteuerungsabkommen, in: BB, 48. Jg. (1989), Beilage 2 zu Nr. 3, S. 1 - 10.

- (1978): Inländische Beteiligungen an Mitunternehmershaften im Ausland, in: BB, 37. Jg. (1978), S. 669 - 674.

Deloitte Touche Tohmatsu (April 1997): China Tax Report - New State Council Notice on Export Tax Rebates, Rundschreiben, April 1997, unveröffentlicht.

- (Januar 1996): China Tax Alert - PRC Import Duty and Import VAT Exemption: The Latest Word, Rundschreiben, Januar 1996, unveröffentlicht.

- (Nr. 3 1996): China Business Report - Economic Map of China, Nr. 3 1996, unveröffentlicht.

- (Februar 1995): China Tax Report - Detailed Implementation Rules of the PRC Land Appreciation Tax Law, Rundschreiben, Februar 1995, unveröffentlicht.

- (1994): Accounting, in: Lewis (Hrsg.): China Investment Manual, Hong Kong 1994, S. 1 - 9.

- (August 1994): China Tax Report - Stamp Duty and Payment Procedures, Rundschreiben, August 1994, unveröffentlicht.

Demetriades, Chrysses (1990): Doing Business with Eastern Europe Through Cyprus Double Tax Treaties, in: Tax Planning International Review, Vol. 17 (1990), Nr. 9, S. 16 - 20.

Deutsche Bundesbank (1995): Ertragslage und Finanzierungsverhältnisse westdeutscher Unternehmen im Jahre 1994, in: Deutsche Bundesbank Monatsbericht, 47. Jg. (1995), Nr. 11, S. 33 - 53.

Dill, Peter W. (1995): Produkt-Markt-Strategien, in: Corsten, Hans / Reiß Michael (Hrsg.): Handbuch der Unternehmensführung / Konzepte - Instrumente - Schnittstellen, Wiesbaden 1995, S. 331 - 339.

Donoghue, Neil / *Nelson*, Stephen (1995): The power industry in the PRC, in: Asia Pacific Legal Developments Bulletin, Vol. 10 (1995), Nr. 1, S. 15 - 17.

Eckhardt, Ulrich (1984) (Bearb.), Kommentierung zu Art. 23 AktG, in Geßler, Ernst u.a.: Kommentar zum Aktiengesetz, München 1984.

Emmerich, Gerhard (1976): Bilanzierung, Gewinnausschüttung und Substanzerhaltung - Göttinger Hefte zur Bankbetriebslehre und Unternehmensfinanzierung, Heft 2, Göttingen 1976.

Enci, Jiang / *Kilian*, Wolfgang (1994): Das neue Gesetz über Kapitalgesellschaften in der Volksrepublik China, in: AG, 39. Jg. (1994), S. 404 - 410.

Epstein, Edward (1994): Order from Chaos, in: China Trade Report, April 1994, S. 7.

Ernst & Young (1996): Taxation in Hong Kong 1996 / 97, Hong Kong 1996.

- (1994): Doing Business in China, New York, 1994.

Fai, Ma Ho (1995): Role of the Feasibility Study and Letter of Intent, in: Seminar Notes, Asia Law & Practice Seminar 'Negotiating and Drafting PRC Joint Venture Contracts & Ancillary Documents', Mai 1995.

Finder, Susan (1994): The PRC Equity Joint Venture Law, in: Hong Kong Lawyer, November 1994, S. 18.

Findlay, Christopher / *Shu*, Jiang (1992): Interest Group Conflicts in a Reforming Economy, in: Watson, Andrew (Hrsg.): Economic Reform and Social Change in China, New York 1992, S. 17 - 38.

Fischer, Hans H. (1993): Joint Ventures in China: A Negotiating Experience, in: East Asian Executive Reports, Vol. 15 (1996), Nr. 5, S. 9 - 16.

Fischer, Lutz (1991): Die Reform des Unternehmenssteuerrechts in den wichtigsten Industriestaaten - Übereinstimmungen und Unterschiede, in: Herzig, Norbert (Hrsg.): Betriebswirtschaftliche Steuerlehre und Steuerberatung, Wiesbaden 1991, S. 217 - 237.

Flux, David / *Smith*, David G. (1996): Hong Kong Taxation 1996 / 97 - Law & Practice, Hong Kong 1996.

Frankenstein, John (1995): The Beijing Rules: Contradictions, Ambiguities and Controls, in: Longe Range Planning, Vol. 28 (1995), Nr. 1, S. 70 - 80.

Frisbie, John / *Kay*, David B. (1990): Joint Venture Dissolution, in: The China Business Review, Vol. 17 (1990), Nr. 6, S. 42 - 45.

Fuest, Winfried / *Kroker*, Rolf (1989): Unternehmensbesteuerung im internationalen Vergleich: Kritische Anmerkungen zum DIW-Gutachten, in: StuW, 66. Jg. (1989), S. 260 - 266.

Fullerton, Don (1984): Which Effective Tax Rate?, in: National Tax Journal, Vol. 37 (1984), Nr. 1, S. 23 - 41.

Gablers Wirtschafts-Lexikon (1992), 12. vollst. neu bearb. und erw. Aufl., Wiesbaden 1992.

Gelatt, Timothy A. (1991): China's New Tax Law for Foreign Business - A Rational System Emerges, in: East Asian Executive Reports, Vol. 13 (1991), Nr. 5, S. 9 - 14.

Gescher, Jeanne-Marie C. (1994): Company Law and the Foreign Investor, in: Company Secretary, Vol. 4 (1994), Nr. 1, S. 17 - 22.

Glatter, Jürgen / *Stricker*, Sabine (1988): Rechtliche Aspekte der Devisenproblematik ausländischer Investitionen in der Volksrepublik China, in: RIW, 34. Jg. (1988), S. 19 - 23.

Grützner, Dieter (1984): Besteuerung von Beteiligungen an ausländischen Mitunternehmerschaften, in: IWB, Fach 3, Deutschland, Gruppe 3, 26.3.1984, Loseblattsammlung, S. 731 - 748 (Stand 23.4.1997).

Grunewald, Barbara (1994): Gesellschaftsrecht, Tübingen 1994.

Haas, Gerhard (1978): Qualifikationskonflikte ausländischer Mitunternehmerschaften, in: BB, 37. Jg. (1978), S. 1253 - 1254.

Haedrich, Holger / Holz, Stefan (1995): Eintritt von Small Multinationals in den chinesischen Markt, in: Thexis, 12. Jg. (1995), Nr. 2, S. 48 - 52.

Halfar, Bernd (1993): Betriebsstättenbesteuerung, in: IWB, Fach 3, Deutschland, Gruppe 1, 10.11.1993, Loseblattsammlung, S. 1393 - 1420 (Stand 23.4.1997).

Halkyard, Andrew J. (1994): Hong Kong Profits Tax: An Analysis of the Concept of Apportionment, in: International Tax Review, Vol. 22 (1994), S. 226 - 231.

Halkyard, Andrew J. / *VanderWolk*, Jefferson P. (1993): Hong Kong Tax Law - Cases and Materials, Hong Kong / Singapore / Butterworths 1993.

Harris, Ray (1996): Proposed PRC Accounting Standards Seminar, Seminar Notes to Deloitte Touche Tohmatsu Seminar, Hong Kong 27.3.1996.

Hax, Herbert (1969): Der Einfluß der Investitions- und Ausschüttungspolitik auf den Zukunftserfolg der Unternehmung, in: Busse v. Colbe, Walther / Sieben, Günther (Hrsg.): Betriebswirtschaftliche Information, Entscheidung und Kontrolle - FS für Hans Münstermann, Wiesbaden 1969, S. 359 - 380.

Hegenloh, Gerd U. / *Layer*, Bertram (1995): Ertragsteuerliche Behandlung von Auslandsergebnissen einschließlich Verlustverwertungsstrategien im deutschen Steuersystem bei Beteiligungen an ungarischen Unternehmen, in: Peemöller, Volker H. / Uecker, Peter (Hrsg.): Standort Deutschalnd - Grundsatzfragen und aktuelle Perspektiven für die Besteuerung, die Prüfung und das Controlling, FS für Anton Heigl, Berlin 1995, S. 305 - 336.

Heinicke, Wolfgang (1997) (Bearb.) : Kommentierung zu § 34c EStG, in: Schmidt, Ludwig (Hrsg.): Einkommensteuergesetz-Kommentar, 16. völlig neubearbeitete Aufl., München 1997.

Heining, Arnold (1978): Schutz gegen internationale Doppelbesteuerung, in: FR, 60. Jg. (1978), S. 581 - 584.

Henkel, Udo W. (1992): Beteiligung an ausländischen Kapitalgesellschaften, in: Mössner, Jörg M. (Hrsg.): Steuerrecht international tätiger Unternehmen: Handbuch der Besteuerung von Auslandsaktivitäten inländischer Unternehmen und von Inlandsaktivitäten ausländischer Unternehmen, Köln 1992, S. 454 - 570.

Herzig, Norbert (1995) (Bearb.), Teil I, in: Küting, Karlheinz / Weber, Claus-P. (Hrsg.): Handbuch der Rechnungslegung-Kommentar zur Bilanzierung und Prüfung, Bd. Ia, 4. grundlegend überarb. und wesentlich erw. Aufl., Stuttgart 1995.

Heuser, Robert (1992): Das ergänzte Recht für ausländische Tochtergesellschaften in der Volksrepublik China, in: RIW, 38. Jg. (1992), S. 543 - 553.

- (1988): Grundlinien zum Recht chinesisch-ausländischer Kooperationsunternehmen, in: RIW, 34. Jg. (1988), S. 427 - 431.

- (1986): Das Recht ausländisch kapitalisierter Unternehmen in der Volksrepublik China, in: RIW, 32. Jg. (1986), S. 423 - 426.

Hickman, Michael M. / *Clemens* Scott D (1991): China, in: International Financial Law Review, Vol. 9 (1991), Sonderausgabe Juli 1991, S. 15 - 19.

Ho, Arthur (1996): Taxation of Foreign Enterprises that Provide Labor Services in China, in: Tax Notes International, Vol. 12, 10.6.1996, S. 1844 - 1845.

Höffken, Heinz (1986): Überblick über das deutsch-chinesische Doppelbesteuerungsabkommen, in: IWB, Fach 6, Gruppe 2, 25.11.986, Loseblattsammlung, S. 773 - 776 (Stand 23.4.1997).

Hohloch, Gerhard (1988): Gesellschaftsrecht in der Volksrepublik China, in: IWB, Fach 6, Gruppe 3, 10.8.1988, Loseblattsammlung, S. 21 - 32 (Stand 23.4.1997).

Hook, Brian / *Wilson*, Dick / *Yahuda*, Michael (1979): Quarterly Chronicle and Documentation (October - December 1978), in: The China Quarterly, Vol. 20 (1979), Nr. 77, S. 157 - 216.

Hu, Michael Y. / *Chen*, Haiyang / *Shieh*, Joseph C.: Impact of U.S.-China Joint Ventures on Stockholders' Wealth by Degree of International Involvement, in: Management International Review, Vol. 32 (1992), Nr. 2, S. 135 - 148.

Hueck, Götz (1991): Gesellschaftsrecht - Kurzlehrbücher für das juristische Studium, 19. völlig neubearb. Aufl., München, 1991.

IBFD (1993) (Hrsg.), China, Loseblattsammlung, (Stand November 1993).

International Monetary Fund (1994): Annual Report on Exchange Arrangements and Exchange Restrictions, Washington 1994.

Jacob, Wolfgang (1996): Einkommensteuer, 2. völlig überarb. Aufl., München 1996.

Jacobs, Otto H. (1995): Internationale Unternehmensbesteuerung - Handbuch zur Besteuerung deutscher Unternehmen mit Auslandsbeziehungen, 3. neubearb. und erweiterte Aufl., München 1995.

- (1991 [1]): Einflußfaktoren der internationalen Steuerbelastung - Dargestellt am Vergleich Deutschland - USA, in: Herzig, Norbert (Hrsg.): Betriebswirtschaftliche Steuerlehre und Steuerberatung, Wiesbaden 1991, S. 255 - 270.

- (1991 [2]): Die Steuerbelastung deutscher Kapitalgesellschaften im Vergleich zur Steuerbelastung nach US-amerikanischem Recht - Eine EDV-gestützte Steuerbelastungsanalyse, in: DStR, 29. Jg. (1991), S. 257 - 262.

Jacobs, Otto H. / *Schreiber*, Ulrich (1979): Betriebliche Kapital- und Substanzerhaltung in Zeiten steigender Preise, Stuttgart 1979.

Jiwan, Yang (1994): Moving Towards Accounting Internationalization, in: Sixth Annual Conference of Accounting Academics: Conference Proceeding - Accounting Issues in Asia-Pacific, 1994, S. A20 - A27.

Johnson Stokes & Master (1993 [1]): Liquidation of Enterprises with Foreign Investment in Beijing, in: China Current Laws, Vol. 4 (1993), Nr. 1, S. 29 - 38.

- (1993 [2]): New Regulations of the Shenzhen Special Economic Zone on Companies Limited by Shares, in: China Current Laws, Vol. 4 (1993), Nr. 2, S. 4 - 34.

Jones, Avery J.F. (1993): Qualification Conflicts: The Meaning of *Application* in Article 3 (2) of the OECD model, in: Beisse, Heinrich / Lutter, Marcus / Närger, Heribald (Hrsg.): FS für Karl Beusch - Aktuelle steuerpolitische Fragen der Doppelbesteuerungsabkommen, Berlin / New York 1993, S. 43 - 62.

Jung, Martina V. (1996): Gründung eines Joint Venture-Unternehmens in der Volksrepublik China, in: RIW, 42. Jg. (1996), S. 117 - 123.

Kaefer, Wolfgang (1974): Grundlagen und Modelle zu Steuerbelastungsanalysen und -vergleichen mit Hilfe der automatischen Datenverarbeitung, Köln 1974.

Kauffmann, Hans (1996) (Hrsg): Rechtswörterbuch, 13. neu bearb. Aufl., München 1996.

Kempf, Andreas / *Starke*, Peter (1986): Einfluß der Besteuerung auf die Rechtsform inländischer Aktivitäten ausländischer Kapitalgesellschaften unter besonderer Berücksichtigung der „Double Residence Company", in: DB, 39. Jg. (1986), S. 2630 - 2632.

Kempka, Bettina (1995): Die Wirkung des Solidaritätszuschlags im körperschaftsteuerlichen Anrechnungsverfahren, in: DB, 48. Jg. (1995), S. 4 - 6.

Kern, Werner (1993): Kapazität, in: Chmielewicz, Klaus / Schweitzer, Marcell (Hrsg.): Handwörterbuch des Rechnungswesens, 3. völlig neu gestaltete und ergänzte Aufl., Stuttgart 1993, Sp.1055 - 1063.

Kit, Wong M. / *Ya*, Lu (1994): China, in: CCH International (Hrsg.): International Tax Planning Manual, North Ryde, NSW, Loseblattsammlung, (Stand Juni 1995).

Klassen, Hans-Ulrich (1990): Gesellschaftsrechtliche Organisationsformen für ausländische Investitionen in der Volksrepublik China, in: Langefeld-Wirth, Klaus (Hrsg.): Joint Ventures im internationalen Wirtschaftsverkehr - Praktiken und Vertragstechniken internationaler Gemeinschaftsunternehmen, Heidelberg 1990, S. 519 - 535.

Klebau, Bodo (1985): Einzelprobleme bei der Auslegung von Doppelbesteuerungsabkommen, in: RIW, 31. Jg. (1985), S. 125 - 134.

Kleineidam, Hans-J. / *Scherrer*, Gerhard (1974): Alternative Organisationsformen betrieblicher Außenwirtschaftstätigkeit unter dem Einfluß der Besteuerung - Dargestellt am Beispiel deutscher Geschäftsinteressen in der Schweiz, in: Jacob, Herbert (Hrsg.): Besteuerung und Unternehmensführung - Schriften zur Unternehmensführung Bd.19, Wiesbaden 1974, S. 113 - 141.

Klenner, Wolfgang (1983): Die Kooperation der Volksrepublik China mit ausländischen Unternehmen, in: Hottes, Karlheinz / Uhlig, Christian (Hrsg.): Joint Ventures in Asien - Eine Form internationaler Kooperation, Stuttgart 1983, S. 227 - 247.

Knobbe-Keuk, Brigitte (1993): Wieder einmal ein Entwurf zu § 8a KStG - Wiederauflage einer Regelung zur Gesellschafterfremdfinanzierung im Standortsicherungsgesetz, in: DB, 46. Jg. (1993), S. 60 - 66.

- (1991): „Qualifikationskonflikte“ im internationalen Steuerrecht der Personengesellschaften, in: RIW, 37. Jg. (1991), S. 306 - 316.

Korn, R. / *Debatin*, Helmut (1996): Doppelbesteuerung - Sammlung der zwischen der Bundesrepublik Deutschland und dem Ausland bestehenden Abkommen über die Vermeidung der Doppelbesteuerung, Kommentar, Loseblattsammlung, München (Stand August 1996).

Krabbe, Helmut (1994): Betriebsausgaben im Zusammenhang mit ausländischen Schachtelbeteiligungen, in: DB, 47. Jg. (1994), S. 242 - 245.

Kraft, Alfons / *Kreutz*, Peter (1992): Gesellschaftsrecht - Juristische Kurzlehrbücher, Bd.5; 9. überarb. Aufl., Neuwied / Berlin, 1992.

Kraft, Gerhard (1991): Die mißbräuchliche Inanspruchnahme von Doppelbesteuerungsabkommen: zur Problematik des „Treaty Shopping“ unter Berücksichtigung der Rechtslage in der Bundesrepublik Deutschland, in der Schweiz und in den Vereinigten Staaten, Heidelberg 1991.

Krause, Michael (1987): Steuerliche Behandlung von Vergütungen für technische Dienstleistungen nach dem Recht der DBA, in: IWB, Fach 3, Deutschland, Gruppe 2, 10.12.1987, Loseblattsammlung, S. 525 - 530 (Stand 23.4.1997).

Kügel, Wilfried J. (1987): Die neuen Bestimmungen zur Förderung ausländischer Investoren in der Volksrepublik China, in: RIW, 33. Jg. (1987), S. 750 - 759.

Küsell, Felix (1996): Tax Planning for the Financing of Business Operations in the People's Republic of China, in: International Tax Review, Vol. 24 (1996), Nr. 2, S. 58 - 66.

Kurz, William C. F. (1994): China, in: Mergers & Acquisitions 1994 Yearbook, Vol. 29 (1994 / 1995), Juli 1994, S. 11 - 14.

Kussmaul, Heinz (1987): Angemessene Verrechnungspreise im internationalen Konzernbereich, in: RIW, 33. Jg. (1987), S. 679 - 693.

Lai, Becky / *Lo*, Vincent / *Kwan*, Tony (1996): Taxation of Holding Companies, in: China Tax Review, Vol. 3 (1996), Nr. 6, S. 1 - 2.

Langefeld-Wirth, Klaus (1990): Praxis der internationalen Joint Ventures, in: Langefeld-Wirth, Klaus (Hrsg.): Joint Ventures im internationalen Wirtschaftsverkehr - Praktiken und Vertragstechniken internationaler Gemeinschaftsunternehmen, Heidelberg 1990, S. 13 - 218.

Lauffs, Andreas (1993): Überblick über das Arbeitsrecht für Unternehmen mit ausländischer Kapitalbeteiligung in der Volksrepublik China, in: RIW, 40. Jg. (1993), S. 32 - 39.

Lauffs, Andreas / *Bohnet*, Uwe (1994): Die Entwicklung des Außenwirtschaftsrechts der Volksrepublik China in den Jahren 1989 bis Anfang 1994, in: RIW, 41. Jg. (1994), S. 736 - 743.

Lee, Carmelo K.S. (1995): The Establishment of Equity Joint Venture and Contractual Joint Venture, in: Seminar Notes, Asia Law & Practice Seminar 'Negotiating and Drafting PRC Joint Venture Contracts & Ancillary Documents', Mai 1995.

Leffson, Ulrich (1987): Die Grundsätze ordnungsmäßiger Buchführung, 7. revidierte und erw. Aufl., Düsseldorf 1987.

Leibfritz, Willi / *Meurer*, Cornelia (1985): Steuerliche Investitionsförderung im internationalen Vergleich, Berlin 1985.

Leibfritz, Willi / *Parsche*, Rüdiger (1988): Steuerbelastung der Unternehmen der deutschen Werkzeugmaschinenindustrie im internationalen Vergleich - IFO Studien zur Finanzpolitik Bd. 46, München 1988.

Leung, Alden (1995): Recent and Future Developments in PRC Accounting Practices, in: The Hong Kong Accountant, Vol. 6 (1995), Nr. 3, S. 53 - 58.

- (1994): Opening up the PRC's „A" share markets: prerequisites and implications, in: The Securities Journal, Vol. 6 (1994), Nr. 11, S. 14 - 16.

Leung, Brian (1995): Taxes, Finance & Audit, in: Seminar Notes, Asia Law & Practice Seminar 'Negotiating and Drafting PRC Joint Venture Contracts & Ancillary Documents, Mai 1995.

Lewis, Donald (1994) (Hrsg.): China Investment Manual, Hong Kong 1994.

Lewis, Richard / *Pendrill*, David (1991): Advanced Financial Accounting, 3.Aufl., London 1991.

Li, Jinyan (1996 [1]): Transfer of Technology to China: a Tax Analysis, in: Bulletin for International Fiscal Documentation, Vol. 50 (1996), S. 286 - 305.

- (1996 [2]): P.R.C. Begins Work on Basic Tax Law, in: Tax Notes International, Vol. 13, 16.9.1996, S. 960.

- (1996 [3]): P.R.C. SAT Issues Interim Rules on Consolidated Tax Filing, in: Tax Notes International, Vol. 12, 8.1.1996, S. 103.

- (1996 [4]): Update on Chinese Taxation of Umbrella Companies and Group Companies, in: Tax Notes International, Vol. 12, 29.4.1996, S. 1384.

- (1996 [5]): Depreciation Period for Buildings in China May Be as Short as the Term of the Joint Ventures, in: Tax Notes International, Vol. 12, 10.6.1996, S. 1846.

- (1996 [6]): P.R.C. SAT Approves Accelerated Depreciation for a Joint-Venture Glass Manufacturer, in: Tax Notes International, Vol. 12, 3.6.1996, S. 1770.

- (1996 [7]): China SAT Issues Notice on Management Fees Paid by Members of a Corporate Group, in: Tax Notes International, Vol. 12, 13.5.1996, S. 1530.

- (1995 [1]): China's Tax Treaties and Their Impact on Foreign Investment, in: Tax Notes International, Vol. 10, 5.6.1995, S. 1891 - 1909.

- (1995 [2]): China Allows Some Corporate Groups to File Consolidated Returns, in: Tax Notes International, Vol. 11, 10.7.1995, S. 74.

- (1995 [3]): Chinese Tax Collection Jurisdictions Clarified, in: Tax Notes International, Vol. 11, 14.8.1995, S. 411.

- (1993): People's Republic of China: The New Law on Tax Administration, in: Bulletin for International Fiscal Documentation, Vol. 47 (1993), S. 263 - 272.

- (1991): Taxation in the People's Republic of China, New York et al., 1991.

Lingelsheim-Seibicke, Wolfgang v. (1997): Handbuch für das erfolgreiche Ostgeschäft - Praxiswissen für Handel und Investitionen, vormals: Handbuch für den Osthandel, Köln, Loseblattsammlung (Stand Juni 1997).

Liufang, Fang (1989): Chinese Partnership, in: Law and Contemporary Problems, Vol. 52 (1989), Nr. 3, S. 43 - 67.

Lu, Emily (1993): Taxation questions increase as financial institutions develop in China, in: China Banking & Finance, Vol. 6 (1993), Nr. 6, S. 6 - 8.

Luk, Victor S. H. (1995): Disposal of Assets After the Expiration of the Joint Venture, in: Seminar Notes, Asia Law & Practice Seminar 'Negotiating and Drafting PRC Joint Venture Contracts & Ancillary Documents, Mai 1995.

Luo, Yadong / *Chen*, Min (1995): A Financial Primer for Imvestors in China, in: Business Horizons, Vol. 38 (1995), Nr. 4, S. 32 - 36.

Machetzki, Rüdiger (1994): Ausländische Direktinvestitionen, in: China Aktuell, 23. Jg. (1994), Nr. 8, S. 788.

- (1990): Chronologischer Überblick über wirtschaftliche Reformmaßnahmen in der VR China seit 1979, in: China Aktuell, 19. Jg. (1990), Nr. 3, S. 669 - 670.

Mann, Sharon / *Freeman*, Kevin (1995): A Way Out for FIEs, in: Asia Law, ohne Jg., 30.5.1995, S. 30 - 33.

Maugüé, Pierre (1996): Imposition of VAT and Customs Duty on the Importation of Capital Equipment by Foreign Investment Enterprises, in: Asia-Pacific Tax Bulletin, Vol. 2 (1996), Nr. 10, S. 288 - 296.

Meissner, Hans G. / *Gerber*, Stephan (1980): Die Auslandsinvestition als Entscheidungsproblem, in: BFuP, 32. Jg. (1980), S. 217 - 228.

Menck, Thomas (1992): Grundlagen, in: Mössner, Jörg M. u.a. (Hrsg): Steuerrecht intenational tätiger Unternehmen: Handbuch der Besteuerung von Auslandsaktivitäten inländischer Unternehmen und von Inlandsaktivitäten ausländischer Unternehmen, Köln 1992, S. 1 - 39.

Merkt, Hanno (1991): US-amerikanisches Gesellschaftsrecht - Schriftenreihe Recht der Internationalen Wirtschaft, Bd.37, Heidelberg 1991.

Merthan, Rainer (1992): Die Anwendung von § 42 AO bei Mißbrauch von DBA, in: RIW, 38. Jg. (1992), S. 927 - 933.

Messmann, Stefan (1991): Introduction / The Development of Chinese Economic Legislation, in: SCSCEACL (Hrsg.): Equity Joint Ventures with Chinese Partners / Practical Alternatives, Baden Baden 1991, S. 11 - 29.

Meyer-Landrut, Joachim (1987) (Bearb.), Kommentierung zu Art. 3 GmbHG, in: Meyer-Landrut, Joachim / Miller, Georg / Niehus, Rudolf J.: Gesetz betreffend die Gesellschaften mit beschränkter Haftung (GmbHG) - einschließlich Rechnungslegung und Einzel- sowie zum Konzernabschluß, Kommentar, Berlin / New York 1987.

Moebus, Ulrich (1986): Einschränkung des Betriebsausgabenabzugs bei DBA-Schachtelprivilegien, in: IWB, Fach 3, Deutschland, Gruppe 2, 10.6.1986, Loseblattsammlung, S. 511 - 514 (Stand 23.4.1997).

Möhrle, Ulrich (1994): Überblick über das Steuersystem der Volksrepublik China, in: IWB, Loseblattsammlung, Teil 6, Gruppe 2, China, 28.12.1994, Loseblattsammlung, S. 1179 - 1190 (Stand 23.4.1997).

Mössner, Jörg M. (1995): Probleme und Zweifelsfragen bei der Regelung des „treaty shopping" (§ 50d Abs. 1a EStG), in: Fischer, Lutz (Hrsg.): Besteuerung wirtschaftlicher Aktivitäten von Ausländern in Deutschland - Forum der Internationalen Besteuerung, Bd.8, Köln 1995, S. 85 - 108.

Montasser, Thomas (1991): Lexikon der Rechtsbegriffe, Eltville am Rhein 1991.

Moser, Michael J. / *Zee*, Winston K. (1993): China Tax Guide, 2.Aufl., Hong Kong / Oxford / New York 1993.

Moxter, Adolf (1983): Grundsätze ordnungsmäßiger Unternehmensbewertung, 2.Aufl., Wiesbaden 1983.

Müller-Dott, Johannes P. (1990): Die Messung der Steuerlast deutscher Unternehmen aus der Sicht der Wirtschaft, in: BB, 49. Jg. (1990), Beilage 8 zu Nr. 7, S. 1 - 11.

Münzel, Frank (1989): Unternehmens- und Gesellschaftsrecht der VR China - Mitteilungen des Instituts für Asienkunde Hamburg (Nr. 176), Hamburg 1989.

- (1986): Neue Regeln zur Investitionsförderung in China, in: RIW, 32. Jg. (1986), S. 945 - 949.

Nee, Owen D. Jr. (1994): Developments in Chinese Foreign Investment, in: Hong Kong Lawyer, Oktober 1994, S. 22 - 23.

Nelson, Stephen (1992): Tax Reform: Detailed Rules for China's Unified Tax Law - Part III, in: Tax Notes International, Vol. 6, 3.2.1992, S. 211 - 214..

- (1991 [1]): New Unified Tax Law Governing Foreign Investment Enterprises and Foreign Companies, in: Tax Notes International, Vol. 4, Juni 1991, S. 605 - 613.

- (1991 [2]): Tax Reform: Detailed Rules for China's Unified Tax Law - Part II, in: Tax Notes International, Vol. 5, Dezember 1991, S. 1288 - 1290.

Ng, Andy Y.M. / *Ho*, Sandra, W.M. (1994): Probable Causes for the Differences between Accounting Practices in PRC and those Countries Adopting the International Practices, in: Sixth Annual Conference of Accounting Academics: Conference Proceeding - Accounting Issues in Asia-Pacific, 1994, S. 525 - 530.

Nhay, Phan (1991): Chinese Legislation Regarding Joint Ventures, in: SCSCEACL (Hrsg.): Equity Joint Ventures with Chinese Partners / Practical Alternatives, Baden Baden 1991, S. 31 - 39.

Nieh, Yu-Hsi (1997): Zur Zukunft Hongkongs, in: China aktuell, 26. Jg. (1997), S. 239 - 242.

Ning, Li (1994), wie zitiert in: FBIS-CHI-94-047, 10.3.1994: Official Views Taxation Policies for Foreign Firms, S. 6667.

Nölting, Andreas (1995): Hinter Mauern, in: Manager Magazin, 25. Jg. (1995), Nr. 4, S. 173 - 183.

OECD (1996): Musterabkommen auf dem Gebiet der Steuern vom Einkommen und vom Vermögen, Kommentar, abgedruckt in: Vogel, Klaus (1996): Doppelbesteuerungsabkommen der Bundesrepublik Deutschland auf dem Gebiet der Steuern vom Einkommen und Vermögen - Kommentar auf der Grundlage der Musterabkommen, 3. völlig neubearbeitete Aufl., München 1996.

Olesnicky, Michael (1997): The Bartica Case, in: The Hong Kong Accountant, Vol. 8 (1997), Nr. 1, S. 74 - 76.

o.V. (1996 [1]): China Publishes First Collection of Tax Legislation, in: Tax Notes International, Vol. 13, 19.8.1996, S. 575.

- (1996 [2]): Chinese Enterprises Evaded 16 Billion Yuan in Taxes During 1995, P.R.C. Ministry of Finance Says, in: Tax Notes International, Vol. 12, 10.6.1996, S. 1847.

- (1996 [3]): VAT Rebates for Exports Reduced, in: China Tax Review, Vol. 3 (1996), Nr. 1, S. 4.

- (1995): New foreign exchange reports - A fair swap?, in: Business China, Vol. 21 (1995), Nr. 5, S. 6 - 7.

- (1994 [1]): Abolishing the swap markets - April fools?, in: Business China, Vol. 20 (1994), Nr. 3, S. 8 - 9.

- (1994 [2]): China Business Guide Book, Hong Kong 1994.

- (1993): How to Buy B Shares in China, in: Hong Kong Executive, ohne Jg., Februar 1993, S. 57.

- (1992): Editor's Notes to Explanations to Wholly Foreign Owned Enterprise Law Implementing Rules, in: China Law & Practice, Vol. 6 (1992), Nr. 6, S. 35 - 36.

Peck, Joyce (1991): Standardizing Foreign Income Taxes, in: The China Business Review, Vol. 18 (1991), Nr. 5, S. 12 - 15.

Perkin, Ian (1995): Lower Inflation Remains Cause for Worry, in: South China Sunday Morning Post, 25.6.1995, S. 4.

Peusquens, Herbert (1980): Beteiligung an Mitunternehmerschaft im Ausland, in: BB, 39. Jg. (1980), S. 255 - 257.

Piltz, Detlev J. (1995): Ermittlung von Auslandseinkünften zwecks Anrechnung ausländischer Steuern - Anmerkung zum BFH-Urteil vom 16.3.1994, I R 42 / 93, in: IStR, 4. Jg. (1995), S. 71 - 73.

Pöllath, Reinhard (1993): Die Auslegung von Doppelbesteuerungsabkommen - Deutscher Nationalbericht zum Thema I des 47. IFA-Kongresses in Florenz 1993, in: IWB, Fach 1, IFA-Mitteilungen, 29.9.1993, Loseblattsammlung, S. 1331 - 1334 (Stand 23.4.1997).

Pohlmann, Peter (1994): Substanz- und Kapitalerhaltung, in: Lexikon des Rechnungswesens - Handbuch der Bilanzierung und Prüfung, der Erlös-, Finanz-, Investitions- und Kostenrechnung, 3. überarb. und erw. Aufl., München 1994, S. 596 - 600.

Price Waterhouse (Februar / März 1997): China Tax Newsletter, Rundschreiben Nr. 117, Februar / März 1997, unveröffentlicht.

- (November 1996): China Tax Newsletter, Rundschreiben Nr. 114, November 1996, unveröffentlicht.

- (August 1996): China Tax Newsletter, Rundschreiben Nr. 112, August 1996, unveröffentlicht.

- (Juli 1996): China Tax Newsletter, Rundschreiben Nr. 111, Juli 1996, unveröffentlicht.

- (Mai 1996), China Tax Newsletter, Rundschreiben Nr. 109, Mai 1996, unveröffentlicht.

- (Dezember 1995 / Januar 1996), China Tax Newsletter, Rundschreiben Nr. 105, Dezember 1995 / Januar 1996, unveröffentlicht.

- (1995): Doing Business in the People's Republic of China, ohne Ort, 1995.

- (Oktober 1995), China Tax Newsletter, Rundschreiben Nr. 103, Oktober 1995, unveröffentlicht.

- (September 1995), China Tax Newsletter, Rundschreiben Nr. 102, September 1995, unveröffentlicht.

- (März 1995): China Tax Newsletter, Rundschreiben Nr. 96, März 1995, unveröffentlicht.

- (Februar 1995), Technical Newsletter, Hong Kong, Rundschreiben, Februar 1995, unveröffentlicht.

- (Januar 1995), China Tax Newsletter, Rundschreiben Nr. 94, Januar 1995, unveröffentlicht.

- (Oktober 1994): Technical Newsletter, Hong Kong, Rundschreiben, Oktober 1994, unveröffentlicht.

Prybyda, Jan S. (1990): Reform in China and Other Socialist Economies, Washington 1990.

Qinhua, Yang (1997): Der Vorgang der Rückkehr von Hong Kong, in: China heute, 20. Jg. (1997), Nr. 7, S. 10 - 16.

Raber, Hans-Georg (1995): Aktuelle Probleme im Zusammenhang mit der steuerlichen Behandlung von Auslandserträgen, in: DB, 48. Jg. (1995), S. 1880 - 1885.

Randt, Clark T, (1995): Editor's Notes to PRC, Sino-foreign Cooperative Joint Venture Implementing Rules, in: China Law & Practice, Vol. 9 (1995), Nr. 11, S. 32 - 34.

Rapp, Philipp (1993): Strategies for the Termination of Joint Ventures, in: China Banking & Finance, Vol. 6 (1993), Nr. 6, S. 1 - 5.

Rapp, Philipp / *Liew*, Daniel (1994): More Detail on Holding Companies, in: China Law & Practice, Vol. 8 (1994), Nr. 4, S. 17 - 18.

Rijntjes, Dick (1995): Avoidance of Capital Gains Tax under China's Tax Treaties, in: Asia-Pacific Tax Bulletin, Vol. 1 (1995), Nr. 6, S. 164 - 167.

Ritter, Wolfgang (1994): Steuerfreiheit ausländischer Schachteldividenden, in: BB, 53. Jg. (1994), S. 509 - 516.

Rödl & Partner (1995): Investieren in China, Mai 1995, unveröffentlicht.

Roehrig, Michael F. (1994): Foreign Joint Ventures in Contemporary China, Houndsmills et al. 1994.

Rose, Gerd (1990): Betriebswirtschaftliche Steuerlehre - Eine Einführung für Fortgeschrittene, 2. gründlich überarb. Aufl., Wiesbaden 1990.

- (1973): Die Steuerbelastung der Unternehmung, Wiesbaden 1973.

Rückle, Dieter (1993 [1]): Bewertungsprinzipien, in: Chmielewicz, Klaus / Schweitzer, Marcell (Hrsg.): Handwörterbuch des Rechnungswesens, 3. völlig neu gestaltete und ergänzte Aufl., Stuttgart 1993, Sp.192 - 202.

- (1993 [2]): Investition, in: Wittmann, Waldemar et al. (Hrsg.): Handwörterbuch der Betriebswirtschaftslehre, Teilband 2, I-Q, 5. völlig neu gestaltete Aufl., Stuttgart 1993, Sp.1924 - 1936.

- (1983): Normative Theorie der Steuerbilanzpolitik, Habil.-Schr., in: Veröffentlichungen der Kommission für Sozial- und Wirtschaftswissenschaften, Nr. 18, Wien 1983.

Rundshagen, Helmut / *Strunk*, Günther (1996): Die voraussichtliche Besteuerung deutscher Investionen on Hongkong nach dem 1.Juli 1997, in: RIW, 42. Jg. (1996), S. 396 - 403.

Schaumburg, Harald (1995): Das Leistungsfähigkeitsprinzip im internationalen Steuerrecht, in: Lang, Joachim (Hrsg.): FS für Klaus Tipke - Die Steuerrechtsordnung in der Diskussion, Köln 1995, S. 125 - 151.

- (1993): Internationales Steuerrecht, Köln 1993.

Scheffler, Wolfram (1991): Veranlagungssimulation versus Teilsteuerrechnung, in: WiSt, 20. Jg. (1991), S. 69 - 75.

Scheuchzer, Marco (1994): Quellensteuer, in: Wacker, Wilhelm H. (Hrsg.): Lexikon der deutschen und internationalen Besteuerung, 3. vollst. überarb. und erw. Aufl., München 1994, S. 561.

Schieber, Paul-H. (1991): Steuerprobleme beim Industrieanlagenbau, in: IWB, Fach 3, Deutschland, Gruppe 1, 25.11.1991, Loseblattsammlung, S. 1313 - 1326 (Stand 23.4.1997).

Schildbach, Thomas (1993): Substanz- und Kapitalerhaltung, in: Chmielewicz, Klaus / Schweitzer, Marcell (Hrsg.): Handwörterbuch des Rechnungswesens, 3. völlig überarb. und ergänzte Aufl., Stuttgart 1993, Sp.1888 - 1901.

Schlütter, Egon (1985): Personengesellschaft oder Körperschaft? - aktuelle Qualifikationsfragen, in: Vogel, Klaus (Hrsg.): Grundfragen des internationalen Steuerrechts, Köln 1985, S. 215 - 234.

Schmidt, Christian (1996): Zur DBA-Anwendung und inländischen Steuerpflicht bei im Sitzstaat rechtsfähigen ausländischen Personengesellschaften, in: IStR, 5. Jg. (1996), S. 14 - 23.

Schmidt, Karsten (1989): Gesellschaftsrecht, unveränderter Nachdruck, Köln / Berlin / Bonn / München 1989.

Schneider, Dieter (1994): Grundzüge der Unternehmensbesteuerung, 6. neu bearb. Aufl., Wiesbaden 1994.

- (1992): Investition, Finanzierung und Besteuerung, 7. vollst. überarb. und erw. Aufl., Wiesbaden 1992.

- (1990 [1]): Die Messung der Unternehmenssteuerbelastung: Methoden und Ergebnisse, in: BB, 49. Jg. (1990), S. 534 - 539.

- (1990 [2]): Meßkonzepte zur Steuerbelastung von Unternehmen, in: WiSt, 19. Jg. (1990), S. 497 - 502.

- (1988): Hochsteuerland Bundesrepublik Deutschland: Die Spannweite effektiver Grenzsteuerbelastungen für Investitionen, in: Wpg, 41. Jg. (1988), S. 328 - 338.

Schöne, Wolf-D. (1976): Probleme eines internationalen Steuerbelastungsvergleichs, in: FR, 58. Jg. (1976), S. 399 - 403.

Schreiber, Ulrich (1983): Unternehmensbewertung auf der Grundlage von Entnahmen und Endvermögen, in: DBW, 43. Jg. (1983), S. 79 - 93.

Schreiber, Ulrich / *Künne*, Thomas (1996): Die Steuerbelastung von Investitionen in Deutschland, Frankreich und Großbritannien, in: StuW, 73. Jg. (1996), S. 43 - 61.

Schröder, Siegfried (1989): Abkommensberechtigung und Qualifikationskonflikte nach DBA bei Mitunternehmerschaft - Teil II, in: stBp, 29. Jg. (1989), S. 25 - 31.

Schüller, Margot (1996): „Tibet-Erklärung" des Deutschen Bundestages, in: China Aktuell, 25. Jg. (1996), S. 590 - 591.

- (1993): Levi Strauss begründet Rückzug aus China mit Menschenrechtsverletzungen, in: China Aktuell, 22. Jg. (1993), S. 444 - 445.

Schwarting, Holger (1995): Das Contractual Joint Venture als spezielle Kooperationsform am Beispiel der Erfahrungen westlicher Unternehmen in der Volksrepublik China, Baden-Baden 1995.

SCMP (19.5.1994), S. 1 (Business Post) wie angegeben in: FBIS-CHI-94-097: Change Seen in Foreign Currency Rules for Foreign Investors, 19.5.1994, S. 38.

SCSCEACL (1991) (Hrsg.): Equity Joint Ventures with Chinese Partners / Practical Alternatives, Baden Baden 1991.

Seidel, Bernhard et al. (1989): Die Besteuerung der Unternehmensgewinne - Sieben Industrieländer im Vergleich, DIW-Beiträge zur Strukturforschung, Nr. 111, Berlin 1989.

Sender, Henry (1995): See You in Court, in: Far Eastern Economic Review, Vol. 158 (1995), 22.7.1995, S. 80.

Shaozhi, Su (1996) wie zitiert in: o.V.: CCP Thinking after the Fifth Plenary Session, in: Inside Mainland China, Vol. 18 (1996), Nr. 1, S. 3 - 6.

Shum, Alfred (1995): The PRC Real Property Gains Tax, in: The Hong Kong Accountant, Vol. 6 (1995), Nr. 2, S. 63 - 64,72.

Shum, Edward C.P. (1992): Taxation of Representative Offices of Foreign Enterprises in the People's Republic of China, in: APTIRC Bulletin, Vol. 10 (1992), Nr. 11, S. 544 - 546.

Siegel, Theodor (1982): Steuerwirkungen und Steuerpolitik in der Unternehmung, Würzburg / Wien 1982.

So, Irene (1995): SEZ growth rate defended, in: SCMP, 19.5.1995, S. 9.

Sonntag, Karl (1991): Steuerliche Aspekte des internationalen Großanlagenbaus, in: IWB, Fach 3, Deutschland, Gruppe 1, 10.9.1991, Loseblattsammlung, S. 1293 - 1312 (Stand 23.4.1997).

South China Sunday Morning Post (27.3.1994), S. 1 wie angegeben in: FBIS-CHI-94-059: Unification of Foreign Exchange Swap Market Delayed, 28.2.1994, S. 62.

Southwood, David (1997): Board of Review Decisions - A Commentary, in: The Hong Kong Accountant, Vol. 8 (1997), Nr. 3, S. 86 - 88.

- (1996): Board of Review Decisions - A Commentary, in: The Hong Kong Accountant, Vol. 7 (1996), Nr. 6, S. 85 - 88.

Springfield Financial Advisory Limited (1994): China, in: Euromoney, Guide to Bond Markets 1994, ohne Jg., Sonderausgabe, September 1994, S. 12 - 15.

Staudenmeyer, Carola (1990): Das Wirtschafts- und Vertragsrecht transnationaler Gemeinschaftsunternehmen in Entwicklungsländern - Joint Ventures in der VR China, Indonesien, Malaysia und Kenia, Reihe: Recht des internationalen Wirtschaftsverkehrs, Berlin / New York, 1990.

Stewart, Rob (1993): Shenzhen B shares: Stay for the long haul, in: The Hong Kong Executive, June 1993, S. 54.

Stricker, Sabine (1995): Nochmals: Steuerliche Aspekte der Geschäftstätigkeit deutscher Unternehmen in China, in: IStR, 4. Jg. (1995), S. 272 - 275.

- (1994): Erstes GmbH- und Aktienrecht der Volksrepublik China, in: RIW, 40. Jg. (1994), S. 648 - 650.

- (1992): Ausländischer Aktienerwerb an Chinas Börsen, in: RIW, 38. Jg. (1992), S. 730 - 733.

Strobl, Jakob / *Zeller*, Josef (1978): Probleme bei Verständigungsverfahren in Doppelbesteuerungsabkommen bezüglich Einkommen- und Körperschaftsteuer, in: StuW, 55. Jg. (1978), S. 244 - 258.

Stucken, Bernd-Uwe (1995): Besteuerung deutscher Geschäftstätigkeit in China, in: IWB, Fach 6, Gruppe 2, China, 10.5.1995, Loseblattsammlung, S. 429 - 444 (Stand 23.4.1997).

- (1994): Joint-ventures in China, in: AG-Report, 39. Jg. (1994), S. 264 - 266.

- (1993): Überleben in Chinas Bürokratie - Tips für die Praxis, BfAi, 1993.

- (1992): Die Ertragsbesteuerung deutscher Unternehmen in China, in: RIW, 38. Jg. (1992), S. 222 - 227.

- (1990): Chinesisches Aussenwirtschaftsrecht, in: Der Betriebswirt, 31. Jg. (1990), S. 22 - 28.

Studwell, Joe (1994): The China Connection: Building a Business in Beijing and Tianjin - Research Report of the Economist Intelligence Unit, Hong Kong 1994.

Sudhoff, Heinrich / *Sudhoff*, Martin (1992): Der Gesellschaftsvertrag der GmbH, Kommentar, 8. überarb. und erw. Aufl., München 1992.

Süss, Rembert (1989): Neues chinesisches IPR, in: RIW, 35. Jg. (1989), S. 788 - 792.

Tetz, Stefanie (1995): Die Liquidation von Unternehmen mit ausländischer Kapitalbeteiligung in der Volksrepublik China, in: RIW, 41. Jg. (1995), S. 557 - 564.

Tilch, Horst (1992) (Hrsg.): Deutsches Rechtslexikon, 2.Aufl., München 1992.

Tipke, Klaus (1972): Verständigungsverfahren: Rechtsanspruch auf Beseitigung der Folgen einer Doppelbesteuerung oder bloßer Rechtsreflex?, in: AWD / RIW, 18. Jg. (1972), S. 589 - 593.

Tipke, Klaus / *Lang*, Joachim (1996): Steuerrecht, 15. völlig überarb. Aufl., Köln 1996.

Torbert, Preston M. (1994 [1]): China's New Company Law, in: APTIRC Bulletin,Vol. 12 (1994), S. 161 - 188.

- (1994 [2]): China's New Company Law: Foreign Investment Issues, in: East Asian Executive Reports, Vol. 16 (1994), Nr. 8, S. 7 - 9.

Tsang, Venus (1994): A Preliminary Investigation of the Reliability of the Chinese Financial Statements, in: Sixth Annual Conference of Accounting Academics: Conference Proceeding - Accounting Issues in Asia-Pacific, 1994, S. 514 - 522.

Tse, Siu K. (1994): Bonus and Welfare Fund, in: Lewis, Donald (Hrsg.): China Investment Manual, Hong Kong, 1994, S. 33 - 34.

Twickel, Degenhard Freiherr v. (1997), Kommentierung zu § 7 GewStG, in: Blümlich (Hrsg.): Einkommensteuer-, Körperschaftsteuer-, Gewerbesteuergesetz-Kommentar, Stand Juli 1991.

VanderWolk, Jefferson (1996): PRC Import Duty and Import VAT Exemption: The Latest Word, in: Deloitte Touche Tohmatsu (Hrsg.): China Tax Alert, Rundschreiben, Januar 1996, S. 1 - 2, unveröffentlicht.

Vesely, Heinz / *Schneider*, Jutta / *Behrens*, Stefan (1996): Zur Frage der Abzugsfähigkeit durch Auslandsbeteiligungen mit DBA-Schachtelprivileg verursachter Kosten, in: IStR, 5. Jg. (1996), S. 99 - 104 und S. 145 - 151.

Vogel, Klaus (1996): Doppelbesteuerungsabkommen der Bundesrepublik Deutschland auf dem Gebiet der Steuern vom Einkommen und Vermögen-Kommentar auf der Grundlage der Musterabkommen, 3. völlig neubearbeitete Aufl., München 1996.

- (1982): Doppelbesteuerungsabkommen und ihre Auslegung (I) und (II), in: StuW, 59. Jg. (1982), S. 111 - 124 und S. 286 - 301.

Wäscher, Gerhard / *Schmitt*, Stefanie (1994): Der Ausgleich des Devisenkontos - Ein Problem für deutsch-chinesische Joint Ventures?, in: ZfB, 64. Jg. (1994), S. 859 - 875.

Wang, Feng (1994): Company Registration Regs, in: East Asian Executive Reports, Vol. 16 (1994), Nr. 11, S. 7 - 9.

Wang, Guiguo (1995): Law Making in China, in: Company Secretary, Vol. 5 (1995), Nr. 5, S. 17 - 19.

- (1994): Reform of the Chinese Turnover Tax System, in: Asia Pacific Law Review, Vol. 3 (1994), Nr. 1, S. 84 - 91.

- (1993): Business Law of China - Cases, Texts and Commentary, Hong Kong / Singapore / Malaysia 1993.

Wang, James C.F. (1992): Contemporary Chineses Politics - An Introduction, 4.Aufl., New Jersey 1992.

Wang, Wanliu (1995): China Issues Circular Clarifying Problems Relating to Land Appreciation Tax, in: Tax Notes International, Vol. 11, 7.8.1995, S. 330 - 331.

Wang, Yong (19.2.1994): Swap Markets to Be Replaced in April, in: China Daily, 19.2.1994, S. 1 wie angegeben in: FBIS-CHI-94-035: Officials Announce Replacement of Swap Markets, 22.2.1994, S. 50.

Wardley James Capel Limited (1993): B-shares - a practical guide, in: China Economic Review, Vol. 4 (1993), März 1993, S. 12 - 13.

Wassermeyer, Franz (1995): Merkwürdigkeiten bei der Auslegung von DBA durch die Finanzverwaltung, in: IStR, 4. Jg. (1995), S. 49 - 51.

- (1992): Anmerkung zum Urteil des FG Baden-Württemberg vom 8.4.1991, 3 V 27 / 90, in: IStR, 1. Jg. (1992), S. 74.

- (1990): Die Auslegung von Doppelbesteuerungsabkommen durch den Bundesfinanzhof, in: StuW, 67. Jg. (1990), S. 404 - 412.

Weber, Ernst (1984): Grundzüge der deutschen Doppelbesteuerungsabkommen auf dem Gebiet der Steuern vom Einkommen und Vermögen, in: IWB, Fach 3, Gruppe 2, Deutschland, 10.10.1984, Loseblattsammlung, S. 481 - 490 (Stand 23.4.1997).

Weber-Fas, Rudolf (1979): Völkerrecht und Steuerhoheit, in: RIW, 25. Jg. (1979), S. 585 - 587.

Wei, Tang Y. / *Chow*, Lynne / *Cooper*, Barry J. (1994): Accounting and Finance in China - A Review of Current Practice, 2. Aufl., 1994.

Wesselbaum-Neugebauer, Claudia (1994): Internationale Steuerbelastungsvergleiche - Finanzwissenschaftliche Schriften, Bd.59, Frankfurt am Main et al. 1994.

Widmann, Siegfried (1985): Zurechnungsänderungen umd Umqualifikation durch das nationale Recht in ihrem Verhältnis zum DBA-Recht, in: Vogel, Klaus (Hrsg.): Grundfragen des internationalen Steuerrechts, Köln 1985, S. 235 - 257.

Williams, Linn / *Chu*, Liu / *Bass*, James E. (1993): Investment Protection, in: Streng, William P. / Wilcox, Allen D. (Hrsg.): Doing Business in China, Loseblattsammlung, Kapitel 8 (Stand September 1993).

Wilke, Kay-Michael (1994): Lehrbuch des internationalen Steuerrechts, 5.völlig überarb. Aufl., Herne / Berlin 1994.

Winthrop, Stimson, Putnam & Roberts (1994): Joint Ventures, in: International Financial Law Review, Vol. 13 (1994), Sonderausgabe, April 1994, S. 25 - 29.

Wöhe, Günter (1992): Bilanzierung und Bilanzpolitik - Mit einer Einführung in die verrechnungstechnischen Grundlagen, 8. völlig neubearbeitete u. erw. Aufl., München 1992.

Wolff, Lutz-Christian (1994): VR China: Die Haftungsverfassung der Unternehmen mit ausländischer Kapitalbeteiligung, in: RIW, 40. Jg. (1994), S. 744 - 749.

Wong, Marina Y.P. (1996): Tax Reforms, Recent Developments and Hong Kong Tax Issues After July 1997, in: Asia-Pacific Tax Bulletin, Vol. 2 (1996), Nr. 1, S. 9 - 14.

Xin, Wie / *Brown*, Graham (1995): Recent Legal Developments in China Affecting Tax and Investment, in: Asia Pacific Tax Bulletin, Vol. 49 (1995), S. 43 - 54.

- (1994): China's New Company Law: Ist Context and an Overview of Key Provisions, in: APTIRC Bulletin, Vol. 12 (1994), S. 264 - 278.

- (1992): The Implementing Regulations for China's Income Tax Law for Foreign Investment Enterprises and Foreign Enterprises, in: The CCH Journal of Asian Pacific Taxation, Juli / August 1992, S. 41 - 49.

Xinhua (3.8.1994) wie angegeben in: FBIS-CHI-94-150: Transaction Volume of Foreign Exchange Swap Center Up, 4.8.1994, S. 30.

Yang, Eugene (1993): The PRC 'B' Share Market, in: The Hong Kong Accountant, Vol. 4 (1993), Nr. 4, S. 83, 84, 88.

Yeo, Victor (1995): China's Equity Markets - A Legal and Regulatory Perspective of Foreign Participation, in: Asia Business Law Review, ohne Jg., Nr. 7, 1995, S. 20 - 30.

Yeung, Desmond (1994): Transfer Pricing Investigations, in: China Tax Review, Vol. 1 (1994), Nr. 2, S. 11 - 12.

Ying-Taubner, Gengsheng (1993): Rechnungslegung und Prüfung bei Joint Ventures in der Volksrepublik China, Baden-Baden 1993.

Yong, Li (1994): Exchange Control Over Foreign-funded Enterprises, in: Reuvid, Jonathan (Hrsg.): Doing Business with China, London 1994 S. 139 - 141.

Yoost, Dean A. / Huang, May C. (1995): P.R.C. Holding Companies, in: Tax Notes International, Vol. 9, 20.2.1995, S. 603 - 606.

Yu, Guang H. (1994): China's Foreign Exchange Regulations and Direct Foreign Investment, in: Journal of World Trade, 28. Jg. (1994), Nr. 6, S. 99 - 120.

Yuen, Nicole (1994): Comment on China's New Company Law, in: China Law & Practice, Vol. 8 (1994), Nr. 3, S. 55 - 56.

Zhang, Jie (19.4.1994): Official Pledge on Currency for Foreign Ventures, in: China Daily, 19.04.1994, S. 1 wie angegeben in: FBIS-CHI-94-075: Official Assures Foreign Firms on Hard Currency, 19.4.1994, S. 23.

Zhang, Yang (1995): MOFTEC Regulations Create New Investment Vehicle - Advantages of Foreign Invested Companies Limited by Shares / Consequences of Conversion for FIEs, in: East Asian Executive Reports, Vol. 17 (1995), Nr. 4, S. 9 - 13.

Zhongfu, Zhao (1989): Enterprise Legal Persons: Their Important Status in Chinese Civil Law, in: Law and Contemporary Problems, 52. Jg. (1989), Nr. 3, S. 1 - 18.

Zhongguo Xinwen She (31.1.1994) wie angegeben in: FBIS-CHI-94-024: Shanghai Increases in Foreign Exchange Dealings, 4.2.1994, S. 27.

Stichwortverzeichnis